O 13º APÓSTOLO

DEEPAK CHOPRA

O 13º APÓSTOLO

Um suspense sobre o apóstolo desconhecido de Jesus e o poder sem limites da fé

Tradução
Ana Cláudia Fonseca

LeYa

Título original: *The 13th disciple*

Preparação
CLARA DIAMENT

Revisão
PEDRO STAITE

Capa
LUÍSA ULHÔA

Diagramação
ABREU'S SYSTEM

Chopra, Deepak K.
O 13º apóstolo : um suspense sobre o apóstolo desconhecido de Jesus e o poder sem limites da fé / Deepak K. Chopra ; tradução Ana Cláudia Fonseca. – 2ª ed. – São Paulo: LeYa, 2020.
304 p.

ISBN: 978-65-5643-070-6
Título original: The 13th disciple

1. Ficção norte-americana 2. Jesus Cristo - Apóstolos - Ficção 3. Sociedades secretas – Ficção I. Título II. Fonseca, Ana Cláudia
19-0741 CDD Ind823.6

LeYa Brasil é um selo editorial da Casa dos Mundos.

CASA DOS MUNDOS PRODUÇÃO EDITORIAL E GAMES LTDA.
Rua Avanhandava, 133 | Cj. 21 – Bela Vista
01306-001 – São Paulo – SP
www.leyabrasil.com.br

SUMÁRIO

PARTE UM

A ESCOLA DE MISTÉRIO

CAPÍTULO 1

Era uma manhã sem sol, gelada e nublada, durante as semanas que antecedem o Natal. Mare estava prestes a sair para o trabalho quando o celular tocou. Sua mãe estava ligando.

– A irmã Margaret Thomas acabou de morrer.

– Quem? – A pergunta saiu como um murmúrio ininteligível. Mare estava engolindo o último pedaço de uma torta de framboesa com a ajuda do resto de seu café instantâneo. Os últimos grãos deixaram manchas escuras no fundo da xícara.

Impaciente, sua mãe respondeu:

– Sua tia Meg, a freira. Estou muito chateada.

Durante um instante houve silêncio na linha. A tia de Mare estava fora de cena havia muito tempo.

– Mare, você está aí? – Sem esperar resposta, sua mãe continuou: – O convento não quer me dizer como ela morreu. Só disseram que ela partiu. "Partiu"? Meg mal tinha 50 anos. Preciso que você vá até lá para mim.

– Por que você não vai?

Mare se ressentia de sua mãe por várias razões. Uma delas era o fato de ela nunca parar de pedir coisas, a maioria trivial e sem sentido. Fazer um pedido era como amarrá-la na barra de uma saia invisível.

A voz ao telefone se tornou aduladora.

– Você sabe que tenho medo de freiras.

– Meg era sua irmã.

– Não seja boba. É das outras freiras que tenho medo. São como pinguins assustadores. Assine algum papel para que elas possam liberar o corpo. Somos tudo o que ela tem... tinha. – Sua mãe começou a chorar baixinho. – Traga minha querida irmã para casa. Você pode fazer isso?

Como ninguém falava de tia Meg havia anos, "querida irmã" soava pouco sincero. Mas Mare estava em um emprego temporário e poderia facilmente ligar dizendo que estava doente.

– Farei o possível – respondeu.

Pouco depois, ela dirigia pela rodovia rumo ao oeste, ouvindo sem prestar atenção um álbum de James Taylor lançado vinte anos atrás, mais ou menos na mesma época em que seu barulhento Honda Civic nascera. A Grande Recessão tinha adiado uma carreira que Mare na verdade ainda não escolhera. Como outros de sua geração, ela estava à deriva, preocupando-se mês a mês com a ideia de voltar a morar com os pais. Isso significaria escolher entre eles. Depois do divórcio, sua mãe ficou na casa antiga. Seu pai se mudou para Pittsburgh com a nova esposa, e se lembrava de ligar no Natal e no aniversário, geralmente.

Ela se olhou no espelho retrovisor, reparando em uma mancha escarlate onde passara o batom sem cuidado. *Por que tinha achado que as freiras iriam querer que ela usasse maquiagem?*

Antes de fugir para o convento, tia Meg costumava usar o tom mais assombroso de batom, um tom escuro de bordô; contrastava com sua pele pálida de irlandesa como uma gota de vinho tinto em uma toalha de linho. Não havia dúvida de que Meg era bonita. Tinha maçãs do rosto proeminentes e aquele elegante nariz McGeary, o traço de que tinham maior orgulho. Ela não havia ficado solteirona por nenhuma razão em particular. (Meg gostava do termo "solteirona" porque era antiquado e politicamente incorreto.) Homens entraram e saíram vagamente de sua vida. "Tive minhas oportunidades, não se preocupe", dizia ela, irônica. Até frequentou bares para solteiros na época. "Lugares nojentos", dizia Meg. "Deprimentes."

Ninguém se lembrava dela como uma pessoa especialmente religiosa, então foi uma surpresa, e não das melhores, quando tia Meg subitamente anunciou, na maturidade dos 40 anos, que se tornaria freira. Ela já tinha desempenhado o bastante seu papel na família como a irmã mais velha solteira, eternamente à disposição para servir de babá, fazer as compras e cuidar da casa sempre que alguém adoecia, ouvindo as sobrinhas fofocarem sobre seus namorados até que de repente paravam e diziam, constrangidas: "Desculpe, tia Meg. Podemos falar sobre outra coisa."

A família se sentiu culpada quando ela anunciou que pedira para ser treinada como noviça. Houve um sentimento perturbador de "Onde foi que erramos?". A avó de Mare morrera de câncer de estômago dois anos antes. Se a avó tinha fortes convicções religiosas, meses de dores excruciantes as apagaram. Ela não pediu a presença do padre Riley no final, mas não se opôs quando ele apareceu em seu quarto no hospital. Dopada com morfina, ela mal percebeu a hóstia e o vinho quando ele levantou a sua cabeça do travesseiro para a Eucaristia. Ninguém sabia se deveria ficar feliz por vovó não ter vivido para ver o dia em que uma McGeary se tornaria freira.

O avô de Mare ficou perdido em um luto solitário depois que a esposa morreu, retirando-se para sua casa e mantendo as luzes apagadas até bem depois do pôr do sol. Ele aparava a grama do jardim da frente todo sábado, mas as ervas daninhas no quintal proliferavam e cresciam como uma floresta amaldiçoada guardando um castelo de dor. Quando Meg bateu na porta e lhe disse que estava entrando para um convento, ele ficou mais animado do que estivera em meses.

– Não se entregue. Você ainda é bonita, Meg. Muitos homens sentiriam orgulho de ter você.

– Não seja bobo – retrucou Meg, enrubescendo. Ela beijou o topo de sua cabeça. – Mas obrigada.

No fim ela chocou todos quando simplesmente desapareceu uma noite para entrar em uma rígida ordem carmelita de clausura total. Ela não ia ser daquelas freiras modernas que usavam roupas normais e compravam rúcula no supermercado. Assim que as portas do convento se fecharam atrás dela, Meg nunca mais foi vista. Ela deixou seu apartamento intocado, a mobília toda no lugar, esperando com paciência por uma volta que nunca aconteceria. Seus vestidos estavam pendurados em ordem no armário, emitindo o ar desesperançoso das coisas que se tornaram inúteis.

Mare tinha 18 anos quando sua tia resolveu sumir. "A fuga para o Egito", como dizia sua mãe, parecendo amargurada e desprezada. "Nem um adeus de verdade."

Ser de uma família grande não as protegeu de sentir a lacuna deixada no lugar que Meg ocupava. Parecia vagamente sinistro ela nunca ter escrito ou ligado em dez anos. Não tinham ouvido nada dela até que a mãe de Mare recebeu a notícia de que a irmã Margaret Thomas, o fantasma de alguém que eles tinham conhecido, partira.

O convento ficava em um lugar afastado e não constava da lista telefônica, mas o GPS sabia onde encontrá-lo. "Vire à esquerda em 300 metros", aconselhou a voz. Mare pegou a saída; depois de mais 800 metros atravessando um denso bosque de pinheiros e bétulas, ela reduziu a velocidade. O terreno do convento era protegido por uma cerca alta de ferro forjado. A estrada terminava em um portão flanqueado por uma guarita abandonada. Havia um interfone enferrujado para os visitantes se anunciarem.

Mare experimentou a estranheza da situação. Como se diz que se está ali por causa de um corpo? Ela levantou a voz, como se o interfone que chiava pudesse ser surdo.

– Estou aqui pela irmã Margaret Thomas. Sou a sobrinha dela.

Ninguém respondeu; o interfone nem mesmo crepitou. Algum tempo se passou, e Mare começou a achar que teria que voltar. Então, com um clique o portão de ferro se abriu lentamente. Ela o transpôs com o carro.

Ao longe, havia uma mansão de tijolos vermelhos, sombriamente vitoriana sob o céu cinza. Os pneus do velho Honda trituravam o cascalho. Mare se sentia cada vez mais nervosa, sua mente se lembrando de Dickens e de órfãos sem mingau. A mansão era o verdadeiro órfão, resgatado pela Igreja depois de ter se tornado ruína do Estado.

Avançando pela longa entrada de carros até o convento, Mare se concentrou no que tinha a fazer. O matagal ao longo da entrada estava crescido, e o terreno ao redor da mansão era pobre, sem as fontes e os arbustos que costumavam adorná-lo. O lugar provavelmente fora erguido por um cruel magnata em uma época em que aqueles blocos imensos eram "chalés de verão" servidos por sua própria malha ferroviária particular.

Ela estacionou o carro no final da entrada e se aproximou da porta da frente. Um ríspido cartaz escrito à mão estava pendurado ao lado da campainha: "O silêncio é observado entre as vésperas e a terça. Não perturbe."

Terça? Mare não conseguia recordar a que hora assustadoramente matinal isso se referia – ela se arrepiou ao imaginar os pés penitentes e descalços das freiras pisando o chão de pedra fria antes do alvorecer. Tocou a campainha. Depois de um momento relutante ouviu o barulho da porta se abrindo, de maneira tão anônima quanto o portão da entrada. Entrou com cautela, permitindo que seus olhos se ajustassem à queda repentina de luminosidade. Estava em um grande vestíbulo. Em uma parede havia um nicho com uma estátua da Virgem. Bem em frente, uma robusta grade de metal, dividida em quadrados de dez centímetros, bloqueava o caminho. As aberturas permitiam que o visitante espiasse os moradores sem se aproximar demais. O efeito era o de um misto de zoológico e prisão.

Em seu caso, não havia quem espiar. Mare se sentou em uma cadeira raquítica para visitantes, com assento de palhinha, e esperou. Começava a temer que uma freira aparecesse de supetão para repreendê-la por ter abandonado a escola paroquial depois da quinta série, como se toda religiosa na área tivesse sabido da notícia incriminadora. Olhou para a escadaria em espiral do outro lado da grade. Quando o lugar era a casa de campo de um homem rico, aqueles degraus tinham sentido os saltos das debutantes vestidas de cetim que deslizavam ao encontro de seus namorados, pensou com preguiça.

Mais tempo se passou. O silêncio era assustador e estranho. A ordem das Carmelitas é espiritual, devotada solenemente à regra de oração e trabalho duro. Mare tinha visto um vídeo no YouTube sobre isso. As freiras no vídeo sorriam bastante. Elas tinham recebido o entrevistador atrás de uma grade de metal como a que estava diante de Mare. O ousado entrevistador tinha perguntado: "Há quanto tempo vocês estão atrás das grades?" As freiras riram. No que lhes dizia respeito, eram elas que viviam no lado certo das grades.

Mare olhou para o relógio no pulso. Estava ali há menos de cinco minutos. *Vamos acabar com isso*, pensou. Era triste, mas tentar reaver Meg como ela tinha sido era inútil.

Enfim houve um som suave de passos quando uma freira desceu as escadas – lentamente, não correndo – e foi em direção à visitante do outro lado da ampla extensão de mármore que cobria o chão. Ela não devia ter mais que 20 anos. Mare tinha lido que os conventos estavam com dificuldade de encontrar novos membros, e por isso estavam envelhecendo. A morte estava diminuindo suas fileiras.

– Lamento tê-la feito esperar – desculpou-se a jovem freira com um sorriso tímido.

Ela não parecia do tipo que dava broncas. Cheirava levemente a sabão em pó e a cloro. Suas mãos pequenas estavam vermelhas e esfoladas de tanto esfregar; ela as escondeu dentro das mangas de seu hábito quando viu que Mare as notou. Mare resistiu ao impulso de fazer o sinal da cruz.

– Vim por causa da irmã Margaret Thomas – disse. O nervosismo a fazia falar um pouco alto demais, criando um eco no espaço grande e vazio.

– Ah – disse a jovem freira, que aparentava ser de origem hispânica e falava com sotaque. Ela tinha parado de sorrir.

– Sou a sobrinha dela – acrescentou Mare.

– Entendo.

A irmã evitava os olhos de Mare. Seu rosto, emoldurado por um capuz marrom e branco, continuava amigável, mas não deixava transparecer mais nada.

Mare limpou a garganta.

– Não conheço seus procedimentos quando alguém morre. Foi muito repentino, um choque.

– O que quer dizer? – A irmã parecia genuinamente confusa.

– Você não sabe? Recebemos um telefonema dizendo que a irmã Margaret Thomas, minha tia, tinha partido. Estou aqui para reclamar o corpo. Então, se houver documentos que eu precise assinar, e se você tiver o telefone de uma casa funerária... – A voz de Mare sumiu.

Agora a irmã parecia alarmada. O leve rosado em suas bochechas de repente empalideceu.

– Isso não é possível. Entenda...

Mare a interrompeu.

– Vocês não podem mantê-la e não notificar as autoridades.

– O quê? Se você me deixar terminar... – A jovem freira ergueu ambas as mãos, pedindo paciência.

Mas Mare estava ficando desconfiada.

– Ela não pertence a vocês, não podem simplesmente enfiá-la no chão. De qualquer maneira, como foi que ela morreu? – Mare tentava aparentar ira, mas uma dúvida atravessou sua mente. Talvez o convento tivesse a posse legal de quem morresse na ordem.

A irmã torcia as mãos.

– Por favor, pare. Sua tia não está mais aqui. Ela partiu. Tudo não passou de um mal-entendido.

Mare então se deu conta.

– Minha mãe supôs que "partiu" significasse "morreu".

– Não. Ontem a irmã Margaret Thomas não apareceu para a terça, e o quarto dela estava vazio. Ficamos muito preocupadas. Deixamos uma mensagem no único número de contato que tínhamos no arquivo. Nossa interação com o mundo exterior é mínima. É sob essa regra que vivemos. Você é católica?

Mare assentiu. Ela se sentia ridícula e começou a murmurar uma desculpa, mas a jovem freira continuou, o sotaque ficando mais forte. Ela se esforçava para não demonstrar emoção.

– Margaret Thomas era nossa irmã. Ela pertencia a Cristo, não à sua família. Mas quando uma irmã subitamente não aparece para as orações e seu quarto está deserto, *Dios mio,* nos sentimos obrigadas a contar a alguém.

– Então ela simplesmente foi embora, e vocês não sabem para onde?

– Exatamente. Perdoe-nos. Não tivemos a intenção de magoar ninguém.

– Tudo bem. Não há nada a perdoar. – Mare queria amenizar a angústia da irmã, que parecia muito vulnerável em seu hábito marrom caseiro e com as mãos vermelhas e esfoladas. Mas ela também estava curiosa.

– Só uma coisa. Posso ver o quarto dela?

– Ah, minha querida. Temo que isso não seja possível. – Incapaz de ocultar a agitação, a irmã de repente se virou para sair.

Ela se sentia mal por recusar, mas regras eram regras. Ninguém iria atravessar a grade.

Mare a chamou.

– E quanto aos pertences pessoais dela? Se ela deixou algum, quero reclamá-lo. Você disse que não queria magoar ninguém

Pareceu manipulador lançar mão das mesmas palavras da jovem, mas Mare sabia que sua mãe não ficaria satisfeita com um “ela partiu”. Já bastava um ato de desaparecimento de tia Meg.

A irmã, em retirada, não se voltou.

– Espere aqui – murmurou.

Ela subiu as escadas correndo, e o grande vestíbulo retornou ao silêncio. Depois de algum tempo, outra freira apareceu na escadaria, que aos olhos de Mare começava a parecer um acessório de Hollywood fabricado somente para entradas grandiosas. A outra freira era mais velha, talvez com uns 70 anos, e o hábito que a ocultava da cabeça aos pés como um casulo marrom não conseguia disfarçar sua caminhada artrítica. Ela parecia instável enquanto carregava uma pesada caixa de papelão nas mãos. Atravessando o piso de mármore em direção à grade, a velha freira fez um movimento com a cabeça indicando uma abertura lateral. Era larga o suficiente para que a caixa de papelão passasse.

– Temo que isso seja tudo – disse a velha freira.

Ela resfolegava um pouco, os lábios superiores úmidos por causa do esforço. Assim como a freira mais jovem, ela não se apresentou. Seus olhos permaneceram abaixados quando Mare tentou fazer contato visual. Ao contrário da jovem irmã, ela não transmitia ondas de solidariedade.

Mare murmurou um “obrigada”, mas a freira idosa já se afastava.

Era hora de deixar aquela estranheza de lado. Mare levantou a caixa, que estava presa com camadas de fita adesiva. Embora não tivesse nem um metro cúbico, o pacote parecia conter chumbo. Havia um envelope branco em cima, no lugar da etiqueta.

Depois que ela voltou para a luz cinzenta do lado de fora e inspirou o ar gelado de inverno, sua mente começou a clarear. Cada passo que dava em direção ao carro fazia com que se sentisse um pouco menos confusa, como se estivesse acordando de um feitiço medieval. Sua mão já estava na maçaneta da porta do carro, agora salpicada de flocos de neve, quando ela se deu conta de todas as perguntas que deixara de fazer.

Não descobrira nada sobre os últimos dias da tia no convento. Ela tinha deixado a clausura doente ou bem de saúde? Tinha se decepcionado? Havia sinais de perturbação mental? Mare tinha lido sobre velhos monges que rompiam décadas de silêncio apenas para revelar que eram insanos, levados a uma psicose desesperada pela fixação em Deus.

De repente, sentiu dor nos punhos por estar carregando o pacote pesado. Já dentro do carro, ela o deixou ao seu lado no banco do carona. A neve caía grossa o bastante para cobrir o para-brisa, transformando o interior em uma caverna escura. Mare ligou os limpadores e o rádio para checar alertas meteorológicos. A previsão da manhã alertara para uma nevasca no final do dia. Agora eram quase duas horas. A tempestade tinha chegado cedo.

Pneus de neve carecas eram um motivo suficiente para Mare voltar correndo para a rodovia, mas ela ficou ali, olhando sem ver o movimento hipnótico dos limpadores de para-brisa. Então o pacote chamou sua atenção, feito um objeto misterioso. O direito de abri-lo cabia, na verdade, ao avô, já que Meg era filha dele, e ele era seu parente mais próximo. Mas Mare agora via que o envelope colado em cima não estava em branco. Havia uma mensagem escrita à mão, em uma letra bonita e inclinada.

Para você.

Quem era o "você"? Nenhuma das freiras achou que se destinasse a elas, ou teriam aberto o pacote. Se Mare não tivesse aparecido, a caixa teria permanecido selada e muda para sempre. Tia Meg previu que o "você" certamente chegaria? Mare estendeu a mão e tirou o envelope, que fora preso com fita adesiva. Não havia ninguém para lhe dizer para não xeretar.

Havia um bilhete amarrotado dentro. Cuidadosamente, ela o abriu e leu o que estava escrito na mesma letra inclinada.

Olá, Mare,
Isto é do 13º apóstolo. Vá para onde ele leva.
Sua em Cristo,
Meg

CAPÍTULO 2

De todas as maneiras que havia para transformar o mundo, Frank Weston nunca teria escolhido reviver milagres. Primeiro porque não era supersticioso, e em sua cabeça milagres não passavam de superstição na qual um número suficiente de pessoas ingênuas acreditava. Segundo e mais importante, ele era repórter, e jornalismo é uma carreira que depende de fatos (há um velho ditado no jornalismo: "Se sua mãe diz que ama você, procure uma segunda fonte"). Um milagre era o oposto de um fato.

Mas então a possibilidade de milagres entrou em sua vida pela porta dos fundos: a morte.

Certo dia uma mulher parou em frente à mesa de Frank.

– Com licença – disse ela. – Você é o homem dos obituários?

Frank respondeu, sem levantar os olhos do texto que estava editando:

– No fim do corredor, segunda porta à direita. Só que ele não está. Saiu atrás de uma matéria.

Seu corpo alto e esguio estava esparramado na poltrona surrada que ele tinha tirado de seu apartamento caótico de solteiro e arrastado para a redação. Seu rosto estava oculto sob a viseira de um boné de beisebol.

A mulher não desanimou.

– Você pode me ajudar, então? É urgente.

Frank estava com um cronograma apertado, então não tinha intenção de ajudar nem a ela nem ninguém. Mas sabia que deveria ao menos erguer os olhos antes de se livrar da mulher.

– Mare? – falou, subitamente surpreso.

Ele quase não a tinha reconhecido. Ela estava encapotada para enfrentar o inverno. Tinha um gorro de lã puxado sobre a testa e um cachecol cinza enrolado até o queixo. Seus olhos estavam ocultos por trás de enormes óculos de sol. Mas Frank se lembrava daqueles olhos. Ele ainda podia vê-los – não importava quantos anos tivessem se passado.

– Você parece um agente duplo com toda essa roupa, mas só pode ser você.

Mare tirou os óculos, confusa. Seus olhos piscaram na berrante iluminação da redação. Ela obviamente não se lembrava dele.

– Isso é constrangedor – disse Frank, tirando o boné de beisebol para que ela pudesse vê-lo melhor. – É o Frank, da faculdade. O colega de quarto de Brendan?

Ele tinha despertado uma lembrança.

– Ah, Deus. Brendan. Éramos calouros. Só o procurei porque nosso pároco me disse para fazer isso.

– Jura? Você o impressionou. Ele falava de você o tempo todo. E agora eu sei por quê.

Alto e confiante, Frank adquirira o costume de dizer o que pensava. Tentou ignorar a leve hesitação de Mare.

– Desculpe, eu disse isso a título de elogio.

Ela não respondeu, e ele cogitou se deveria pedir desculpas de novo, mas decidiu que não. Em vez disso, falou:

– Qual é o problema com o obituário?

Os olhos dela, grandes e castanhos, acusavam ansiedade.

– Não deveria incomodá-lo.

– Não, tudo bem. Só que estamos com pouca gente no momento.

Uma gripe forte tinha tirado dois repórteres de cena, e Malcolm, o redator regular de obituários, fora designado para cobrir uma matéria de última hora.

Frank se endireitou na cadeira.

– Você quer publicar um obituário? Posso passá-lo adiante. Malcolm cuidará dele quando voltar para a redação. Não posso prometer que fará isso hoje. – Enquanto dizia isso, continuava torcendo para que Mare se lembrasse dele.

Ela sacudiu a cabeça.

– Não quero colocar um obituário. Quero tirar um.

– Desculpe. Alguém morreu por engano? – Ele tentava ser engraçado, mas ela não sorriu.

– Não. Só acho que ninguém precisa saber sobre a morte da minha tia.

Frank mudou para uma nova tela no iPad que ele usava para escrever suas matérias.

– Se foi um anúncio particular de morte...

– Foi. Minha mãe o encaminhou esta manhã. – Mare mordeu o lábio nervosamente. –Você tem que cancelá-lo.

– Como eu disse, tudo o que posso fazer é dar o recado.

O rosto de Mare fraquejou, e os cantos de sua boca começaram a tremer. Ele viu como aquilo era importante para ela.

– Espera, me deixa fazer uma ligação – falou ele.

Frank ligou para o chefe da impressão, que não gostou nem um pouco. A página de obituários já estava pronta. Frank pressionou um pouco.

– Fico te devendo essa – comentou, e desligou o telefone. Deu um sorriso triunfante para Mare. – Feito.

Os olhos dela se iluminaram, e Frank viu a tensão se esvair do corpo dela, embora ela usasse um casaco acolchoado.

– Agora talvez você possa se sentar? – sugeriu ele.

Ela estremeceu, os olhos buscando a porta, mas se sentou na outra cadeira surrada do cubículo e tirou o cachecol cinza. Tirou também o gorro, e seu cabelo castanho-claro caiu sobre os ombros.

– Acho melhor tomar um pouco de água – completou Frank.

Ele pegou um copo de papel do filtro do escritório, surpreso com como se apressava para agradá-la. *O que isso significava?* Ele não sabia, mas queria descobrir.

Mare tomou a água e ficou quieta. Frank calculou que tinha cerca de trinta segundos antes que ela se levantasse de novo.

– Quase não me lembrei do seu nome – falou ele. – Nunca conheci ninguém chamado Mare. – Ele tinha que começar de algum ponto que não fossem parentes morrendo, então comentou sobre o nome dela, que significava "égua" em inglês.

– Ouço bastante isso. É abreviação de Ann Marie – respondeu ela de forma ausente, olhando o relógio no pulso.

A menos que Frank evocasse seus conhecidos poderes de invenção, ela estaria fora de sua vida de novo.

– Gostaria de ver você de novo – disse ele, sem pensar. – Quando ninguém estiver morto. Ou não morto.

Ela se inclinou na cadeira e amassou o copo de papel vazio na mão. Estava ponderando a situação, do modo como um carona se pergunta se é seguro entrar em um carro. Ela fez um cálculo na cabeça, que deve ter resultado em favor de Frank.

– Tenho um segredo que preciso contar para alguém. Não para um completo estranho, quer dizer.

Então ela de fato se lembrava dele, ainda que vagamente. Quando seu colega de quarto atiçara a curiosidade de Frank, ele tinha se esgueirado até a cadeira atrás da dela na aula de psicologia. Havia duzentos estudantes na sala, mas Frank não deve ter passado despercebido.

– Você não pode confiar em um estranho – concordou Frank.

Mare assentiu, nervosa.

– Mas tenho que falar com alguém. Minha família não entenderia. Eles provavelmente ligariam para a polícia.

– Parece sinistro.

– Não, não é nenhum crime nem nada parecido.

Ela parecia prestes a se arrepender da decisão de confiar nele. Frank ficou em silêncio. Ele era repórter há tempo suficiente para saber que não devia pressioná-la.

Ela respirou fundo.

– Minha tia deixou uma caixa de papelão quando morreu. Estava lacrada com fita adesiva e endereçada a mim. O que encontrei dentro foi perturbador.

Suas mãos pálidas brincavam com as pontas do cachecol. Ela mordeu de novo os lábios – um tique inconsciente, avaliou Frank.

– Tenho quase certeza de que deve ser roubado. É por isso que não quero anunciar sua morte. Não até descobrir.

– O que é?

– Uma igreja. Ou talvez uma catedral. Não sei dizer qual.

Mare viu a expressão no olhar dele e percebeu seu erro.

– Uma igreja em miniatura, quer dizer. – Suas mãos fizeram no ar um desenho de cerca de vinte centímetros. – Parece antiga e de ouro.

– Uau.

– É bem bonita, na verdade. – Mare se inclinou para a frente, abaixando a voz. – Minha tia não tinha dinheiro. Mas, de certo modo, não fiquei surpresa. Ela era freira.

– Uma ordem de freiras que rouba? – Frank sorriu de maneira indulgente.

Mare não retribuiu o sorriso.

– Não, ela era uma carmelita, mas rebelde. Ela deixou a ordem de repente, provavelmente sob suspeita. Pelo menos é o que eu acho. Não éramos próximas.

Ela estava prestes a lhe contar mais, só que algo a impediu.

– Por que estou contando isso a um jornalista?

– Porque sou a primeira pessoa que você de fato conhece. Meio que conhece – disse Frank.

– Talvez. – Porém, Mare não estava convencida. Muito pelo contrário. A imagem mental que tinha de Frank era vaga, um rosto em uma sala de aula lotada que só se destacava porque ele usava suspensórios vermelhos brilhantes. Era preciso petulância para fazer isso. A última coisa de que precisava agora era um rapaz petulante fingindo ser um adulto responsável.

Ela se levantou, estendendo uma das mãos enluvadas.

– Não importa. Não é problema seu.

Frank não apertou a mão dela.

– Você tem que ir? – Era óbvio que a balança pendera contra ele.

– Já estou atrasada. Obrigada por manter a notícia da morte fora do jornal.

Frank franziu o cenho.

– Talvez seja inoportuno, mas você pode estar com problemas de verdade. Sabe, não preciso ser repórter. Posso ser apenas alguém que está pronto a ajudar. E posso guardar segredo.

– Mesmo? – Um sorriso transpareceu na voz de Mare, apesar da ansiedade. O modo como Frank a olhava não era nada sutil. – Isso é sobre querer me ver de novo?

– Seria tão ruim assim? – Ele fingiu arrumar o nó da gravata que não usava. – Sou apresentável.

Ela pensou um pouco.

– Talvez possamos tomar um café. Agora mesmo, se puder fazer um intervalo. Eu ficaria mais à vontade em outro lugar.

Frank seguiu os olhos dela pelos cubículos ao redor. Havia cerca de cinco repórteres na redação, onde antes havia o dobro. O pelotão de fuzilamento ainda não vitimara Frank, mas qualquer um poderia ser o próximo. Depois das cinco e meia ele e alguns colegas iriam tomar um drinque e reclamar sobre como não recebiam aumento há dois anos, embora ninguém ousasse pedir um.

Frank fechou a capa de seu iPad.

– Agora seria perfeito – falou, mentalmente se despedindo do seu prazo para entregar a matéria.

Depois de vestir seu casaco militar e acompanhar Mare até o lado de fora, Frank viu que nevava forte. A cidade não era estranha ao vórtice polar, mesmo antes de o fenômeno climático ficar famoso. O vento uivava do nordeste, e a nova neve que caía acrescentava uma camada de gelo branco à velha neve marrom amontoada sobre o meio-fio. Ele pegou o braço de Mare e juntos atravessaram a rua escorregadia em direção à lanchonete onde Frank fazia metade de suas refeições. Pela primeira vez naquele dia, ele se sentiu bem.

Um minuto depois se acomodavam no sofá nos fundos da lanchonete. Mare olhou em silêncio o cardápio, e então pediu um iogurte grego com salada de frutas. Frank pediu café, puro.

Quando a garçonete foi embora, Mare sorriu, olhando diretamente para Frank. Abrir-se com ele pelo visto a tinha acalmado. Os olhos dela eram como lagoas tranquilas, não mais agitadas pelo vento. *São os traços mais bonitos nela,* pensou Frank, distraído por um segundo.

– Vou lhe contar a história toda – disse Mare –, e depois posso mostrar o que minha tia me deu. Eu o enfiei no cesto de roupa suja no meu armário. Realmente espero que não tenha sido roubado, mas deve ser.

– Talvez ela o estivesse apenas guardando – sugeriu Frank. – A Igreja Católica tem muitos tesouros.

– Talvez.

O sorriso de Mare desapareceu. Mas ela não se opôs quando Frank tirou um caderno espiral e começou a fazer anotações. A história dela era de fato estranha como ela dissera. Ele pediu mais dois cafés antes que ela terminasse de contá-la. Na metade da história, ele já tinha decidido que a tia dela era uma santa ou uma louca que precisava ser contida com remédios mais fortes. De qualquer forma, Frank tinha quase certeza de que poderia descartar uma supercriminosa.

CAPÍTULO 3

Os olhos de Mare percorreram a apertada quitinete.

– Desculpe pela aparência – disse ela.

Uma lâmpada pendurada no teto fora coberta com uma lanterna de papel japonesa para amenizar o brilho. O aposento tinha alguns móveis da Ikea, um gasto sofá mostarda que já conhecera décadas melhores e um pôster emoldurado mostrando um gatinho assustado pendurado em um galho (o onipresente, que diz "Aguenta aí"). Na parede em frente havia uma porta fechada. Frank suspeitou de que uma cama retrátil se escondia atrás dela, já que não se via nenhuma cama.

Mare seguiu o olhar de Frank até o pôster.

– Não é meu. Eu o tiraria, mas foi um presente.

Ela mantinha o lugar arrumado, pelo menos o que havia para arrumar. Tudo o que podia pagar era um porão convertido em apartamento em um prédio antigo de três andares que começara a vida como uma pensão para irlandeses. As desculpas de Mare começaram no meio-fio, antes que ela e Frank entrassem no pátio cercado por arame. Zimbros murchos não contribuíam em nada para melhorar a aparência decadente do edifício. Inibida, ela mostrou o caminho descendo alguns degraus que rangiam na lateral da casa. Os sapatos dela perfuravam a neve velha incrustada que ninguém tinha removido da calçada.

Ela não precisaria ter se incomodado com desculpas. No momento, a única coisa em que Frank pensava era em ver a miniatura de igreja que ela tinha escondido em um cesto de roupa suja. Alguém se dera ao trabalho de folhear o objeto em ouro, ou mesmo de fazê-lo em ouro puro. Frank achava que dentro dele houvesse algo escondido – algo ainda mais precioso para uma pessoa religiosa. Como é que se chama o receptáculo que guarda os ossos de um santo? Um relicário. Seria quase uma blasfêmia, mas ele queria segurar a igrejinha perto do ouvido e sacudi-la. Os ossos sagrados dentro dela, se os escondesse, iriam chacoalhar, a menos que já tivessem virado pó.

E enquanto estava especulando, o que dizer dos mistérios incidentais que cercavam Mare? Por que a mãe dela tinha colocado um anúncio de morte no jornal? Ela não tinha provas de que a irmã morrera, só uma enigmática mensagem de telefone do convento.

Frank tinha feito essa pergunta a Mare na viagem de carro pela cidade. Tudo o que ela fez foi sacudir a cabeça.

– Você não sabe como ela é. Minha mãe sempre presume o pior.

– Mas sua tia está em algum lugar. Você lhe disse isso, certo?

– Sim. Eu contei a ela tudo o que contei a você, com exceção da caixa.

A cada sinal vermelho o carro de Mare patinava nas ruas geladas. Frank era um péssimo carona; agarrava forte a maçaneta da porta para evitar agarrar o volante.

– Talvez querer seja poder – sugeriu ele.

Mare lhe deu um olhar confuso.

– O que isso quer dizer?

Outra zona de derrapagem estava se aproximando na esquina, onde um grande caminhão de mudança deslizava a meio caminho do sinal amarelo.

– Só nos mantenha vivos, ok? – disse Frank. – O que quero dizer é que, se sua mãe se ressentiu de a irmã ter desaparecido daquele jeito há dez anos, ela pode não ficar contente em tê-la de volta.

– Então ela prefere a irmã morta?

– Só estou pensando em voz alta. Para onde você acha que sua tia foi? Você deveria ter extraído as informações das freiras.

– Diz o homem com tanta experiência em extrair informações de freiras. Já tentou?

– Tem razão.

Frank tinha outras perguntas na ponta da língua, mas se lembrou da promessa de não agir como repórter. Ele ficou em silêncio o restante do caminho, assim como Mare. Percebeu que os nós dos dedos dela, agarrados ao volante, estavam ficando brancos. *Um passo de cada vez*, disse a si mesmo.

Dentro do apartamento, Mare jogou de lado alguns sapatos e tirou um cesto de roupas do fundo do armário. Um lençol sujo estava por cima, pronto para ser puxado como a cortina de um palco.

– Assim que você a vir, vira meio que um cúmplice, não? – perguntou Mare.

– De certo modo, sim. Supondo que não a entreguemos à polícia.

– Sim, supondo isso.

Frank captou um novo tom na voz dela. Ela antes parecia culpada e furtiva, mas agora era diferente. Cobiça, era isso? Seria compreensível. A fantasia de encontrar ouro enterrado fazia parte do crescimento, e agora isso quase tinha se tornado realidade para ela. Até onde ela iria para mantê-lo? Antes de lhe revelar o tesouro, ela ainda poderia mudar de ideia, e o segredo do ouro estaria seguro.

Mas Mare não voltou atrás. Ficou de pé debruçada sobre o cesto de roupas e, com um puxão, levantou o lençol, revelando o relicário. Parecia exatamente uma igreja em miniatura. Se a lâmpada no teto não tivesse uma lanterna de papel ao seu redor, o brilho do ouro puro teria ferido seus olhos. O objeto era do tamanho de uma bisnaga. Mesmo se fosse oco, devia ser pesado.

– Quem vai levantar isso? – perguntou Frank.

– Pode levantar, se quiser.

Frank envolveu a igreja em miniatura com as mãos e, à medida que ela emergia do esconderijo, pôde ver como era bonita, cuidadosamente trabalhada em todos os lados com arabescos gravados, minúsculas flores e uma margem de grama de verão no fundo. O conceito era o de uma capela em um prado. O telhado pontiagudo era adornado com torres góticas nos cantos, cada uma encimada por uma cruz. Delicados medalhões esmaltados tinham sido encravados nas quatro paredes e pintados com cenas da vida de Jesus.

Frank estava assombrado demais para fazer qualquer coisa que não fosse brincar com a situação.

– Como diriam os maiores especialistas de arte do mundo, "Uau".

Olharam para o tesouro. Frank tinha sido criado por seus indulgentes pais metodistas como católico que frequentava a igreja no Natal e na Páscoa, mas naquele momento ele sentiu o que um fiel devoto deve sentir: reverência, assombro e terror. *Esse é o truque da grande arte,* pensou, e não havia a menor dúvida de que estavam na presença da grande arte.

– Deve ser de alguém. Alguém sabe que está desaparecido – murmurou, achando difícil não sussurrar, como se estivessem dentro da igreja. – Devem tê-la denunciado como roubada para as autoridades locais ou para o FBI.

Tinha lido sobre os milhares de quadros que são roubados de museus todos os anos e sobre as agências especiais que os rastreiam. Sem falar nos nazistas e nas pilhagens em massa. Eles furtaram obras de arte no valor de milhões de dólares de toda a Europa e as transportaram para a Berlim de Hitler.

Por mais pesada que fosse, a capela em miniatura não tinha o peso de um objeto sólido. Mas Frank estava encantado demais para sacudi-la, mesmo que ainda suspeitasse que algo precioso estava encerrado lá dentro. Para os verdadeiros devotos, essa era a ideia. O exterior dourado era apenas uma distração para encantar o olhar.

Para os peregrinos da Idade Média, viajar distâncias imensas pela Europa em busca de relíquias era um negócio caro e perigoso. Depois de todas as provações e os perigos da viagem, quando chegavam a um santuário esperavam ficar intimidados diante de uma relíquia sagrada – um pedaço da Verdadeira Cruz, a mandíbula de João Batista, a lança que perfurou o corpo de Jesus. Tinha que haver uma recompensa, e, se não houvesse relíquias verdadeiras suficientes para satisfazer a demanda, bem, que modo melhor de convencer peregrinos de que uma relíquia dúbia era autêntica do que impressioná-los com ouro ofuscante?

O próprio senso de encantamento de Frank logo foi vencido por pensamentos mais práticos.

– Não acho que esteja vazia – falou. – Você a sacudiu?

– Não, não consegui.

– Porque é sacrilégio?

– E não é?

– Precisamos ver o interior – declarou Frank, com firmeza.

Mas como? Atrairia forte suspeita tentar fazer com que o objeto passasse pelo raio X no laboratório de um museu, sem falar nos custos. Não poderiam existir muitas máquinas capazes de enxergar através do ouro. E o que a leve imagem fantasmagórica de alguns velhos ossos iria realmente lhes dizer? A impaciência de Frank crescia. Estava prestes a chacoalhar o relicário sem a permissão de Mare quando ela tocou sua mão.

– De repente, tive um sentimento muito estranho. Há alguém dormindo aí dentro. Posso sentir isso.

– E você não acha que devemos acordá-lo.

– Algo assim.

Frank sacudiu a cabeça.

– Vamos supor, por enquanto, que sua ideia não seja maluca. Não sabemos se acordá-lo é bom ou ruim.

– Isso não importa. Não se eles estão destinados a dormir.

Antes que ele pudesse responder, o portão na cerca de arame ressoou, e uma sombra passou pela única janela do aposento, que era pequena e ficava no alto, deixando entrar uma luz fraca do exterior. Alguém se aproximava. Se entrassem no apartamento, a primeira coisa que veriam seria um homem ajoelhado no chão em meio a cinco pares de sapatos femininos e uma mulher enrubescendo, constrangida, a mão sobre a boca. Não era hora para acordar os que dormiam ou os mortos.

– Rápido! – exclamou Mare.

Frank colocou o relicário de volta no cesto, e ela atirou o lençol sobre ele. Ela iria ser presa por tê-lo consigo?

– Espere, fique quieta. Ouça – disse Frank.

Toc, toc, toc. Passos leves de mulher. Eram inconfundíveis. A polícia não invadiria o lugar de salto alto. Frank não teve tempo para pensar sobre que tipo de mulher usaria sapatos de salto agulha na neve.

Uma mulher muito irritada, aparentemente. Houve uma batida seca na porta. Mare a abriu, nervosa. A violadora de sua privacidade era alta e sexagenária, os cabelos grisalhos puxados para trás, dando um ar de severidade ao rosto, que naquele momento tinha um sorriso impaciente.

– Não perguntarei se você está de posse de um pacote – falou ela. – Você provavelmente mentiria. – Sua voz era cortante e ativa, do tipo usado para fazer negócios.

Mare não conseguia esconder o nervosismo.

– Quem é você?

– Miss Marple. Talvez já tenha ouvido falar de mim.

– O quê?

– Meu nome é Lilith. É o bastante por enquanto. Eu aconselharia você a me deixar entrar.

Mare fez um aceno fraco com a cabeça e deu um passo para o lado. Lilith percorreu com um olhar crítico o modesto apartamento.

– Você nunca sabe onde vai acabar, não é? – murmurou, dirigindo-se a ninguém em particular. Por enquanto ignorava Frank, de pé em frente ao armário aberto.

– Sua tia Meg está viva – continuou a mulher. – Mas provavelmente você já descobriu isso, não é?

– O que você tem a ver com ela? – perguntou Mare.

Lilith pensou por um momento.

– Sou uma conexão, assim como ela. É um modo de ver. – Ela se jogou no sofá amarelo-mostarda, que soltou um gemido cansado. – Quando sua tia desapareceu do convento, algo precioso desapareceu com ela.

– Então você vai ter que perguntar a ela sobre isso – respondeu Mare.

– Não se faça de boba. O rastro vem até aqui e a nenhum outro lugar.

Mare abaixou a cabeça, e os olhos de Lilith se estreitaram.

– Foi o que pensei – falou ela, antes de voltar a atenção a Frank. – E você, quem é? O namorado?

– Pense o que quiser.

Ela deu de ombros.

– Não. Você não é o namorado. Ela está evidentemente nervosa, mas você não correu para ajudá-la, nem mesmo para colocar o braço ao redor dela. Um namorado teria feito isso.

– Sem comentários.

– Por que ele não pode ser apenas um amigo? – perguntou Mare.

Lilith sorriu astutamente.

– Porque você fez algo imprudente. Convidou um estranho até sua casa. Por que motivo?

– Não é da sua conta – atalhou Frank.

Lilith o encarou de maneira dura.

– É mais provável que eu descubra o seu jogo antes que essa jovem o faça.

Frank se indignou.

– Não há jogo nenhum.

– É mesmo? Você planeja conseguir a mercadoria e a garota ao mesmo tempo ou vai ter que escolher?

Frank ficou vermelho, mas antes que pudesse negar Lilith ergueu a mão.

– Você tem razão. Não é da minha conta o que pretende fazer. Estou aqui por causa do santuário de ouro. Ele guarda a chave de tudo.

Mare se aproximou do armário, Frank não sabia se para proteger o tesouro ou para mostrá-lo a Lilith. Ele lhe lançou um olhar de advertência. Se Lilith percebeu, preferiu ignorá-lo.

– O problema é que quem estiver com o santuário *deve* estar com ele. Esse é o primeiro dos segredos que posso contar a vocês. – Ela deu a Mare um sorriso quase simpático. – Você é a legítima proprietária, juro.

Mare pareceu tão aliviada que teria deixado escapar tudo o que tinha acontecido desde o telefonema do convento, mas Frank a impediu.

– Não vamos dar esse santuário, ou seja o que for, só porque você falou um monte de bobagem.

Lilith forçou um sorriso.

– Aí está, assim parece mais um namorado.

Frank mudou de tática. Como repórter, aprendera a lidar com todo tipo de gente difícil, e sua primeira regra era que se pegavam mais moscas com mel do que com vinagre.

– Talvez nós possamos chegar a um acordo – propôs.

– Nós? Quem lhe deu o direito de dizer "nós"? – perguntou Mare. – Eu não conheço nenhum de vocês dois.

Ela falou com a voz alta e ansiosa, e os dois olharam para ela. Até então ela vinha desempenhando o papel de uma observadora silenciosa, uma corça trêmula pega em um aposento com dois touros.

– Eu não quis dizer nada – gaguejou Frank.

– Não? – perguntou Mare.

Ela respirou fundo, tentando recuperar a calma. Mas seu coração estava disparado. Seu corpo não podia negar a ameaça que sentia.

– Você foi longe demais – disse Lilith, suavemente. – É o que pessoas insensíveis fazem. – Ela se virou para Mare. – E você precisa se acalmar. Só estou aqui para ajudar.

Lilith espanou pequenos pedaços de neve grudados no sapato.

– Aprecio sua desconfiança. A partir de agora precisamos ser o mais perspicazes possível. Há forças invisíveis em ação. Você acha que foi por acaso que o santuário de ouro foi parar com você ou com sua tia Meg?

A atmosfera no aposento ainda era tensa, mas ocorrera uma mudança sutil. Agora era mais a tensão de um mistério do que de uma ameaça. Lilith tirou proveito disso. Para Frank, ela falou:

– Você notou meus sapatos quando cheguei. O que eles lhe disseram?

– Eles me disseram que você estava fazendo outra coisa, talvez jantando em um restaurante chique, antes de subitamente receber a notícia que a trouxe aqui. Não houve tempo para mudar de sapato.

– Então você é um racionalista – disse Lilith, de forma aprovadora. – Você foi atrás de uma explicação lógica. Outra pessoa poderia supor que eu fosse excêntrica ou fora da realidade.

– Você é? – perguntou Mare.

Ela tinha andado até o canto do estúdio que servia de cozinha e segurava uma surrada chaleira debaixo da torneira.

– Isso mesmo – disse Lilith. – Faça chá. Vai acalmar seus nervos.

O tom dela tinha ficado menos belicoso.

– Sua mãe continua desvairada. Peço desculpas, mas não podemos deixá-la a par de nada disso. Espero que entenda.

– Atenção externa não seria bem-vinda – disse Frank.

– Exatamente.

Mare abriu a torneira, falando mais alto que o barulho do velho encanamento.

– Mas eu não entendo. Você sabe onde está minha tia?

– Ela está aqui na cidade.

– Posso vê-la?

– Ainda não. Afinal, você não quis vê-la por um longo tempo. Não há motivo para pressa.

Mare ficou em silêncio, considerando o que dizer a seguir, quando seu celular tocou. Ela foi até sua bolsa, tirou o aparelho e viu quem estava ligando.

– Minha irmã Charlotte – falou, hesitante.

– Atenda – aconselhou Lilith. – Ela ia desconfiar se você a evitasse.

Mare atendeu a ligação, e do outro lado da sala Frank pôde ouvir o zumbido raivoso da voz da irmã. Perguntas eram lançadas contra Mare, que se desviava com respostas breves. Mas não eram as palavras que importavam. Frank sentiu que eles estavam fechando o cerco. Ele não fazia ideia de quem eram "eles", mas sua antena estava vibrando, captando sinais. Mare era a inocente; isso era inquestionável. Lilith era um curinga, e por trás dela pareciam pairar figuras ocultas, até então insinuadas, mas ainda invisíveis.

Mare fechou seu celular antiquado com um clique, cortando a conversa. Parecia preocupada.

– Você não vai conseguir manter sua irmã xereta longe por muito tempo – advertiu Lilith.

– Mas isso não significa que nós devemos confiar em você, significa? – cortou Frank.

Dessa vez Mare deixou o "nós" passar sem comentar nada. Sua confusão suplantava as dúvidas que tinha em relação a Frank.

Ele atravessou a sala e segurou a mão dela.

– Não tenha medo. Estamos na posição mais forte aqui, lembre-se disso – disse, baixinho.

– Tocante – observou Lilith. – Mas vocês ainda não são aliados, nem de longe. O único aliado que existe está enfiado ali. – Ela apontou para o armário, que muito claramente era o lugar que Mare estava ansiosa por esconder.

– Um de vocês está deslumbrado com o ouro porque é uma pessoa que tem uma mente grosseira. Mas o outro é sensível, e essa pessoa irá penetrar o âmago do mistério.

Ela viu a expressão sombria no rosto de Frank.

– Não vamos chegar a lugar nenhum brigando. Proponho que nos concentremos nos negócios. De acordo? – perguntou ela.

Lilith se recostou, esperando enquanto os saquinhos de chá eram colocados em xícaras de porcelana branca e azul e a água era despejada. Quando o chá ficou pronto, ela começou a falar.

– Tudo isso remonta a dez anos atrás. Certa manhã, sua tia Meg acordou de um pesadelo. Era um inverno excepcionalmente frio, como este. O sono dela tinha sido inquieto. Ela se arrastou para fora da cama, tentando se livrar do sonho, mas não conseguiu. Ele não a deixava. Vocês sabem, não era um sonho. Era uma visão. Ela não tinha pedido por aquilo. Parece grosseria Deus interromper a vida boa e confortável de alguém com algo tão inconveniente. Mas o que se pode fazer?

Frank lhe lançou um olhar de desagrado.

– Não se pode confiar em quem se submete a Deus.

– Você parece muito amargo – falou Lilith, calmamente. – Alguém o magoou para que perdesse a fé? Ou isso é algo que prefere manter oculto?

– Não é da sua conta, droga!

Frank atirou sua xícara de chá, que passou pela mesa e se espatifou no chão.

– Não sei quem você é. Mas Mare não merece ser enganada por uma vaca manipuladora.

Ele se voltou para Mare em busca de apoio, mas ela o surpreendeu.

– Quero escutar isso – disse ela, tranquilamente.

– Por quê? É lixo.

Mare foi firme.

– Você se exaltou. Talvez seja melhor ir embora.

– E deixar você com ela? – Frank não podia acreditar. – Ela vai cair em cima de você com uma conversa doce.

Mare não retrucou, mas se levantou e foi até a porta. Frank pegou seu casaco e a seguiu, espumando.

– Ligo para você amanhã – disse Mare, tentando parecer tranquilizadora.

Frank sacudiu a cabeça.

– Você vai se arrepender. É só o que posso dizer.

Ele se arrastou até as escadas frágeis, e logo depois sua sombra passou pela janela suja enquanto caminhava pela neve.

Mare fechou a porta e voltou para onde Lilith estava sentada, esperando.

– Preciso escutar o resto – disse. – Para ficar tranquila.

Lilith sacudiu a cabeça.

– Não, você precisa escutar porque Deus quer que a história seja contada.

CAPÍTULO 4

Em outro canto da cidade, um homem planejava um ato supremo de vingança. Olhando para ele, ninguém acreditaria que Galen Blake abrigava violência no coração. É verdade que ele usava um símbolo típico e fora de moda da revolução – óculos redondos de aros de metal, que nos anos 1970, quando Galen entrou na faculdade, eram chamados de óculos Trotsky.

Óculos pequenos e arredondados agora eram associados a Harry Potter. Galen tinha ouvido falar vagamente de Harry Potter. Ele preferia fatos à ficção, à exceção de ficção científica, que consumia aos montes, aquele tipo tecnológico em que computadores e robôs se rebelam contra seus tolos mestres humanos. Tinha 56 anos, era baixo e despretensioso. Era um solitário, afastando-se do contato social tão previsivelmente quanto seu cabelo tinha se afastado da testa quando completara 40 anos.

Pessoas solitárias planejam atos de violência por vários motivos: vingança tardia por terem sofrido *bullying* no pátio da escola; desespero interior que não consegue encontrar uma válvula de escape; delírios de grandeza. Mas Galen não sofria de nada disso. Seu motivo não era claramente formulado na parte lógica de seu cérebro. Era engolido pela mágoa e o ódio que rodopiavam dentro dele.

No entanto, os principais candidatos ao ódio de Galen eram Deus e o amor, as duas maiores mentiras do mundo. Por um longo tempo ele desconfiara do amor. Soube cedo que isso era necessário se quisesse sobreviver. Um dia o jovem Galen voltou para casa depois da escola e encontrou a mãe na cozinha, cercada por camadas de biscoitos de chocolate quentes e cheirosos. Ela o fez se sentar e o observou silenciosamente enquanto ele comia quantos biscoitos quisesse. Ela não lhe deu nenhum aviso de que engolir tanto açúcar o deixaria doente. Esperou até que ele não aguentasse mais comer para lhe contar a má notícia: eles estavam sozinhos; a partir de então não haveria mais papai, porque o pai de Galen tinha ido embora, abandonando-os.

Mesmo aos 10 anos, Galen sabia que não era saudável ser a única pessoa na vida da mãe. Ela também se preocupava com isso, mas a preocupação não ajudou. Ela se agarrou a ele até morrer; Galen tinha trinta e poucos anos.

Ele voltou para casa depois do funeral, afrouxando a gravata preta e abrindo o colarinho para poder respirar. Era um dia quente de julho. Foi até o banheiro jogar água fria no rosto suado.

Teve um vislumbre de si mesmo no espelho acima da pia. *Você tem sorte,* disse a voz em sua cabeça. *Não existe mais mãe. O pai partiu. Você está livre.*

O rosto no espelho – pálido, inchado, com círculos sob os olhos – se iluminou. *Livre!* Galen amava a mãe, mas ela se aborrecia constantemente por ele não ser casado. "Meu filho é um solteirão convicto", dizia ela às amigas, que viam nisso um código para "gay".

Galen não era gay. Só tinha nascido para ser sozinho, o que outras pessoas, inclusive sua mãe, não conseguiam entender. Então, perdê-la era como perder mais uma pessoa que não compreendia.

Esses fatos incompletos poderiam ter ajudado a polícia depois que Galen cometeu seu ato de vingança. Mas como é que eles dizem mesmo? Seu pior segredo era que ele não tinha segredos.

Ninguém notou seu plano secreto. O que ele tinha em mente era simples, mas radical. Tomou forma em uma quarta-feira, o dia em que o museu de arte municipal abria de graça para o público. Galen passeou por ali, misturando-se à multidão, olhando fixo para as paredes da galeria como se elas estivessem vazias. Sua mente estava focada apenas na tarefa que se aproximava.

Ele subiu as escadas, virou à direita, depois à esquerda, antes de chegar a uma galeria pequena e pouco iluminada no segundo andar. Estava cheia de gente se esticando para ver os velhos mestres, mas Galen estava interessado em apenas uma obra, uma inestimável *Madona e criança* da Florença do século XV.

Ele parou para observar a pintura, abominando o que a maioria dos espectadores adorava – os rostos rosados e iluminados de mãe e filho, esses emblemas ideais do amor. Galen fez uma careta de nojo. O segurança parado na porta virou de costas por um instante. Com um movimento discreto, Galen pôs a mão em seu sobretudo e tirou dele uma lata de tinta spray vermelha. Deu um passo à frente.

– Ei! – gritou alguém.

Galen se apressou até ficar diretamente em frente à obra-prima, mirando o bico da lata no menino Jesus gorducho e sorridente. O visitante que tinha gritado mergulhou em sua direção. Galen conseguiu acabar de escrever apenas uma letra com o spray, *M*, antes de ser derrubado e grudado ao solo.

– Maluco idiota – murmurou o homem que o tinha derrubado. Era um turista de meia-idade de Michigan, forte o bastante para provavelmente ter jogado futebol americano na universidade. Naquele instante, não ficou claro se ele o xingava porque amava as artes ou porque a tinta vermelha manchara sua jaqueta, que agora estampava um enorme *M*. Galen não tinha atingido o quadro.

Houve uma grande agitação de pés correndo, vozes gritando e um furioso alarme soando. Galen ficou quieto em meio ao caos, olhando para o teto. Ele não ofereceu resistência quando a polícia chegou. Na delegacia, recebeu um formulário para preencher – nome, idade, endereço atual, número de telefone –, como se estivesse aguardando no consultório do dentista. Quando lhe ofereceram o direito legal de dar um telefonema, disse que queria falar com um repórter do jornal local.

– Quero relatar uma mentira – disse calmamente, recitando a palavra iniciada com *M* que ele tinha tentado pichar no menino Jesus. – Não há piedade. Não há Deus. O amor é uma ficção. As pessoas precisam acordar.

O policial de serviço ficou indiferente.

– Os repórteres irão atrás disso. Não precisa ligar para eles. Ligue para o seu advogado – aconselhou. – A menos que você tenha um psiquiatra.

Mas Galen insistiu. Usando o telefone da delegacia e o catálogo telefônico, discou um número, mas só conseguiu a secretária eletrônica.

– Ninguém atende – disse ao policial.

– Azar. Pode ir.

Galen ficou andando pela cela, praticando o discurso que pretendia fazer quando chegasse seu momento. Passou uma hora, então duas. Estava caído no chão em um canto quando um guarda se aproximou e destrancou a porta de aço.

– É o seu dia de sorte. Ninguém vai prestar queixa.

Galen se levantou lentamente. Então a coisa toda fora um desperdício, uma piada para colocar na pilha das outras piadas divinas. As autoridades do museu tinham acertado tudo nos bastidores. Eles não queriam arcar com a má publicidade de processá-lo. O sucesso do museu dependia de exposições externas. Se se espalhasse a notícia de que sua coleção era vulnerável, seria duas vezes mais difícil pegar obras-primas emprestadas de outros museus. O seguro delas iria disparar. De qualquer jeito, *Madona e criança* tinha escapado ileso.

Enquanto estava sendo liberado, Galen percebeu um jovem de jeans e camiseta olhando para ele.

– Você é o cara? – perguntou o jovem. Ele parecia ter uns dezenove anos.

– Deixe-me em paz – resmungou Galen, recolhendo suas coisas: alguns trocados, carteira e cinto apreendidos pela polícia.

O garoto pegou sua capa de chuva do banco e o seguiu para fora.

– Sinto muito por você não ter conseguido levar a cabo sua missão – falou. – Bem, não sinto, exatamente. Escuta, ainda temos uma história aqui.

– Sobre o quê? Um maluco ou um motivo de piada? – Galen olhou para cima e para baixo na rua, mas não havia táxis. Ele tinha deixado o carro em casa naquela manhã.

O garoto estendeu a mão.

– Eu me chamo Malcolm. Sou repórter. Só quero ouvir o seu lado da história.

Galen olhou de modo ausente a mão estendida. Virou-se para a rua e foi em direção ao ponto de ônibus mais próximo, que ficava dois quarteirões ao norte. Malcolm foi atrás dele. Galen não o dispensou. Por mais que se sentisse humilhado, ainda queria falar com alguém que o escutasse.

– Você está na editoria de crimes? – perguntou.

– Nenhum crime até agora. Escrevo os obituários, só que a sua história ganhou prioridade. Estamos com dois caras fora, gripados.

Ótimo, pensou Galen, de forma zombeteira. *Sou uma matéria mais interessante que os mortos.*

Ele fora alimentado pela adrenalina a manhã toda e percebeu que estava faminto. Debaixo da capa de chuva, o garoto-repórter parecia subnutrido.

– Eu lhe pago um hambúrguer – ofereceu Galen. Ele ainda não conseguia suportar a ideia de rastejar de volta para casa.

Foram até uma rede de fast-food, fizeram o pedido e se sentaram a uma mesa com cadeiras de plástico, longe do ar congelante que entrava toda vez que um freguês abria a porta. Galen sentiu a compulsão de limpar o tampo da mesa com um guardanapo, mas se conteve.

Malcolm tirou um minigravador.

– Você se importa?

Galen deu de ombros.

O repórter sorria, mas não ficou contente quando viu pela primeira vez o suspeito, que parecia um professor de inglês amarrotado, totalmente inofensivo. O ponto de vista do terrorista teria sido ótimo para a carreira de Malcolm, mas isso estava rapidamente perdendo força. Ele ligou a máquina. A fita zumbia de modo discreto entre eles na mesa.

– Um, dois, três. Ok, estamos gravando agora. Então, por que você fez isso?

– Porque tudo é mentira – disse Galen, com firmeza, usando o mesmo tom de voz que usaria para devolver um filé esturricado: descontente e casual.

– Hum, você pode ser mais específico? – perguntou Malcolm. – Você pertence a um movimento ou algo assim?

– Não. Pertenço à massa da humanidade que vem sendo burlada há séculos pela maior mentira já perpetrada. – Galen de repente sentiu sua raiva ferver. – A crença em Deus matou mais pessoas na história do que todos os genocídios juntos. Onde está a piedade? Onde está o amor? É tudo uma mentira monstruosa. – Seus olhos estavam brilhando com o fervor de suas palavras.

Maluco de carteirinha, pensou Malcolm. Mas um palpite quanto à ideia de terrorismo ainda vivia, embora com a ajuda de aparelhos.

– Há uma versão de Deus que você ache que precise ser defendida?

– Não. Você não está ouvindo? Eu disse que tudo é uma mentira. A religião é uma hipnose coletiva, e inúmeras pessoas são vítimas dela todos os dias.

– Incluindo você? Algo deve ter acontecido a você. Como Deus o magoou pessoalmente?

Galen hesitou. Ele não tinha muita certeza sobre como Deus o tinha magoado. Tudo era uma confusão. O amor louco de Iris, as pinturas de anjos, a certeza dela de que estava em algum tipo de missão espiritual. Tudo isso tinha grudado na mente de Galen como uma massa purulenta.

– Eu não importo – insistiu ele. Buscou as palavras. – Se Deus é amor, então todo amor é corrompido. Essa é a piada. É isso que ninguém enxerga.

– Então sua mensagem é "Abaixo Deus"? Você não estava tentando melhorar a pintura com um pouco de vermelho?

– Não zombe de mim.

– Acho que o que estou dizendo é que muita gente odeia religião e isso tudo. Nem todo mundo vandaliza arte.

Galen se recostou na frágil cadeira de plástico.

– Você não dá a mínima, não é?

– Como me sinto não é a questão.

– Certo.

Foram interrompidos pelo chamado do número do pedido deles. Antes de Galen se levantar, Malcolm se adiantou. – Deixe que eu pego. – Ele saiu e logo voltou com uma bandeja de hambúrgueres e bebidas. – Um pouco de boa vontade – disse, alegre.

Mas o humor de Galen estava sombrio. Ele tinha a sensação de que se esvaziava lentamente por dentro com um leve sopro, encolhendo como uma bola murcha.

Por alguns minutos nenhum dos dois falou, distraídos pela comida. No silêncio, Malcolm reavaliou a história, se é que havia uma. Não teria substância para virar uma reportagem, sobretudo porque ninguém tinha prestado queixa. Ele desligou o minigravador e o colocou no bolso.

– Espere. Você não me deixou terminar – reclamou Galen.

– Tenho o bastante por enquanto.

Malcolm sentiu pena do maluco arriado na cadeira, consciente de que tinha arruinado tudo.

– Honestamente, seria melhor para você se a coisa toda morresse rapidamente. Esqueça isso – falou.

Amassando o guardanapo do seu hambúrguer, Malcolm jogou a bola de papel na direção de uma lata de lixo no canto, acertando em um único movimento, e então se levantou.

– Tudo está bem quando acaba bem. Certo?

Quando Galen afastou o olhar com uma expressão magoada no rosto, o repórter deu de ombros. Pelo menos teria uma história para seu colega Frank no jornal.

– Posso lhe dar uma carona?

Galen estava aborrecido demais para fazer qualquer coisa que não fosse balançar a cabeça, recusando. Seus olhos seguiram o garoto porta afora. Qualquer chance de obter justiça saíra com ele em direção ao frio.

CAPÍTULO 5

Em cada evento estranho revelado até agora, Meg McGeary era o elemento ausente. Ela estava manipulando cordas invisíveis? O que lhe dava o direito de fazê-lo? Dez anos atrás, Meg não se sobressaía por nenhuma razão. Ela poderia facilmente ter se misturado à multidão de feriado que lotava o pátio ao ar livre do shopping local. Tinha 40 anos então, e vestia-se com um estilo suburbano: parca cinza com imitação de pele ao redor do capuz, calças *baggy* de corrida e tênis. A sociedade estava mudando, então a ausência de uma aliança no dedo não a teria feito se destacar. Mas uma coisa o fez. Em certo dia de novembro, ela ficou imóvel, o olhar fixo na distância como que assombrado pelas fachadas da rede de fast-food Subway e da loja da Nike ao lado.

O sol brilhava delicado entre um remendo de nuvens. As pessoas estavam empolgadas – a bolha da Grande Recessão ainda não tinha estourado –, e ninguém reparou em Meg ao passar por ela.

Alguém mais alerta poderia ter suspeitado que houvesse algo muito errado com a mulher grudada no lugar. Talvez ela estivesse tendo algum tipo de surto psicótico que a deixara catatônica. Por enquanto, porém, a multidão se afastava ao redor de Meg como o mar em torno de uma rocha que se projeta para fora da praia.

Meg não estava psicótica, mas tampouco estava em seu estado normal. Ela estava extremamente desorientada – e por um bom motivo. Em sua cabeça, ela seria crucificada. Literalmente. Antes do meio-dia ela estaria pendurada em uma alta cruz de madeira. Soldados romanos iriam pregar suas mãos com longos pregos de ferro. Ela conseguia ver a multidão enfurecida sedenta por seu sangue.

A "coisa", como ela o chamou, começara naquela manhã. Seu gato a tinha acordado de um pesadelo arranhando seu peito através da manta. Lá fora, a escuridão invernal tinha clareado. Os pés descalços de Meg pisaram no chão frio, buscando o par de chinelos felpudos. Ela andou pelo corredor até o banheiro e se olhou no espelho.

Um rosto inchado com cabelos desgrenhados pelo sono olhou de volta. E ela também viu no espelho uma antiga cidade bíblica, como se dois filmes tivessem sido sobrepostos em um projetor. De repente, a antiga cidade ganhou vida. As pessoas com vestes se enfileiravam na rua, ávidas por um cruel espetáculo. Como atores em um filme mudo, eles zombavam dela sem emitir som.

Meg estava vagamente consciente de que esse era o mesmo sonho que a mantivera acordada a noite toda. Ela jogou água fria no rosto para afastá-lo, em vão. Sempre que olhava o espelho, a janela do banheiro ou as paredes de azulejo branco, essa outra cena se desenrolava – um dia quente, o sol forte de um céu azul, espectadores saídos direto de ilustrações de uma escola dominical.

Os pés de Meg estavam confortáveis nos chinelos, mas os pés do homem usavam sandálias e estavam quentes. Ela tinha certeza, com uma claridade lúcida, de que se tratava de um homem. A respiração dele era pesada enquanto ele olhava para a multidão, lutando contra o medo. Meg conseguia sentir a pressão nos pulmões dele. Ele carregava algo pesado nas costas? De repente ela sentiu um peso gigantesco.

Meg decidiu ligar para Clare, a mais próxima de suas irmãs. Voltou para o quarto com passos nervosos. O gato estava enrolado perto do aquecedor, e abriu um olho para vê-la mexendo na bolsa, em busca do celular. Mas, no minuto em que apertou o botão para o número do escritório de Clare, pensou: *Má ideia. Ela vive preocupada. Isso vai acabar com o dia dela.*

Antes que pudesse desligar, no entanto, Clare respondeu.

– Oi! – disse, com expectativa.

– Oi – murmurou Meg, mecanicamente.

– Você parece sonolenta.

– Não estou sonolenta.

– Bem, é bom ouvir sua voz. Está uma loucura com as crianças fora da escola e eu no trabalho. – Clare, que tinha se mudado para outra cidade depois de casada, estava sempre em movimento, trabalhando na sua imobiliária.

– Se alguém consegue lidar com isso, esse alguém é você – disse Meg.

Ela estava procurando ganhar tempo, desorientada. O filme tinha ficado duas vezes mais vívido agora. O homem tropeçou e caiu de joelhos sob seu fardo esmagador, então lutou para se levantar de novo. Meg podia sentir os músculos das costas dele gritarem de dor. Aquilo não era um filme. Ela estava dentro dele.

O radar de preocupação de Clare captou algo.

– Querida, tem algo errado? Por que você ligou?

Felizmente, uma rápida lacuna apareceu no filme naquele exato momento, o que deu a Meg a abertura para pensar com clareza.

– Eu estava me sentindo um pouco solitária. Nós não nos vemos mais como antes.

– Eu sei. Já faz semanas. Sinto muito.

A voz da irmã, que tinha aumentado ansiosamente algumas notas, voltou a abaixar. Clare em geral era boa em não perder contato. Ela era boa em várias coisas.

– Então que tal você vir me visitar?

– Eu gostaria disso – disse Meg.

– Você não vai se importar com os garotos à sua volta?

– Não, é ótimo. – Meg queria desesperadamente que a ligação terminasse.

– Tudo bem, então, querida. Amo você.

Foi um alívio parar de fingir e a ligação não ter sido um desastre. Mas assim que desligou Meg sentiu dores mais uma vez, dobrando-se em busca de ar. Tentou respirar fundo várias vezes, mas isso não ajudou. O filme em sua cabeça passava incessantemente. O homem tinha se reerguido e tropeçava de novo, dessa vez suando muito.

Para quem mais ela poderia ligar? A lista era depressivamente curta. Nancy Ann, sua outra irmã, iria surtar. Ela quase nunca saía de casa sem achar que tinha se esquecido de trancar a porta da frente ou que tinha deixado o gás ligado. Sua mãe era preocupada com o que o marido queria. Ela pensou em algumas amigas, colegas no banco onde era gerente assistente, mas elas iriam rir e desligar na sua cara.

Meg começou a entrar em pânico. As quatro paredes estavam se aproximando, sufocando-a. Ela tinha que retomar o controle. Uma dose de realidade poderia ser o melhor remédio – inalar o ar frio de inverno, misturar-se às pessoas.

Essa ideia parecia razoável. Ela vestiu algumas roupas depressa e desceu as escadas correndo, espremendo-se por entre uma bicicleta e algumas caixas empilhadas no vestíbulo. O cheiro de bacon frito que vinha de um dos apartamentos a deixou levemente enjoada, mas essa sensação a distraiu do filme. *Isso deve ser um bom sinal, certo?* Enquanto saía, Meg se lembrou de ligar para sua assistente e dizer que não iria trabalhar porque estava doente.

O shopping não era longe. Meg tinha adotado o costume de passear por lá depois do trabalho. Ela não fazia isso por solidão. Aos 40 anos, já tinha feito as pazes com o fato de ser solteira. Era uma situação que parecia algo entre um confortável sofá e uma mancha no papel de parede que você não se importa em limpar.

Ela andava em ritmo acelerado. Era difícil manter o equilíbrio, tentando correr quando ele lutava para colocar um pé na frente do outro. Ele olhou para o alto. Uma colina aparecia à distância. Duas silhuetas suspensas se destacavam contra o sol, já penduradas nas cruzes. Meg estremeceu, tentando voltar para o tempo atual, e apertou o passo.

Cinco minutos depois ela estava na praça central do shopping. Apesar de sua parca, estava enregelada. O vento a atravessava, mordendo-a com presas invernais.

Algo novo estava acontecendo no filme. Ela podia sentir o chão se inclinando. Ele estava subindo a colina. Atrás dele, um soldado lhe deu um duro empurrão. O centurião estava ansioso para voltar aos barracões e se embebedar. Uma terceira cruz se destacava contra o sol. O homem condenado procurou um rosto amigável na multidão que aguardava. Uma jovem chorava, mas tentou esconder as lágrimas com o lenço que cobria sua cabeça quando ele pôs os olhos nela. Ele mal teve um vislumbre da menina, mas de repente Meg sentiu uma onda de alívio inundá-lo. Mais que alívio. Um sentimento profundo de paz se apossou dele. Isso apagou seu medo, e ele parou de lutar contra o que estava por vir.

Os gritos da multidão ficaram ainda mais obscenos, mas a sensação de paz do homem apenas se aprofundou. O mundo e suas imagens aterrorizantes desapareceram como uma vela bruxuleante invisível sob o sol do meio-dia.

A procissão chegou ao destino. Ele tinha apenas um segundo para olhar para a jovem que sentia pena dele. Ele queria que ela visse que ele estava em paz, mas ela tinha desaparecido. Ele não pensava no final esmagador de seu drama. Ele só imaginava o que teria acontecido com ela.

Nesse momento, o filme na mente de Meg congelou. A projeção das imagens cessou. As cruzes na colina desapareceram. De repente, ela era apenas ela mesma, imóvel no meio da multidão, sem ideia de quanto tempo tinha permanecido parada no mesmo lugar. Inclinando a cabeça para trás ela não via mais dois sóis, apenas o sol frágil de novembro do presente. Não havia um sentimento de medo. Era quase como se nada tivesse acontecido. Meg percebeu alguns olhares estranhos das pessoas que passavam por ela. Era hora de seguir adiante. Foi o que fez. Mais alguns minutos e chamariam o segurança para tirá-la de lá.

Duas semanas se passaram. Meg teria esquecido seu caminho para o Calvário se pudesse. Fez o que pôde. Os outros não notaram nada em sua rotina no trabalho. Ela ainda chegava todas as manhãs às sete e meia para abrir o banco. Ela ainda assumia o lugar em sua grande mesa perto da entrada e sorria de maneira tranquilizadora quando jovens casais a abordavam, nervosos, para falar sobre seu primeiro empréstimo imobiliário. Ela se sentia confortável no emprego, nunca falando mal dos chefes nem dando aos assistentes que supervisionava motivo algum para falarem mal dela.

Se uma câmera de vigilância a seguisse o tempo todo, teria gravado apenas uma ocorrência estranha, um pequeno desvio de sua rotina normal. Certa noite, depois de sair do banco, ela parou em uma farmácia perto do seu prédio e pediu o remédio para dormir mais forte que pudesse comprar sem receita médica. Quando chegou em casa, assistiu a velhas reprises de *Friends*, comeu um frango à parmegiana congelado e engoliu duas pílulas antes de ir para a cama. Melhor estar em uma leve névoa química na manhã, pensou, do que revisitar as imagens aterrorizantes de sua alucinação.

Mas os ecos ainda soavam. Ela não conseguia ignorar os leves gritos de dor que vinham de dentro dela. Eles quase sumiam se ela se distraísse com trabalho ou com a TV ou se ligasse o rádio do carro. Mas existem muitas maneiras de se escapar do mundo interior.

As imagens aterrorizantes de sua visão estavam na verdade mais fáceis de suportar. Meg as vira todos os dias nas paredes de sua antiga escola católica durante as aulas da Bíblia ministradas pelas irmãs de São José. O problema era que agora ela vivia dentro daquelas imagens. Quem fazia isso? Só santos e psicóticos, pelo que Meg sabia, e ela não se enquadrava em nenhuma dessas categorias. Tentou imaginar uma terceira possibilidade.

A ansiedade vem equipada com um controle de volume, e, quanto mais Meg ignorava a voz gemendo dentro de si, mais alta ela se tornava, pouco a pouco. Por volta da terceira semana, o volume de sua ansiedade era tão alto que ela mal conseguia escutar outra coisa. Foi difícil manter a compostura quando visitou os pais para o jantar de domingo.

– Você está muito quieta – comentou sua mãe à mesa. – Gosta da minha carne com repolho desde que nasceu.

Meg tentou sorrir porque esse era apenas um leve exagero. Sua mãe dizia que o cheiro daquele prato lembrava as colinas verdes de Galway, embora ela não tivesse vindo da Irlanda nem nunca visitado o país. Ela nasceu perto da ferrovia em Pittsburgh. Apesar disso, carne com repolho era como uma luz na janela atraindo as irmãs McGeary para casa, não importava onde estivessem. Isso não era mais verdade, já que Clare tinha ido embora para criar uma família e Nancy Ann tinha se casado com aquele bonitão do Tom Donovan. Nancy Ann mal tinha então 18 anos, a mesma idade de sua filha, Mare. O tempo era um ladrão.

Agora eram somente Meg e os pais à mesa. Já que ela nunca mencionava um homem, a mãe tinha que se contentar com o sucesso da filha no banco. O pai mantinha os impulsos curiosos da esposa sob controle, geralmente lhe lançando um olhar feio se ela se aproximasse da palavra "casamento".

– Acho que passei a gostar mais da sua comida depois que envelheci – disse Meg. – Você não perdeu o jeito.

– Que tipo de jeito se precisa ter com batatas?

Sua mãe sorriu indulgentemente com o cumprimento e passou o prato de batatas. Na realidade, Meg tentava desviar a atenção para o caso de seu estado interior parecer óbvio demais. Precisou de toda a força para não contar aos pais como se sentia preocupada e desorientada. A qualquer momento ela poderia ter uma recaída. Pior, o filme em sua cabeça poderia continuar de onde tinha parado. Essa era uma possibilidade na qual ela nem se atrevia a pensar.

Depois do jantar Meg foi andando até o ponto de ônibus. Seu carro estava na oficina. Ficou aliviada por nada ter dado errado. O céu sobre a cidade estava excepcionalmente claro, as estrelas oferecendo um espetáculo brilhante de inverno. Meg olhou para cima, pensando em como as estrelas ficavam de alguma forma mais brilhantes quando fazia frio. Essa observação lhe teria dado prazer, mas as estrelas de repente pareceram pontos de um milhão de pregos. Ela sentiu uma onda de pânico. O contentamento animal de ter o estômago cheio não a acalmava de maneira alguma. Uma loja de bebidas na esquina ainda estava aberta – num impulso, entrou.

Vodca barata seria o anestésico mais rápido, pensou ela, passando os olhos pelas prateleiras. Ela não costumava beber, mas a necessidade era urgente.

No balcão, um atendente entediado assistia à prorrogação de um jogo de basquete em uma pequena TV. Quando Meg tirou sua luva para contar o dinheiro, ele olhou para as palmas dela.

– Eu iria ver o que é isso se fosse você, dona – falou, pegando cautelosamente as notas que ela estendia.

Meg olhou para baixo. Suas palmas estavam marcadas com dois pontos do tamanho de moedas, vermelho-vivos e úmidos. Ela tinha certeza de que não estavam lá durante o jantar. O pânico que sentia aumentou, e ela começou a oscilar. Teve que se segurar no balcão para continuar de pé.

– Ei, você está bem?

Incapaz de responder, virou-se para a frente com olhos arregalados e assustados. O atendente foi em direção ao telefone. Meg fez que não com a cabeça.

– Por favor, não – conseguiu murmurar.

O atendente não era nenhum filantropo; ficou contente em tê-la fora de sua loja com a garrafa e 89 centavos de troco. De qualquer forma, Meg não teria ficado para esperar a ligação para a emergência. Ela foi às cegas até o ponto, correndo para pegar o ônibus parado ali. O motorista não prestou atenção quando ela desabou em um banco perto da frente do veículo. A não ser por duas idosas negras nos fundos, o ônibus estava vazio.

A mente dela não estava funcionando. Ficar firme era sua única tática agora. Meg olhou pela janela para a sujeira da cidade que passava enquanto as luzes fluorescentes do ônibus piscavam toda vez que o motorista pisava no freio.

Quando chegou em casa, parou ao lado da pequena mesa na entrada onde mantinha as luvas e as chaves. Se tirasse suas luvas devagar e desejasse com vontade, os pontos vermelhos redondos desapareceriam. Pensamento mágico, o último recurso, o último degrau a que a mente se agarra enquanto olha à frente o abismo negro. Não houve mágica dessa vez. Meg olhou os pontos, que pareciam mais vermelhos do que antes, a umidade formando um regato de sangue.

Mas sua mente não se desgrudou do último degrau, e ela não mergulhou na escuridão. Sentiu-se estranhamente calma, na verdade, como um cirurgião examinando minuciosamente uma incisão limpa feita por um bisturi. Uma vez que a lâmina abre a pele, não há volta, e com Meg foi a mesma coisa. Esse era o ponto sem volta. Ela sabia o que os pontos significavam. Ela conhecia os estigmas. Quando menina – com dez, talvez onze anos –, ela tinha passado por um breve período de devoção religiosa. Começou a ler livros sobre a vida dos santos com ilustrações coloridas e atraentes. Já uma leitora avançada, o sofrimento dos santos a hipnotizava.

Agora, porém, estava acontecendo com ela. As coisas que ela não suportava ver em seu filme agora apareciam em seu corpo.

Feridas sagradas. Primeiro, o sangue gotejante onde os pregos tinham entrado nas mãos. Se as feridas continuassem aparecendo, haveria uma coroa de pontos sangrentos ao redor de sua testa, um corte na lateral de seu corpo, mais sangue em seus pés. Mas nem mesmo isso perturbou sua calma. Ela se despiu para se deitar e se olhou no espelho de corpo inteiro na porta do armário. Mais nada havia se manifestado, apenas os dois pontos vermelhos em suas palmas. Sem enfaixá-las, ela se deitou, abrindo mão das pílulas e ignorando a vodca. Na mesma hora caiu em um sono profundo e sem sonhos.

CAPÍTULO 6

A visita de Lilith foi mais do que estranha. Assim que ela se foi, Mare não conseguiu se aquietar de novo. Correu até a janela, vendo a intrusa se afastar de salto alto na neve. A sensação era de que estava perdendo qualquer chance de voltar a ver sua tia. Mare tinha que fazer alguma coisa.

Correu para a porta, agarrando o casaco no caminho, e quando a abriu encontrou Frank parado ali.

– Eu estava esperando no carro. O que está acontecendo? Você não vai sair correndo atrás dela, vai?

– Tenho que ir – disse Mare, olhando por cima do ombro dele para ver se ainda conseguia captar um vislumbre de Lilith.

– Espera aí. Não acho que seja uma boa ideia.

– Por que não? Ela entendeu tudo, e nós não sabemos nada.

Mare mordia forte o lábio; o tique nervoso tinha voltado. Mas ver Frank a fez se acalmar.

Ele entrou, fechando a porta atrás de si.

– Simplesmente não pude ir embora daquele jeito. Só Deus sabe do que ela é capaz.

– Por favor, não me deixe mais em pânico do que já estou.

Mare começou a andar pela pequena área aberta de seu apertado apartamento, passando as mãos pelo cabelo.

– Eu sou tão burra. Não peguei o número dela. Nem mesmo sei o seu sobrenome.

– Tudo bem. Nós dois estamos tensos – disse Frank.

– Minha boca parece anestesiada. – Mare abriu a geladeira gasta no canto e pegou uma garrafa de água da prateleira, derrubando duas garrafas próximas, sem se importar. – Não deveria tê-la deixado passar pela porta. Agora ela encheu minha cabeça com essas ideias estranhas.

– Ela não falou coisa com coisa – disse Frank, firme. – Você sabe disso, não é?

Mare andava em círculos agora, tomando grandes goles de água. De repente o telefone tocou, e ela deu um pulo. Tinha que ser sua família de novo. Eles não deixariam por menos.

Ela olhou para Frank.

– Não vou atender. O que poderia dizer a eles?

Ambos entendiam a situação difícil em que ela estava. Mesmo se o quociente Lilith fosse subtraído, o mistério de tia Meg estava todo sobre os ombros de Mare.

Frank sentiu uma paralisia momentânea. Há momentos em que dar um passo para a frente ou para trás faz toda a diferença. Ele não ia agarrar Mare em seus braços e murmurar "Está tudo bem. Estou aqui. Eu protejo você". Ele não podia fazer essa promessa. Então, dar um passo para trás era a escolha mais inteligente. Poderia sair agora e voltar para a redação. Thompson, o rabugento editor de cidade, iria chamar sua atenção por furar o cronograma, mas não o demitiria. Mare poderia lidar com isso sozinha, de alguma maneira. Tendo concluído isso, Frank deu um passo à frente.

– Vamos nos sentar e analisar isso – falou, tocando o braço de Mare.

Ela respirou fundo e fez o que ele disse, sorvendo em um único gole o que restava da água.

Ele começou a pensar em voz alta.

– Lilith tinha suas suspeitas antes de vir até aqui, e agora tem certeza de que temos o objeto. Mas, pense bem, ela disse que ele pertence a este lugar.

Mare estava confusa.

– O que isso significa?

– Não sei. Talvez consigamos descobrir com sua tia. Você realmente não faz ideia de onde ela possa estar?

Mare negou com a cabeça.

– Bem, então é como a apuração de uma matéria. Se você perde sua melhor fonte, procura a segunda melhor. Detesto dizer isso, mas significa Lilith.

– Ela pode não falar com você, não depois do que você disse.

– Certo, mas se alguém conhece a história toda, esse alguém é ela. É por isso que ela a compartilhou aos poucos.

Mare rolava a garrafa plástica de água nas mãos. Seu pânico tinha passado. Ela agora conseguia pensar da mesma maneira lógica de Frank.

– Então Lilith não quer o santuário para si.

– Não, ou teria tentado assustá-la. Mais do que já fez, quer dizer.

Ele ganhou um sorriso fraco de Mare.

– Tenho uma forte sensação de que o santuário não é roubado, o que significa que alguém o deu a minha tia Meg. Por quê? E, se ela não morreu, por que passá-lo para mim?

– Para atraí-la.

Frank estava declarando o óbvio, mas só agora tinham reparado nisso. Eles olharam um para o outro em silêncio. Ele pensou sobre o que fazer em seguida.

– Você disse que havia um bilhete. Deixe-me vê-lo.

Ela o mostrou, e Frank notou que, para uma mensagem tão curta, dizia bastante coisa.

Olá, Mare,

Isso é do 13º apóstolo. Vá para onde leva.

Sua em Cristo,

Meg

Ele se pôs a decifrá-lo.

– Vê como começa de forma tão casual? Ela começa como se vocês duas fossem próximas, como se ela tivesse a certeza de que você leria o bilhete primeiro.

– Vi isso.

– Aí ela tece uma trama. Quem é esse 13º apóstolo? Sua tia já sabe, mas ela quer que você descubra sozinha. O santuário detém a resposta.

– Brilhante! – exclamou Mare.

– Está tudo nas entrelinhas. Quando você chega ao fim, ela diz "Sua em Cristo", o que significa que deixar o convento não quer dizer que ela tenha perdido a fé. Ela está lembrando a você de que a religião é o centro, e não o valor do tesouro. Mas ela assina usando seu nome antigo. Ela poderia ter usado seu nome de freira, mas queria que você soubesse que ela é novamente da família.

Ele virou o bilhete antes de devolvê-lo a Mare, que o olhava com admiração.

– É tudo o que consigo ver – falou ele.

Mare estava pensativa.

– Então tia Meg está me atraindo. O que aconteceu com ela no convento? Por que ela decidiu sumir uma segunda vez depois de todos estes anos?

– Não sei. Mas Lilith não está agindo sozinha. Digamos que as duas se conheçam e que talvez Meg esteja orquestrando tudo. Ela deve ter um motivo para permanecer nas sombras desse jeito. Sua tia poderia ter ligado. Poderia entrar pela porta bem agora e lhe contar o que está acontecendo sem mandar outra pessoa. Ou ela está brincando com você, o que nos deixa onde começamos, ou isso é um teste. "Vá para onde leva."

De repente Mare ficou animada.

– Tenho uma ideia. – Foi até o armário e tirou a igreja dourada do esconderijo. – Talvez haja alguma coisa escrita nela que não percebemos antes. Pode ser a pista que devemos seguir.

Ela examinou cada superfície com cuidado. Mas, à exceção da grama e das flores entalhadas, a superfície externa era perfeitamente lisa. Um beco sem saída.

– Precisamos ver o que tem dentro – disse Frank, seguindo seu primeiro palpite. – Vamos ao menos sacudi-la.

Mare assentiu. Ela não mencionou sua premonição de que alguém, não algo, estava oculto na igrejinha. Se ainda achava isso, guardou para si mesma.

Frank levantou o pesado objeto dourado até perto da orelha e lhe deu uma forte sacudida. Não se ouviu nenhum som de dentro, nenhum chacoalhar de ossos, nenhum sussurrar de cinzas.

– Droga. Tem que haver algo. – Ele estava ficando frustrado.

O rosto de Mare mudou, e ela respirou fundo.

– Por favor, não ria. Talvez a gente tenha que rezar por uma resposta.

Ele riu, uma risada repentina e sarcástica.

– Ah, qual é?

Mare não se deixou intimidar.

– Há apenas duas maneiras de ver o tesouro. Ele pode ser uma obra preciosa ou sagrada. Tia Meg não o deixou para mim como herança. Não é o ouro que importa para ela. Quero dizer, isso não é óbvio?

– Tudo bem – disse Frank, relutante. – Mas você faz a oração. Eu vou me sentar e olhar.

Isso não era bom o bastante para Mare.

– Nós estamos nisso juntos ou não?

– Eu não disse que estava pulando fora. – Frank também não disse que nunca tinha rezado na vida, a menos que se conte a oração ao anjo da guarda quando tinha cinco anos.

– Está bem. Você segura de um lado e eu seguro do outro. Isso é pedir demais?

Teria sido sob outras circunstâncias. No entanto, a igreja dourada não tinha perdido sua mágica, e algo nela era irresistível a Frank. Ele passou os dedos sob um dos lados enquanto Mare segurava o outro. Ficaram em silêncio; ela fechou os olhos. Ele tinha certeza de que rezar não levaria a lugar algum. Estava tudo por conta dela.

Então o que estava por conta dele? Ele tinha se comprometido com alguma coisa? Frank sentiu um espasmo de culpa. O rosto de Mare tinha adquirido a inocência de uma criança. Quem iria resgatá-la quando ela caísse mais fundo no desconhecido? Não ele. Ele não era galante o bastante para resgatar ninguém, se chegasse a isso. Seus motivos eram outros. Ele era xereta o suficiente para cavar mais fundo na estranheza em curso. Provavelmente, terminaria escrevendo uma história e tanto. Todo tipo de gente a leria e começaria a se meter na vida de Mare. No final, ela o odiaria.

Essa linha sombria de pensamento não o levou a lugar algum porque o aposento de repente ficou negro. Não escuro, mas negro como uma noite sem estrelas. Frank olhou na direção de Mare. Não podia enxergá-la, mas conseguia sentir que ela ainda estava ali, respirando, porém invisível. Uma forte rajada de vento despenteou seu cabelo, o que era impossível. O vento era frio o bastante para fazer com que sua pele se arrepiasse. Frank ouviu Mare prender a respiração, e tateou pela escuridão até pegar o braço dela. Não havia igreja dourada entre eles, nem mesmo o apertado apartamento. Eles estavam lá fora em uma noite gelada.

– O que está acontecendo? – perguntou ele, mas as palavras não tinham som, do modo como as palavras em um sonho não têm som.

Mesmo se Mare o tivesse escutado, não houve tempo para que ela respondesse. Atrás deles Frank escutou vozes. Ele virou e seu ombro direito atingiu uma parede de reboco. As vozes continuaram, baixas e bem perto. Havia duas pessoas, um homem e uma mulher. Falavam uma língua estrangeira. Não se captava nenhum sentido, mas a mulher parecia confusa e assustada. O homem parecia mais velho, e sua voz era calma, como se estivesse tentando tranquilizá-la.

A escuridão tomou conta de tudo. Frank pulou quando a mão de Mare encontrou a dele e a apertou forte. Se era um delírio, ela estava bem ali com ele.

Ele tentou falar de novo.

– Onde estamos?

Mare não deu sinal de tê-lo escutado, mas a escuridão impenetrável clareou um pouco. A parede contra a qual Frank esbarrara com o ombro pertencia a uma casa; havia janelas no alto que lançavam um leve brilho tremeluzente de velas ou de lamparinas. Ele percebeu que não sentia medo. Seu coração não batia acelerado no peito; suas pernas não estavam bambas. A coisa toda parecia mais com um transe do que com algo assustador.

As duas pessoas que conversavam se aproximaram, então pararam. Ele podia ouvir a mulher respirando de forma irregular; ela estava bem agitada. O homem disse apenas mais algumas palavras, e então se voltou e se afastou. Ele vinha na direção deles. Frank puxou Mare para o lado dele e se encostou mais na parede. Os passos do homem se aproximando eram ritmados, e quando ele chegou mais perto Frank pôde ver a silhueta de alguém mais baixo que ele. O homem usava sandálias que faziam barulho contra as pedras no chão, e cada passo emitia um som de assobio, como se ele vestisse túnicas. Se estava armado, a fraca luz não captou o cintilar do aço. Um minuto depois o homem estava bem ao lado deles, duas figuras pressionadas contra a parede.

Agora Frank estava com medo. Sentia a pulsação latejar nos ouvidos, e precisou apelar para toda a força a fim de se manter no lugar. O homem devia estar acostumado a se mover no escuro. Ele certamente os via. Mas não deu sinal disso, não virou a cabeça nem hesitou quando passou pela alameda estreita. O ruído das sandálias começou a desaparecer.

De repente, a mulher correu atrás do homem, gritando. Ela passou tão perto que sua saia roçou a perna de Frank; no escuro, ele percebeu que ela era bem pequena. Seu grito era o de uma garota, não de uma mulher.

O homem não parou. Ela gritou de novo, e uma persiana foi puxada com força acima. Alguém se inclinou, segurando uma lamparina para ver o motivo da comoção.

Quase com um clique, Frank estava de volta ao apartamento de Mare, segurando o seu lado da igreja dourada. O outro lado tremia.

– Você também viu? – murmurou ele. Mare mal conseguia segurar o seu lado, e eles abaixaram a igreja até o chão. Mare afundou ao lado do objeto.

– Ah, meu Deus – murmurou ela.

Ele se sentou ao lado dela, pegando sua mão. Parecia muito fria e pequena. Frank não estava tão atordoado a ponto de sua mente não funcionar. Ele podia sentir uma fenda em seu ceticismo.

– Foi a sua oração. O que mais pode ter provocado algo assim? Eu não teria acreditado se não tivesse estado lá.

– Lá onde? – perguntou Mare, sem forças.

Ele não sabia. Entre eles estava o santuário dourado, brilhando sob a luz da lâmpada pendurada no teto e envolta pela lanterna de papel. A cena era mais ou menos a mesma de quando Frank entrara no apartamento pela primeira vez. A única coisa que tinha mudado era um pequeno sinal, branco com letras vermelhas, pairando na frente dele. Não importava que o sinal fosse invisível porque o que estava escrito era inequívoco: "Sem Saída."

Frank podia apostar nisso.

CAPÍTULO 7

Depois que o garoto-repórter partiu, Galen não conseguiu terminar seu hambúrguer. O lugar fedia a gordura queimada e cinzas, como um crematório. Tudo o que ele queria fazer era ir para casa e despencar na cama. Ele se arrastou para a rua, onde um táxi desocupado esperava no meio-fio. O motorista assentiu, Galen entrou e disse seu endereço.

Seguiram para o outro lado da cidade. No caminho, Galen se repreendeu. Tinha mentido para o garoto. Não tinha contado a verdadeira história por trás do ataque ao *Madona e criança*. Como poderia? Era o motivo de sua raiva, mas o amor estava enredado na história como fio de ouro no cilício de um mártir.

Dois anos antes, ele tinha decidido passar uma tarde chuvosa no museu de arte. Essa não era uma escolha previsível. Museus não estavam entre o pequeno cardápio de possibilidades de Galen para um dia de chuva, que geralmente incluíam deixar o trabalho em dia, ler revistas antigas de uma pilha empoeirada com exemplares de *Scientific American* ou arrumar as mostras mais novas de sua coleção de rochas – ele tinha se especializado em solos raros. Em nenhum lugar do cardápio figurava a visita a um museu de arte, porque ele realmente não apreciava arte.

Ele gostava de passear por lugares onde pudesse se sentir solitário na multidão. Ia para shopping centers na Black Friday pelo mesmo motivo. Ser parte de um lugar lotado – um integrante invisível – o fazia se sentir protegido, guarnecido. Reforçava seu esplêndido isolamento. Também era uma quarta-feira, e o museu de arte estava lotado porque a entrada era gratuita. Se soubesse que conhecer garotas era o objetivo de uma boa porcentagem dos amantes de arte daquele dia, ele teria ficado em casa.

Uma jovem ficou ao lado de Galen enquanto ele olhava um premiado *Madona e criança* do Renascimento italiano. A expressão serena no rosto da Madona era a representação da paz atemporal.

– Humm – murmurou a mulher, apreciando.

Galen não prestou atenção. Ele só olhava a pintura para descobrir que mineral poderia ter produzido o tom peculiar de verde. Malaquita? Era um bom palpite, a não ser que a grama luxuriante debaixo dos pés da Virgem tivesse sido tingida com um corante vegetal. Decidiu que isso era improvável. Um corante vegetal teria se transformado de verde em cinza há muito tempo.

A jovem olhou para o lado, embora Galen não fizesse ideia de que ela o observava.

– Adorável – sussurrou ela.

Isso constituía comunicação demais. Galen se afastou. Sem aviso, ela pegou a manga de sua camisa.

– Eu poderia dizer que você estava gostando dela – falou ela, apontando para a pintura, mas mantendo os olhos nele. – Diga-me o que você vê.

– Por quê?

Ela sorriu.

– Porque estou interessada.

Galen não pôde deixar de reparar em como ela era jovem e atraente. Seu instinto imediato foi recuar, mas olhou de novo para o quadro.

– A mãe parece hipnotizada. O rosto do bebê parece enrugado, como o de um velho.

– Fascinante. Continue.

A jovem o fitou com um sorriso gracioso. Isso foi ainda mais enervante do que ter segurado a manga de sua camisa.

Galen continuou.

– Há uma doença que enruga rostos infantis – explicou. – Progéria. É horrível. Esse bebê provavelmente tinha progéria.

A observação clínica dele não a desagradou. Pelo contrário, os olhos dela se iluminaram, e, com uma risada, ela exclamou:

– Brilhante! Sabia que deveria conversar com você. A propósito, meu nome é Iris.

Galen a fitou. Uma mulher atraente, com não mais do que 30 anos, de cabelo loiro preso frouxamente que caía sobre os ombros, o admirava. Ele espiou por sobre o ombro para ver se ela tinha algum cúmplice – passar uma cantada em uma pessoa de meia-idade e sem importância como Galen devia ser o jeito deles de conseguir algumas risadas cruéis.

O desconforto dele fez Iris rir de novo.

– Vamos beber alguma coisa – sugeriu ela. – Vamos dar uma última olhada nessa pintura magnífica que ambos amamos, e então podemos ir a um lugar incrível, onde o mixologista é divino.

Galen nunca tinha conhecido alguém tão vibrante. Se tivesse imaginação, poderia ter comparado o tilintar da risada dela a sinos presos a um trenó em um romance romântico russo. Por outro lado, se fosse versado em psicopatologia, teria desconfiado da exuberância inextinguível de Iris. Quem aborda estranhos em público com surtos de emoção? Alguém que sofre de síndrome de borderline? Gente normal não age dessa maneira.

A cautela deveria tê-lo detido. Mas ele permitiu que Iris o arrastasse, meio confuso, até um bar. Galen não bebia, então a sedução de coquetéis exóticos era nula. Ele ficou sentado ali com um copo de água tônica, enquanto Iris fazia todo o trabalho de seduzi-lo. Ela o elogiava e se insinuava. Qualquer comentário dele provocava uma gargalhada.

Sendo virgem e nervoso, ele não a convidou para ir à casa dele naquela noite, mas ela pegou o número de seu telefone. Ela teve que ligar; ele nunca o teria feito. Um encontro de verdade se seguiu, depois dois. Ele aprendeu, com constrangimento e lentidão embaraçosa, a beijar. Uma omissão em sua adolescência, apalpar uma garota no cinema, foi remediada. Em um período de dois meses, Iris se tornou sua esposa. Uma ostra morre quando sua concha é aberta, mas Galen renasceu quando uma inundação de amor invadiu seu ser. Seu temor inicial se transformou em intoxicação. Ele ficava deitado acordado à noite com Iris aninhada em seu ombro, e nunca reclamava da pressão que lhe dava agulhadas no braço.

O modo como o amor se transformou em violência foi tão inesperado quanto o namoro. A paixão de Iris começou a mudar. Ela não se cansou de Galen, mas de repente sua exuberância exigiu um escape criativo. Ele chegou em casa vindo do trabalho um dia e encontrou uma pilha de material de pintura na sala de estar.

– O que é isso? – perguntou.

Havia um grande cavalete com mecanismos para adaptá-lo a telas de qualquer tamanho, junto com vários frascos de tinta acrílica de todas as cores possíveis e telas em branco cujos tamanhos variavam de miniaturas a épicos.

– Sou pintora! – exclamou Iris.

– Não sabia – disse Galen, com cuidado. – Você não me contou.

– Ah, não antes. Acabei de descobrir. Sou pintora. Sempre fui, mas meu talento estava escondido.

Por mais que ele a amasse, uma parte de Galen olhou para a esposa como se ela fosse uma alienígena, a começar pela paixão dela por ele. Ele começou a temer que essa tivesse sido sua primeira alucinação. Ser pintora poderia ser a segunda. Mas seus medos se mostraram infundados. Iris espalhou uma lona plástica no meio da sala de estar e ergueu ali um estúdio improvisado. Ela se atirou em sua primeira pintura, e quando Galen estava indo para a cama ela chegou correndo com uma tela úmida.

– Pronto! O que você acha? Não é linda? – disse, entusiasmada.

Ele estava com medo de olhar. Mas, em vez de um borrão extravagante, ela tinha criado uma paisagem semiabstrata com cores harmoniosas que, a seus olhos, era incrivelmente bonita. Não importava que o céu fosse amarelo, e a grama, azul. As cores funcionavam. Elas expressavam a mesma alegria vibrante que Iris conseguia encontrar em tudo, como vida jorrando de uma fonte inesgotável.

Ela indicou um raio de luz que cruzava a tela de uma fonte ao longe.

– Isso é um anjo. Anjos são pura luz.

– Ah – disse Galen. Anjos não eram um assunto para ele.

Iris começou a pintar furiosamente, mal reservando tempo para dormir. Galen acordava depois da meia-noite e descobria que sua esposa tinha saído discretamente da cama para retomar sua última tela.

Não que o amor dela por ele tivesse esmaecido. Pelo contrário, aumentou. Quando ele voltava do trabalho, ela o recebia trajando um vestido, com colar e brincos de pérolas combinando.

Quando ele sugeriu que ela devia ir mais devagar, lágrimas assomaram-lhe nos cantos dos olhos.

– Eu só quero mostrar minha alma a você – falou ela.

Alma era outro tema tabu para Galen. Ele ficou assombrado ao ver as pinturas dela ficarem cada vez mais religiosas. Não convencionalmente religiosas, porém. Ela produzia formas orgânicas cintilantes, que evocavam em Galen imagens de intrincados flocos de neve sob o microscópio, só que em cores iridescentes.

– É assim que as almas são de verdade – disse Iris, tão certa como quando dissera como eram os anjos.

Galen não podia contar a ninguém o que estava acontecendo em casa. Era parecido demais com um sonho. Não que ele tivesse algum colega a quem contar. Seus dias eram passados na biblioteca da universidade reunindo referências para artigos científicos. Ele ganhava a vida como escritor e pesquisador técnico trabalhando para professores universitários; suas noites, no entanto, eram passadas em um festim de amor. Ele tinha se casado com uma força da natureza, não com uma mera amante e artista. Do que ele poderia reclamar, e quem acreditaria nele se o fizesse?

Inevitavelmente, chegou o dia em que o mundo exterior irrompeu. Iris quis que ele conhecesse os pais dela, que viviam em Milwaukee. Não tinha havido casamento oficial, só uma cerimônia civil no cartório.

– Não se preocupe – disse Iris. – Eles vão amar você como eu amo.

Galen sabia que não era bem assim. Intrusos iriam quebrar o encanto que protegia sua louca felicidade. Ele era sensível o bastante para saber que estavam presos em uma *folie à deux*, e, como qualquer loucura, olhos de fora a exporiam.

Iris foi até o aeroporto enquanto Galen ficou em casa esperando, sentado com desamparo em sua poltrona. Ele se sentia nu e vulnerável.

Seus sogros serem pessoas agradáveis e boas não aliviou sua ansiedade. Eles ficaram dois dias, e ninguém comentou a larga diferença de idade entre Iris e o marido. A conversa foi civilizada, se não calorosa. O pai dela, um médico com uma clínica próspera, assumiu o papel de macho alfa. Pagou pelo jantar em um restaurante caro e contou histórias de caça.

– Temos faisão e codorna no congelador de casa. Vou lhe mandar um pouco. É demais para nós.

Galen estava satisfeito em se submeter. Ele tentou não olhar fixo demais para os olhos da mãe. Esperava encontrar preocupação ali, e a preocupação constante de sua própria mãe ainda lançava uma sombra depois de todos estes anos.

– Qual é o problema? – perguntou Iris depois que seus pais partiram em um táxi para o aeroporto. O pai dela tinha insistido em chamar um táxi, o que custaria sessenta dólares, seu último espetáculo de dominância.

– Nada. Eles são simpáticos – resmungou Galen.

Ele olhou ao redor, mas não viu nenhum caco do encantamento destruído cobrindo o chão. Talvez eles estivessem protegidos, afinal. Iris retomou a pintura – seus pais tinham ficado atônitos com seu talento oculto –, e, na verdade, sua produção aumentou. Ela tinha receio em procurar uma galeria, então Galen criou um site para mostrar o seu trabalho.

– Chame-o *Mensageira Divina* – pediu ela. Em poucos dias o site recebeu dezenas de visualizações, que se transformaram em centenas logo depois. Suas pinturas faziam sucesso entre as pessoas espiritualizadas.

Um dia ele recebeu um e-mail em sua caixa de entrada de um tal de Arthur Winstone, médico. Demorou alguns segundos para Galen perceber que se tratava de seu sogro.

Sr. Blake,

Tomei a liberdade de lhe escrever em particular. Espero que não se importe por ter feito uma busca na internet para encontrar esse endereço.

Durante nossa recente visita, achei ter visto um tremor na mão esquerda de minha filha. Era leve, mas percebi que o tremor aumentava quando Iris se exaltava. Devo acrescentar que a exuberância exagerada dela não me pareceu natural. A Iris que eu e a mãe dela conhecemos não age dessa maneira.

Não sou neurologista e não quero alarmá-lo. Mas recomendo veementemente que você a leve a um especialista em cérebro. Se meus temores forem infundados, peço profundas desculpas. Você precisa acreditar que escrevo movido por amor paternal.

Uma última coisa – por favor, não fale sobre nossa comunicação com minha filha. Em um bom casamento, marido e esposa contam tudo um ao outro, mas pelo menos considere manter este e-mail um segredo.

Respeitosamente,
Arthur Winstone

Galen ficou abalado. Leu o e-mail mais duas vezes. Seu peito começou a doer. Isso não podia estar acontecendo.

O ano seguinte foi um pesadelo que só terminou quando Iris foi para o hospital e morreu. Quando ele deixava o quarto onde ela jazia, com os monitores médicos desligados, pálida e fria como uma efígie de cera, uma voz falou na cabeça de Galen, tendo esperado como uma criança mimada que segurava a respiração até ficar azul. *Tolo! Acorde. Você sabia que não podia ser real.*

Agora, sentado no banco traseiro do táxi, indo para casa depois da lanchonete, Galen estremeceu. Estava exausto demais para sentir raiva. Tinha sido humilhado por Deus. Tinha sido ludibriado no amor pela burla mais cruel, a de que um dia poderia ser amado, em primeiro lugar. Agora se fora a esperança final. Não haveria vingança para deixar tudo para trás.

De repente, ele notou os olhos do taxista no espelho retrovisor.

– Está tudo bem aí atrás?

– O quê?

– Desculpe. É só que você parecia um pouco chateado.

Galen abriu a boca para dizer ao motorista que cuidasse da própria vida, mas foi repentinamente tomado por uma sensação de futilidade completa. Afundou em si mesmo, esquecido do tempo, até que o motorista falou:

– Chegamos.

Galen pegou sua carteira.

– Tudo bem – disse o taxista. – Não foi nada.

Galen estava confuso.

– Por que não?

O motorista não parava de olhar para ele no espelho retrovisor.

– Porque você foi escolhido.

Por nenhum motivo aparente, esse comentário sem sentido provocou uma onda de pânico em Galen. Ele agarrou a maçaneta da porta, mas ela estava emperrada. Ou o taxista o tinha trancado dentro do carro? Galen empurrou a maçaneta o mais forte que pôde, e a porta abriu tão rápido que ele quase caiu na rua.

O taxista saltou do banco da frente e contornou o carro para ajudá-lo.

– Deixe-me em paz – disse Galen.

– Não posso.

O taxista era baixo e moreno, com a barba por fazer, a própria imagem de alguém que Galen temia. Histericamente, ele imaginou se o homem tinha uma bomba atada ao tórax.

Sem olhar para trás, Galen recuou da rua congelada para o meio-fio. Sua casa, uma casa de madeira com tinta branca descascando e uma varanda bamba, ofereceu refúgio. Ele tropeçava conforme avançava, espalhando neve como um coelho fugindo de uma raposa.

O taxista seguia alguns passos atrás. Sentindo a sombra dele, Galen ficou aterrorizado. Mal conseguiu tirar as chaves do bolso das calças, e quando tentou colocar a chave na porta o chaveiro voou de sua mão.

– Deixe-me tentar – disse o taxista, pegando-o. Ele inseriu a chave e virou a maçaneta. – A propósito, sou Jimmy .

O coração de Galen disparou.

– Se você quer dinheiro, aqui – exclamou, jogando a carteira no homem.

– Só quero conversar.

Os olhos de Galen se arregalaram, impotentes. O motorista de táxi estava bloqueando a porta com o corpo.

– Nós estamos observando você há algum tempo – disse ele, sorrindo. – Você é meio que minha tarefa. Olha, está gelado aqui fora. Posso explicar tudo melhor lá dentro.

Galen estava agitado, mas estava certo de uma coisa: Jimmy era a última pessoa que ele deixaria entrar em sua casa.

– Vou passar por você – gritou ele –, e se você colocar um dedo em mim gritarei pela polícia.

O sorriso de Jimmy se alargou.

– Sem querer ofender, mas acho que os tiras já tiveram o bastante de você por um dia.

Galen tinha a cabeça voltada para outro lado, então não viu como Jimmy o apagou, se com um cassetete ou com o cabo de uma arma. Não houve dor. Um véu de escuridão gentilmente desceu sobre seus olhos, e seus joelhos se dobraram. Houve a sensação de frio quando o rosto atingiu a neve compacta na varanda e uma vaga percepção de Jimmy falando ao celular.

– Ele está comigo, mas está tão assustado que desmaiou. Não está apto para ser informado. Por favor, avise.

CAPÍTULO 8

Apenas metade das suspeitas que Frank alimentava contra Lilith era correta. Ela agia seguindo ordens, e Meg, que as dava, estava escondida nas sombras. Mas o motivo para sua discrição era bem mais profundo do que ele poderia imaginar. Em seu mundo pessoas sãs não tinham visões da Crucificação, e se as mãos delas sangram onde os pregos foram martelados nas mãos de Jesus é porque alguma fraude estava sendo praticada.

Meg pensava a mesma coisa dez anos atrás. Quando suas palmas subitamente gotejaram sangue, ela ignorou o fenômeno. Assim que saltou do ônibus, correu para dentro de casa e foi para a cama sem acender as luzes do quarto. Não queria ver o que estava acontecendo com ela. Não queria participar daquilo.

Mas foi um erro não enfaixar as mãos antes de rastejar para debaixo das cobertas. Quando Meg acordou na manhã seguinte, os lençóis estavam manchados de vermelho. As manchas eram vívidas e frescas. Ela deve ter sangrado a noite toda.

Meg ficou muito assustada ao ver os dois pontos em suas palmas, grudentos e brilhantes sob o sol da manhã. Ela se olhou no espelho do quarto e disse "Tenho um estigma", testando a palavra. Soou irreal.

Depois de esfregar os pontos com sabão, eles desapareceram, mas em poucos minutos a película de sangue voltou. E começou a gotejar de novo. Ela procurou uma caixa de primeiros socorros no fundo do armário onde guardava as roupas de cama. Dentro dela havia um rolo de gaze. Sentada na borda da banheira, enfaixou com cuidado as mãos. Para os colegas do banco, diria que tinha se queimado ao tirar descuidadamente uma panela quente do forno.

A história foi aceita sem questionamentos. A assistente de Meg estremeceu e foi solidária; ela isolou uma xícara quente de café em três guardanapos de papel antes de lhe entregar. Fora isso, ninguém reparou nos curativos. Uma semana se passou. Meg aguardou, aplicando um novo curativo todas as manhãs. Ela sentia uma dor chata que não melhorava nem piorava.

Uma curiosidade mórbida a fez pesquisar na internet, o que provavelmente foi um erro, porque tudo o que encontrou foram fotografias assustadoras de pessoas cujos estigmas eram piores do que os dela, bem piores. Algumas pessoas tinham uma fileira de furos irregulares na testa, ou uma marca no lado do corpo que parecia um corte, uma ferida aberta. Alguns estigmas não sangravam, outros, sim. Alguns apareciam todos os anos, geralmente na Páscoa. Meg encerrou a pesquisa.

Duas semanas depois, sem aviso, uma voz em sua cabeça falou: *Vou lhe enviar uma bênção.* Uma voz gentil e nítida disse essas palavras. Uma voz de mulher, mas não a dela. O momento exato ficou gravado na lembrança de Meg. Ela estava sozinha no escritório arrumando um monte de documentos no armário de arquivos. O céu lá fora estava claro e luminoso. No parque do outro lado da rua, trabalhadores colocavam luzes nas árvores nuas para o Natal, e o chão congelado parecia emplumado com a neve como um edredom.

Depois de uma curta pausa, a mensagem em sua cabeça foi repetida: *Vou lhe enviar uma bênção.*

Meg fechou os olhos, desejando que a voz explicasse o que queria dizer. Não explicou. Então ela voltou ao trabalho, fingindo que tudo estava normal. Ela se movia de maneira cautelosa, como alguém andando em uma corda bamba sem rede de proteção. A pior coisa seria tropeçar.

Se havia uma bênção, não veio naquele dia. Quando a noite caiu, Meg começou a se perguntar se precisava fazer penitência. Atrapalhada com as pontas dos dedos enfaixadas, ela retirou seu rosário do fundo da gaveta da escrivaninha.

A que ponto estou desesperada?, pensou. Talvez ela devesse estar rezando para o Deus que lhe tinha enviado essa aflição. Era uma possibilidade perturbadora. Ela nunca tivera motivo para duvidar de sua fé ou mesmo para examiná-la. Quando era apenas um ponto no útero da mãe, seus genes já estavam marcados na fábrica: mulher, olhos verdes, cabelos castanho-claros, católica irlandesa. Ela era assim antes do nascimento. Deus era fato. Deus era algo resolvido.

Refletindo sobre isso, Meg sentiu uma onda de raiva. Quem era Deus para obrigá-la a fazer algo? Quem disse que Ele poderia apontar um dedo cósmico e dizer "Você. É você"? Ninguém tinha o direito de se passar por Deus. O que era um problema, já que, não importava o quanto resistisse, Deus tinha o direito de se passar por Deus. Ele só tinha esperado um tempo muito longo antes de decidir fazê-lo. Meg colocou o rosário de volta na gaveta, derrotada.

Então, certo dia uma mulher lhe passou um maço de papéis pela sua mesa. Um pedido de empréstimo para comprar um veículo. Meg olhou entediada os papéis e pegou uma caneta.

– Seu primeiro nome é Lilith? – perguntou. Não vejo um sobrenome.

– Não vai precisar de um.

Meg olhou para a cliente, uma mulher alta no final dos quarenta anos, talvez cinquenta, com cabelos grisalhos nas têmporas.

– O sobrenome é obrigatório – disse Meg, imaginando por que isso seria um problema.

– Não dessa vez. Gosto do meu carro velho. Não preciso de um novo. – A mulher tinha uma maneira incisiva de falar que impediu

Meg de interrompê-la. – Isso se refere a você... e a isso. – A mulher indicou as mãos enfaixadas de Meg. – Você recebeu uma bênção.

Meg escondeu as mãos debaixo da mesa.

– Não sei do que você está falando. Eu me queimei na cozinha.

Lilith sorriu.

– Só tire as faixas. Você verá.

Meg olhou para baixo. Um minuto antes a faixa estava começando a mostrar uma leve coloração do sangue que pingava, mas agora estava branca como a neve.

– A bênção foi enviada – disse Lilith. – Não fique com medo. Você não está louca. Vá em frente.

Meg olhou ao redor do escritório. Uma fila de clientes serpenteava diante dos caixas, e sua colega estava sentada com outra pessoa, analisando outro pedido de empréstimo na mesa ao lado.

– Aqui? – perguntou, mortificada.

Lilith deu de ombros.

– O que você tem a perder? Não é que você esteja tendo um bom dia.

Cuidadosamente, Meg desenfaixou a mão direita. Não havia rigidez de sangue seco na gaze. A faixa saiu de modo bem suave, como se fosse uma fita, e debaixo dela sua palma estava intocada. Rapidamente, ela desenfaixou a outra mão, e foi a mesma coisa.

– O que significa isso? – gaguejou.

– Significa que você tem um caminho a percorrer. Todo mundo tem, mas o seu é diferente. Você vai percorrer um caminho sagrado.

Sem saber por quê, Meg sentiu lágrimas nos olhos, que embaçaram a visão de sua visitante.

– A alma costuma ser silenciosa – continuou Lilith. – Olha e aguarda. Mas sua alma a chamou para a briga. – Ela tinha demonstrado pouca emoção ao dizer isso, mas agora sorria abertamente. – A boa notícia é que você foi escolhida. A má notícia é que você foi escolhida.

– Já ouvi piadas melhores – resmungou Meg. Ela secou os olhos, e sua estranha visitante voltou a entrar em foco. – Por favor, me desculpe. Isso tudo é demais para mim.

– É por isso que estou aqui. Para tornar tudo mais fácil. Ninguém está preparado. Mas não devemos deixar que nossas emoções tomem conta de nós, não é?

Meg começou a rir. Lilith parecia uma diretora de escola azeda, até o detalhe do coque apertado que usava e o vago sotaque britânico. Era levemente estranho, mas eficaz. Meg estava totalmente focada; seu pânico estava sob controle. O medo era uma grande onda de oceano pronta para derrubá-la se Lilith não a estivesse contendo.

A risada de Meg deve ter tido um toque de histeria, porque Lilith procurou sua mão por cima da mesa.

– Você quer um pouco de água? Talvez devesse se deitar.

– Vou ficar bem – disse Meg, sem nenhuma certeza. – Tenho funcionários para cuidar. – Ela olhou pela janela para o céu iluminado de inverno. Uma onda de calma a invadiu, a primeira que sentia em semanas. Era como uma bênção. – Vou ficar bem – repetiu.

Lilith a observou de perto e pareceu satisfeita.

– Então, vou me despedir.

Ela se levantou ostentando um sorriso ambíguo, a meio caminho entre divertido e sagaz. Pegou de volta o pedido de empréstimo para o veículo, dobrou-o com cuidado e o colocou na bolsa.

– Vou vê-la de novo? – perguntou Meg, sentindo a ansiedade começando a voltar.

– Estarei na sua porta quando você for para casa hoje à noite. Tivemos um começo. Bom.

– Como sabe onde eu moro? – perguntou Meg.

– Como eu sei qualquer coisa? – retrucou Lilith. – Simplesmente chega a mim.

Depois que ela foi embora, Meg fingiu trabalhar normalmente. A equilibrista não caiu da corda bamba. Ela fez uma bola com as gazes e as jogou na lata de lixo no banheiro feminino. Seu reflexo no espelho tentava com esforço não parecer exultante.

Foi para a casa às cinco horas, e cada quarteirão aumentava sua sensação de assombro. *Coisas assim realmente acontecem?* Meg tinha lido o Novo Testamento aos dezesseis anos para agradar um namorado, um protestante que passava por algum tipo de fase. O namorado desapareceu, e Meg pensava que a Bíblia também tivesse desaparecido. Só que agora, dirigindo para casa, um versículo obscuro voltou para ela: "Suporto em meu corpo as marcas de Jesus." Um santo dissera isso, e, se Meg não era uma santa, o que ela era?

Lilith esperava na varanda quando Meg entrou na garagem com o carro. Ela usava um casaco de tweed grosso contra o frio e segurava a bolsa na frente com as duas mãos, rígida como um guarda de palácio em serviço. Meg se aproximou para destrancar a porta da frente. Nenhuma das duas falou.

Em casa, Meg esperou que Lilith fizesse o próximo movimento. O aposento mais perto era a sala de jantar. Lilith foi para lá e se sentou à cabeceira da mesa. Ela bateu de leve na cadeira perto dela, e Meg obedientemente se sentou.

– Você refletiu sobre o que lhe contei?

– Não tenho certeza. Não consigo me lembrar de nada, a não ser alívio.

– Compreensível.

De repente, Meg imaginou se a voz que tinha falado em sua cabeça pertencia a Lilith.

– Se tenho que agradecer a você... – começou a dizer.

– Não. Não estou em tal posição – Lilith disse, recusando a gratidão com um aceno. – Não sou curandeira. Mas algumas pessoas são. Talvez você, um dia. Nesse caso, a alma falou através do seu corpo. A carne estava pronta, mas o espírito estava fraco. Sou bastante apegada a aforismos, perdoe-me. Só vou continuar falando até que você não esteja mais confusa.

Meg sentia como se respirasse ar de outro mundo, mas sua mente começara a clarear.

– Você acredita que sua experiência foi real? – perguntou Lilith.

– Tenho que acreditar, não? – Meg olhou para as mãos, checando mais uma vez para ter certeza de que as duas pareciam imaculadas.

– Na verdade, você não tem que aceitar nada. Eu não aceitei, pelo menos no início. – Lilith fez uma pausa. – Você vai conhecer algumas pessoas. Elas também vão lutar contra o fato de terem sido escolhidas.

– Quando vou encontrá-las?

– Isso eu não sei. Eu só sei quantas são: sete, contando comigo e com você.

Meg ficou inquieta. Ela tinha suposto o tempo todo, desde a primeira manhã de sua difícil experiência, que teria que enfrentar tudo sozinha.

– E se elas não quiserem me encontrar?

– Não vou deixar que isso aconteça.

Lilith era um cruzamento de oráculo e sargento, mas Meg não teve medo de enfrentá-la.

– Quem disse que é sua escolha?

– Não tem nada a ver comigo. A realidade está coberta por um véu de mistério. Você penetrou o véu. É uma experiência rara, e essas sete pessoas a terão, assim que você mostrar a elas o caminho.

Meg estava incrédula.

– Eu? Não posso mostrar nada a ninguém.

– Isso vai mudar. Quando o grupo se juntar, você será a pessoa que o manterá unido. – Lilith viu dúvida nos olhos de Meg. Tornou-se mais insistente. – Você não entende. Sou um dos sete. Preciso de você, mais do que pode possivelmente imaginar.

Mas a bênção que Lilith trouxera já estava esmaecendo. O medo advertiu Meg a se retrair em sua concha.

Lilith leu sua mente.

– A ânsia por ser normal é poderosa. Permite um momento de admiração e então nos arrasta para trás, como uma corrente submarina à qual não podemos resistir.

Meg deu um sorriso irônico.

– Como se ser normal fosse assim tão bom.

– Exatamente. Quando nós sete estivermos reunidos, uma chama vai se espalhar. Se um membro se recusar a participar, haverá apenas cinzas.

Meg tinha uma prima problemática, Fran, que frequentava grupos de ajuda para seus vícios. Era provável que falassem assim nos encontros. Mas ela percebeu que tinha que repensar quem era Lilith – não mais uma diretora de escola, e sim um guia levando alpinistas até um pico traiçoeiro. *Permaneça na trilha. Não se perca. Estamos todos juntos nisso.*

De repente, Lilith tomou uma nova direção:

– Você acha que consegue ver até o infinito?

– Nem sei o que isso quer dizer.

– Então vou lhe dizer. Agora sua mente está cercada dentro de um pátio murado, que a mantém seguramente encarcerada. Tudo o que há além do muro é aterrorizador, inclusive milagres.

– E você está dizendo que eu passei por um milagre.

– Sim, e ele a fez morrer de medo.

– Talvez seja um motivo para não ir atrás de outros, então – disse Meg.

– O escolhido não vai atrás de milagres. É o contrário. O milagre o encontra. Essa é outra coisa que assusta você.

Lilith estava acostumada a controlar a conversa. Isso estava claro para Meg. Mas Lilith também estava tentando controlá-la? *Se sou um dos escolhidos, para o que fomos escolhidos?*, perguntou-se.

A essa se seguiram várias visitas. As aparições de Lilith eram pontuais, exatamente às 17h10, quando Meg surgia no caminho para a garagem vinda do trabalho. Ela estava sempre de pé, rígida, com ambas as mãos agarrando a bolsa, esperando a porta da frente ser aberta. Nunca havia ninguém com ela, e o grupo dos sete, quem quer que fossem, não foi mencionado outra vez.

Um dia Meg afundou em uma forte depressão. Ela acordava toda manhã se sentindo exausta. Nada mais em sua vida estava estável. O banco era o pior. Ela sentia como se estivesse fazendo uma péssima imitação do que costumava ser, e todo dia ficava mais difícil manter a representação.

Lilith tentou tranquilizá-la.

– O começo é sempre pior. Você está totalmente protegida, mas ainda não consegue ver isso.

Depois de um tempo, suas visitas ficaram silenciosas por longos intervalos. O crepúsculo parecia cinzento e vazio. Meg se cansou de ser encorajada. Suas mãos tinham se curado por completo. Ela teria tentado retomar sua velha vida, mas isso era impossível. Ficava se lembrando de suas próprias palavras: "Como se ser normal fosse tão bom assim."

Uma tarde a casa estava desoladamente silenciosa, uma câmara de ecos para o tiquetaquear dos relógios e do barulhento compressor da geladeira. Do nada, Lilith disse:

– Você está ressentida comigo, não está?

Meg deu de ombros, em silêncio, incapaz de negar a acusação.

– Sou apenas a mensageira, você sabe – acrescentou Lilith.

Não houve resposta.

– Então o que é?

Meg queria se levantar e ir embora, mas então se surpreendeu deixando escapar um grito de raiva e autopiedade.

– Sou eu quem tem que sofrer. Eu estava sangrando! Você não sabe o que isso é para mim. Você ficou com a parte fácil. Você se diz mensageira. Olhe ao redor. Você entregou uma maldição.

Como um alarme que vai aos poucos diminuindo, sua raiva se transformou em um lamento.

– Desculpe – murmurou ela.

– Não se desculpe. Talvez você tenha razão. Mas não sobre mim.

Meg deixou escapar um suspiro.

– Não sei nada sobre você.

– Talvez seja hora de saber.

A sala de estar estava sendo tomada pela noite que caía, mas Meg não acendeu a luz. Ela se recostou, imaginando qual seria a história de Lilith.

Quando tinha vinte anos, Lilith acordou suando e perturbada de um pesadelo. Ela estava de férias da faculdade. Era uma época que adorava. Além disso, ela quase nunca tinha pesadelos, pelo menos não como aquele, que era como estar presa, em uma alucinação.

Ela estava em algum lugar bem no passado, séculos e séculos atrás. Estava de pé em frente a uma porta de madeira grossa, do tipo que se poderia encontrar em um vilarejo medieval. A porta fora pregada com tábuas de carvalho. Ela percebeu que não estava sozinha. Vários homens, os rostos tensos e duros, estavam ao seu redor, enquanto dois outros tentavam arrancar as tábuas.

Os espectadores trocavam olhares preocupados. Quando o último prego foi retirado, as tábuas caíram estrondosamente no chão de pedra.

– Qual é o problema? – lembrava-se de ter perguntado no sonho. Mas, no momento em que fez a pergunta, soube a resposta: a Peste. Ela podia sentir o cheiro da morte, um fedor podre e doentio, que ficou mais forte quando um dos homens empurrou a porta, escancarando-a.

Lá dentro estava escuro porque todas as janelas também tinham sido lacradas. A Morte Negra não tinha piedade e era rápida. Uma embarcação trazendo a peste podia chegar ao porto, e dentro de uma semana um quarto da população da cidade seria de cadáveres cobrindo as ruas.

Os homens trocaram olhares, hesitantes sobre quem deveria entrar para olhar. Todos os olhos se voltaram para ela. *O quê?* Lilith achava que sua presença era invisível, mas para eles ela era parte do cenário. *Você olha. Você é único,* disseram os homens em italiano, mas Lilith entendeu cada palavra. Ao seu redor, a multidão continuava repetindo a palavra *morte* de maneira excitada.

Ao dar o primeiro passo pela porta, foi repelida – o fedor a empurrou de volta como uma mão em seu rosto. A escuridão não era total. Pontos de luz do sol atravessavam as janelas cobertas, e depois de um momento ela viu algo cintilante e dourado.

Seus olhos se ajustaram. O brilho ganhou forma; ela pôde ver um pequeno objeto no chão. De início não registrou que o formato era de uma igreja ou capela porque sua atenção estava fixada nos corpos. Seis cadáveres jaziam ao redor do objeto. Estavam dispostos em um padrão simétrico, estendendo-se para o exterior como raios de uma roda, tendo o objeto dourado como o centro.

A visão amaldiçoada fez com que o grupo de homens – um grupo de busca por sobreviventes – se dispersasse gritando *Dio ci protegga! Dio ci protegga! Deus nos proteja! Deus nos proteja!* Em meio a essa confusa gritaria, Lilith pôde ouvir o barulho de sapatos correndo sobre as pedras.

Seu coração batia rápido. Não importa quem fosse no sonho, o medo e o horror da cidade a tinham tomado completamente. Mas ela não podia deixar de olhar a roda de corpos, imaginando quem os tinha arrumado dessa forma em uma casa trancada e coberta por tábuas. Talvez ninguém. A resposta lógica era a de que se tinham deitado para morrer, deliberadamente formando o padrão. Sabendo que estavam condenados, quiseram enviar uma mensagem.

– Então eu acordei – disse Lilith ao chegar a esse ponto da história.

– Antes de ter entendido a mensagem? – perguntou Meg.

– Não. Era só um sonho. Eu não fiquei curiosa. Pulei da cama, abri as cortinas para arejar o quarto e saí para minha natação matinal. Nossa família sempre alugava o mesmo chalé à beira do lago todos os verões.

– E nada aconteceu?

Lilith deu o primeiro sorriso caloroso desde quando se conheceram.

– Tudo aconteceu. O santuário de ouro – esse é o termo correto – me achou. Sempre acha o escolhido, de uma maneira ou de outra. Voltei para casa de um encontro naquela noite, um pouco alta por causa do vinho. Esse garoto e eu estávamos nos provocando a noite toda, mas ele não avançou muito. Lembro-me de desejar que ele o tivesse feito, quando de repente o mesmo brilho que tinha visto no sonho estava em meu quarto. Minha mão tinha encontrado o interruptor de luz, mas não o acendi. Mas eu soube na hora de onde vinha o brilho.

– E assustou você – disse Meg.

– Como você, fiquei congelada no lugar, e de repente minha mente foi inundada com a verdade. Meu sonho foi, na realidade, uma profecia. Eu tinha tropeçado em uma escola de mistério. Era a ela que os corpos dos mortos pertenciam, um tipo de sociedade secreta.

– Não entendo – disse Meg.

– Mas vai entender. A sociedade ainda está por aí, e fazemos parte dela, junto com os outros, assim que eles responderem ao chamado.

– Uma escola de mistério – disse Meg, baixinho, analisando as palavras. – Por quê?

– Porque mistérios precisam ser revelados e, ao mesmo tempo, precisam ser protegidos.

Meg estava confusa, mas também animada e intrigada.

– Você viu seis corpos em seu sonho. Por que existem sete de nós?

– Porque o sétimo membro de nossa escola de mistério é a mestra, e ela está dentro do santuário. Ela nos escolhe, e através dela nos reunimos, seis estranhos completos que compartilham um caminho.

– A menos que morramos juntos. Isso estava em seu sonho. É parte da profecia?

– Eu me preocupei com isso até perceber que não se pode levar essas coisas ao pé da letra – respondeu Lilith. – Acho que vamos morrer até morrermos, de fato. Lembre-se dessas palavras. Você as ouvirá no convento quando chegar lá.

Convento? Meg estava sem fala. Se a árvore genealógica McGeary contava com alguma freira, ela nunca soube. Um sentimento de irrealidade voltou, o mesmo que Meg sentira ao encarar suas palmas sangrando.

Lilith sacudiu a cabeça.

– Eu sei. Parece a vida de outra pessoa.

Meg assentiu. Era bom que Lilith entendesse, mas não era o bastante. As paredes do aposento começaram a se fechar, sufocando-a. Lilith tinha dito que ela estava em um caminho abençoado. Para Meg não importava aonde esse caminho levava. Ela só queria encontrar uma saída.

CAPÍTULO 9

Depois de voltar do beco escuro, Frank ficou de pé lentamente. Seus olhos lhe diziam que estava de volta ao apartamento de Mare, mas seu corpo não tinha certeza. O ar gelado do beco continuava em sua pele. Ele estava tendo dificuldade em acalmar os pensamentos frenéticos na cabeça. A experiência tinha sido devastadora.

Mare ergueu o olhar de onde estava sentada no chão, o santuário dourado ainda entre eles.

– Você está bem? – perguntou Frank.

– Não sei. – A voz de Mare era trêmula e distante. – Atraí você para isso, afastei-o do trabalho. Mas há alguma maneira de você poder ficar?

– Claro, por um tempo. Só preciso fazer uma ligação. – Frank não conseguia sinal no celular. – Vou sair um instante.

Quando sua mão estava na maçaneta, Mare falou:

– Se estiver com algum problema, pode ir.

– E deixá-la aqui? De jeito nenhum.

De repente, Frank percebeu algo.

– Você não está assustada, está?

– Não. Só levei um segundo para voltar. Não é por isso que quero que você fique.

– Então o que é?

– Quero voltar – disse Mare. – Tenho que voltar.

Seus olhos estavam fixos, quase duros. Ele não os tinha visto assim antes. Ele a via como uma garota linda mas tímida, do tipo que passa tempo demais se sentindo insegura.

– Você está me matando aqui – queixou-se ele. – Nem mesmo sabe se *podemos* voltar.

– Não estou pedindo que venha comigo. A menos que queira.

– Quer dizer que você voltaria sem mim? De jeito nenhum. Pode ser perigoso. E se você não retornar dessa vez? – Apesar de todo o seu ceticismo, Frank falava como se eles tivessem viajado através de algum tipo de portal.

– O bilhete dizia "Vá para onde leva" – lembrou Mare. – É o que estou fazendo. Não posso parar agora.

Frank não podia negar que estava sendo atraído, primeiro pelo tesouro dourado, depois por Lilith, e agora isso. Mare estava se transformando em uma mulher completamente nova diante de seus olhos.

– Eu sei o que é essa coisa – exclamou ela, indicando o santuário. – É aquele que diz a verdade, ou um oráculo.

Frank contestou.

– Você está atirando no escuro. Onde está a prova?

– Está no bilhete. Estamos sendo levados até o 13º apóstolo. Ele está no centro de tudo o que está acontecendo. Sei o que você está pensando: não há provas. Mas nós o vimos, lá no beco.

– Poderia ser qualquer pessoa.

– Isso importa? O que dorme dentro do santuário. Ele confia em nós. Está disposto a nos dar as pistas.

– O que também é o motivo de Lilith não poder nos contar toda a história – interrompeu Frank. – Parece loucura demais.

– Até que você vá lá. Agora nós fomos. Passamos no teste.

Frank mal escutava agora. O que importava para ele eram a esperança e a animação nos olhos de Mare. Mais do que tudo, ele não queria que ela se decepcionasse, mas não tinha controle sobre esses estranhos eventos.

– Você não vai acreditar em como estou frustrado – exclamou ele. – Poderíamos estar nos arriscando aqui. – Sua voz se tornou suplicante. – Não temos que voltar neste exato minuto, temos?

– Acho que não – retrucou Mare, relutante.

– Então deixe-me clarear a mente primeiro. – Frank correu para a porta e a escancarou. – Tenho seis chamadas perdidas no celular. Deixe-me tentar salvar meu emprego. Mas não estou indo embora, prometo.

– Eu sei.

Ele ficou incomodado com o sorriso ambíguo que ela lhe deu, mas que escolha tinha a não ser confiar nela? Eles tinham que confiar um no outro. Sua voz deixou um rastro de "desculpa, desculpa" atrás de si enquanto ele corria para o frio. Por enquanto, Mare estava sozinha.

Ela se sentia zonza e alegre ao mesmo tempo. Um lampejo brilhante havia revelado algo totalmente inesperado. Seu interior, ela agora percebia, não era um domínio escuro repleto de destroços do passado e dos passos rastejantes de demônios ocultos. Era uma câmara de mágica secreta. Não importa quem a tivesse transportado para outra realidade, essa pessoa só quis que ela despertasse. Quem dormia no santuário dourado a conhecia.

Agora ela estava mais ansiosa do que nunca para voltar mais uma vez. Ainda sentada ao lado da miniatura da igreja dourada, ela se inclinou, colocando o rosto ao lado do objeto, como se pudesse espiar através de suas janelas. Ela era uma Alice gigante, e o pequeno santuário era seu espelho.

Quem é você?, perguntou ela, silenciosamente. Se houvesse alguém que dizia a verdade lá dentro, esse alguém responderia. Ela esperou um longo momento com os olhos fechados. Quando nenhuma resposta veio, tentou o que tinha funcionado antes – rezar. *Deus, se Você está me escutando, guie-me para onde preciso ir.*

Seus dedos tocaram o telhado dourado. Foi o mais leve dos toques, e então ela partiu.

O cenário não tinha mudado – o mesmo beco escuro, o mesmo vizinho curioso inclinado na janela de cima segurando a lamparina. A luz fraca nada revelou, e ele enfiou a cabeça para dentro. Mare também não conseguia ver nada, mas captou um som. A garota, a que tinha corrido atrás do homem que usava vestes e sandálias, estava chorando em algum lugar no fim do beco.

Mare seguiu o som até um nicho onde a parede tinha caído. Embora o nicho estivesse mergulhado nas sombras, Mare podia de alguma forma vê-la. A cabeça da garota estava coberta; ela usava uma longa túnica presa com um broche de prata. Essa não era uma criança pobre.

– Por que estou aqui? O que tenho que fazer com você? – sussurrou Mare, esquecendo-se de que ninguém poderia escutá-la.

A garota parou de chorar e levantou a cabeça, olhando diretamente para Mare. Ela podia vê-la parada ali? A pergunta nunca foi respondida, mas uma voz na cabeça de Mare disse algo.

Sou a que dorme. Você me encontrou.

CAPÍTULO 10

Quando Galen desmaiou na varanda de casa, o taxista Jimmy não teve escolha a não ser ligar para Lilith. Ela saberia o que fazer.

– Leve-o para dentro. Não podemos deixá-lo morrer congelado. – Lilith parecia impaciente com esse obstáculo inesperado em seus planos. – Ele é parte do grupo, mas vai se rebelar se você lhe disser isso diretamente. Apenas aja de maneira amigável e veja se ele se torna mais receptivo.

– Não sei – duvidou Jimmy. – Acho que já passamos dessa fase. Ele ficou aborrecido de verdade.

– O que você fez a ele?

– Nada. Ele só é esquisito.

– Sei disso. Estou há semanas de olho nele. Mas tudo tem que se juntar agora. É o que Meg quer. Tenho que lembrar você? – falou Lilith, com severidade.

– Não.

Jimmy desligou. A chave da casa já estava na fechadura. Antes de virá-la, ele bateu levemente no ombro de Galen.

– Vamos lá, amigo – pediu, mas Galen não reagiu. Ele tinha desmaiado de exaustão nervosa e de medo, e agora estava profundamente adormecido.

Jimmy tinha uma compleição esbelta, mas era surpreendentemente forte. Conseguiu arrastar Galen para dentro da casa sem muita dificuldade e levá-lo até o futon na sala de estar. Enquanto Galen ressonava, Jimmy lhe tirou os sapatos, depois se sentou em uma poltrona La-Z-Boy no outro lado da sala.

A casa era pequena; o cheiro mofado de restos de pizza e pratos sujos que se amontoavam na pia impregnava tudo. A mobília era velha e gasta, provavelmente ganha de parentes, mas o lugar estava bem conservado.

Os olhos de Jimmy miraram as prateleiras de livros que cobriam uma parede. Considerou passar o tempo lendo até seu fardo despertar, mas quando examinou as prateleiras viu que todos os títulos eram científicos. Pareciam bem técnicos.

Ele tinha que se sentar e esperar. Estava inquieto. Não tinha pedido essa tarefa; não era nem mesmo taxista. Lilith criara a farsa para colocar Galen em um lugar de onde não pudesse fugir. E Jimmy tinha um primo motorista de táxi que se dispôs a lhe emprestar o carro depois que seu turno acabasse.

Jimmy não estava ansioso por ver qual seria a reação de Galen quando acordasse. Ele faria uma cena e ameaçaria chamar a polícia de novo. Jimmy decidiu não pensar nisso. Há um ano Lilith lhe dissera que havia um grupo – ela o chamou de escola de mistério – que estava prestes a se reunir. O grupo era como uma ordem fraternal, só que ainda mais secreta. Jimmy não sabia o que isso tinha a ver com ele.

– Você fará parte do grupo – disse Lilith.

– Eu não.

Mas ela parecia tão convicta que Jimmy ficou nervoso. Fez perguntas, que Lilith evitou. Ele só conseguiu arrancar dela alguns detalhes confusos, algo sobre a Idade Média, quando as escolas de mistério eram perseguidas por heresia. Se um cidadão pio encontrasse uma, os culpados eram presos e a Igreja caía em cima deles sem sutilezas. Era cumprido um período de expiação. Começava com tortura e terminava com morte (a menos que você furtivamente passasse um robusto saco de ouro ao bispo local). Mas mesmo a tortura física mais extrema era insignificante em comparação ao destino de sua alma. Na época, procurar Deus fora da Igreja era como entrar no espaço sideral, só que, em vez de deixar a força da gravidade, deixava-se tudo o que constitui uma vida normal. Mesmo assim, algumas pessoas se atreviam a dar esse passo perigoso – místicos, desajustados, livres-pensadores e um punhado de malucos e espiões. Esse foi o esboço desagradável que Lilith fez do passado.

– Então por que eu deveria me associar? – perguntou Jimmy. Em sua imaginação, ele quase conseguia ver aqueles refugiados da sociedade reunidos em uma adega ou um celeiro de pedra abandonado, temendo a batida da Inquisição na porta.

– Porque você foi escolhido – retrucou Lilith.

– Como disse, eu não – repetiu Jimmy. Mas em seu coração ele sabia que seus protestos soavam frágeis. Se uma escola de mistério precisava de desajustados, ele se qualificava para o posto.

O verdadeiro trabalho de Jimmy era de servente em um hospital. Ele e Lilith eram aliados havia um ano, uma relação estranha que se desenvolvera a partir de um início ainda mais estranho. Uma jovem, que ainda não completara 16 anos, fora levada às pressas para o hospital depois que um carro a atropelou quando ela caminhava sozinha pelo acostamento da rodovia. Ela chegou ao pronto-socorro em coma; sua ficha dizia "paciente desconhecida" porque a garota não tinha documentos.

As lesões no cérebro eram graves, e, por ela não ter recuperado a consciência nas primeiras 24 horas, os médicos praticamente desistiram. Nenhum familiar se apresentou, e depois da segunda semana os cuidados médicos foram reduzidos ao mínimo, não muito mais do que virar a garota na cama para evitar escaras e trocar o seu soro.

Jimmy não conhecia os detalhes médicos. Só sabia que uma mulher mais velha vestindo um terno de tweed aparecia no CTI todos os dias. Depois ficou sabendo que ela se chamava Lilith. Ela aparecia no minuto em que começava o horário de visitas e ficava ao lado da cama da garota até o horário terminar. Ninguém mais apareceu para vê-la.

Três semanas depois do início da vigília, Jimmy se aproximou da mulher.

– Ela é sua filha? – perguntou.

– Minha sobrinha.

– Fico contente por ela ter alguém. Eles não conseguiram localizar os pais.

Lilith lhe deu um olhar penetrante, como se estudasse uma radiografia.

– Na verdade, ela não é minha sobrinha. É uma estranha.

Jimmy foi pego de surpresa.

– Então você não pode ficar aqui.

– Por que não? Não estou prejudicando ninguém. Além disso, você não parece do tipo que vai me entregar.

Isso era verdade. Mas por que ela precisava fingir?

– Para que ninguém faça perguntas. – Foi a resposta dela.

Lilith olhou a garota na cama, que parecia adormecida.

– Ela nunca mais vai acordar.

Jimmy se assustou.

– Você fala com tanta certeza. Ninguém realmente sabe.

– Você não pode dizer isso a menos que conheça todo mundo, pode?

Lilith não revelou seu verdadeiro motivo para manter a vigília, e Jimmy não se intrometeu. Não era de sua natureza. Mas era de sua natureza cuidar. Ele se comprometeu a checar regularmente a garota, que continuava imóvel na cama do hospital como um manequim esquecido enquanto os monitores assinalavam que o fio da vida não tinha se partido. Se Lilith estivesse lá, ela o cumprimentava com um aceno de cabeça silencioso. Jimmy, que não tinha acabado o segundo grau e que vinha de uma família de imigrantes, era cauteloso em sua presença. Ele se contentava, como o resto de sua família, os Nocera, em se lembrar de seu lugar.

Então, um dia Lilith fez um pedido na forma de uma ordem.

– Quando seu turno acabar, venha direto para cá. Não demore. Você é necessário.

– Por quê? Não sou médico.

– Não precisamos de médico. – Ela lhe deu um olhar severo, com o qual ele ficaria familiarizado.

Jimmy estava inquieto. Ele não era afeito a premonições, mas a situação o preocupava. Ela planejava interferir? Na ausência de qualquer familiar, ela desligaria o aparelho que mantinha a garota viva? Ele poderia facilmente ter se esquivado. No fim de seu turno, já tinha trocado a roupa e estava perto da porta da saída, quando deu meia-volta e foi até o CTI.

Lilith estava sentada ao lado da cama. Ela levou um dedo aos lábios.

– Não fale. Olhe.

Jimmy estava assustado, mas fez o que lhe foi pedido. Ficou atrás da cadeira de Lilith; nenhum deles falou pelo que pareceu uma eternidade. De repente, a garota levantou a cabeça e abriu os olhos. Tinha o olhar vidrado. *Dios mio,* pensou Jimmy, repetindo o que sua avó costumava dizer quando sentia precisar da proteção divina.

A garota em coma não deu sinais de que percebia a presença de seus visitantes; apenas deixou escapar um suspiro profundo antes de sua cabeça cair de novo no travesseiro.

Jimmy estava certo de que ela tinha acabado de morrer. Ele nunca estivera em uma sala de hospital no momento exato da morte. A experiência fez com que estremecesse. Lilith previra aquilo, percebeu. Foi por isso que ela mandou que ele estivesse ali. Mas como ela podia saber?

Antes que pudesse perguntar, Lilith fez um "shhhh" alto. Era desnecessário, porém, já que Jimmy estava paralisado no lugar. A garota morta emitia um leve brilho ao redor da cabeça, um lindo vapor luminoso. Transformou-se em uma forma branco-azulada mais ou menos do tamanho da menina, vagamente delineando a cabeça em uma extremidade e os pés em outra. Em pouco tempo sumiu. A forma brilhante desapareceu pelo teto ou evaporou. Aconteceu rápido demais para Jimmy entender.

– O que acabou de acontecer? – sussurrou.

– Você viu, que bom. Tive uma intuição de que veria. – Lilith se levantou. – Mas se você realmente pertence a este lugar, sabe o que acabou de acontecer.

Essa última observação não fazia sentido. Jimmy estava desconcertado demais.

– Como você sabia que ela iria morrer hoje à noite?

– Fui instruída, e obedeci.

Lilith juntou suas coisas. Ela saiu do quarto para evitar as enfermeiras do CTI, que iriam aparecer em resposta à falta de atividade cerebral nos monitores.

Jimmy a seguiu pelo corredor.

– Quem lhe deu as instruções?

– Não foi um quem. – Lilith parecia impaciente, aborrecida por ele a estar seguindo. – Não espero que você compreenda. – Ela acelerou o passo, mas Jimmy passou à sua frente e bloqueou o caminho dela.

– Você me trouxe para isso – protestou. – Mereço uma explicação.

– "Merecer" é um pouco forte – repreendeu ela, que não gostou da rebeldia. Mas Jimmy se recusava a ceder.

– Morrer é bem forte também, não acha? – Ele ficou surpreso com o próprio tom de desafio. A primeira coisa que tinha aprendido quando criança era a manter a cabeça baixa. Permanecer imperceptível era a melhor defesa para um garoto hispânico magricela cujos pais não queriam ter os documentos inspecionados.

Ele não poderia imaginar que pensamentos passavam pela cabeça de Lilith naquele instante. Os eventos a levavam até a escola de mistério há uma década. Ela estava acostumada a obedecer a sua voz interior sem questioná-la, e foi assim que tinha encontrado Meg. A mesma voz lhe dissera para visitar a fugitiva desconhecida em coma. Agora ela hesitava, esperando algum tipo de sinal. A raça humana pode ser dividida em dois campos, os que entendem o que significa esperar uma mensagem da alma e os que zombariam da mera sugestão. Lilith havia mudado de um campo para o outro. Tinha levado anos, e ela não queria se expor de forma imprudente.

– O que você viu não é tão incomum – começou ela.

– Então ela não foi a sua primeira? – disse Jimmy.

– Não. A sua? – Lilith lhe deu outro de seus olhares de raio X.

Ele deu um passo para trás.

– Dona, não sei quem você pensa que eu sou.

– Você é alguém com possibilidades, só que ainda não percebeu isso.

Sua voz interna dizia que não havia como voltar agora. Lilith começou a relatar toda a história. Desde que entrou no hospital a garota em coma não tinha se mexido, mas seu espírito estava agitado. Fora gravemente abatido pelo atropelamento. O coma o deixou em pânico, sabendo que a morte estava por perto, então Lilith chegou para suavizar a passagem. Ela sabia que tinha que abrir um caminho de luz para o espírito seguir, como uma linha branca no meio de uma rodovia.

Enquanto escutava, o rosto de Jimmy mantinha uma expressão que Lilith não conseguia decifrar. Será que tudo isso era algo estranho a ele, ou ele era alguém que possuía um dom natural? Ela só sabia que ele tinha sido escolhido como testemunha por algum motivo.

– Deixe-me passar – falou Lilith. – Não há mais nada que eu possa lhe dizer.

– Então você só vai me deixar aqui esperando? – disse Jimmy, insatisfeito.

– Não. Mantenha os olhos abertos. Se você vir algo assim de novo, eu saberei, e voltarei por você.

Jimmy estava confuso, mas deu um passo para o lado.

Ele suspeitava que o que tinha visto não foi por acaso. No mundo de sua avó, um mundo repleto de velas de cera para os mortos, de altares na beira da estrada para a Virgem e de santos coloridos pintados em latas que eram passados de mãe para filha, havia espíritos por toda parte. Quando garoto, ele não conseguia imaginar a aparência deles, então pensava neles como fantasmas usando lençóis brancos.

Agora ele não tinha que usar a imaginação. No entanto, precisava saber mais. Uma semana passou. Lilith não voltou, então Jimmy tomou a iniciativa. Com nervosismo, começou a entrar às escondidas nos quartos do hospital onde pacientes estavam morrendo. Um servente era alguém comum demais para que fosse notado pelos médicos, inofensivo demais para alguém se preocupar.

A morte mantém seu próprio cronograma, e nada aconteceu. Ele tentou ficar do lado de fora de um quarto durante um código vermelho, mas em vão. Os pacientes eram trazidos de volta no último minuto ou eram ressuscitados se chegassem a isso. E como ele poderia explicar sua presença, em primeiro lugar? Desesperado, foi até outro hospital, alegando ser o primo de um paciente moribundo. Mas o tiro saiu pela culatra quando os familiares verdadeiros apareceram. Houve gritaria e acusações. Jimmy murmurou desculpas em um mau inglês e teve sorte em não ser preso.

Até então sua existência tinha sido estranhamente agradável. Vivia sozinho, cercado de fotos dos seus muitos sobrinhos e sobrinhas em um apartamento pequeno perto de uma movimentada rodovia de quatro pistas. Sua televisão era um antigo modelo em preto e branco portátil, e ele nunca teve um micro-ondas. A família de Jimmy não conseguia entender por que ele nunca se casou nem voltou para seu país natal, a República Dominicana, para encontrar uma boa noiva entre as muitas garotas que ficariam felizes em tê-lo, junto com um visto americano.

– Isso é para a sua geração – dizia ele. – Eu nasci aqui.

Às suas costas as pessoas o viam como um objeto digno de piedade. Os eventos dos primeiros anos da vida de Jimmy foram infelizes, primeiro por ter sido obrigado a deixar a escola para trabalhar – uma exigência feita pelo pai porque havia seis crianças menores para alimentar. Ele perdeu o contato com qualquer pessoa de sua idade quando conseguiu emprego como faxineiro, onde fazia tantas horas extras que chegava em casa exausto e dormia assistindo a novelas e futebol do Brasil na televisão. Ver um espírito deixar um corpo perturbou seu estranho contentamento. Por algum motivo, também lhe deu nova esperança.

Mas, à medida que as semanas passavam sem uma segunda visão, seu assombro com relação ao que havia testemunhado começou a esmaecer. Lilith não fez nenhum contato. O humor de Jimmy piorou. Tentar flagrar o instante da morte de uma pessoa começou a lhe parecer macabro. Então, uma noite, enquanto se arrastava da sala de estar depois de desligar a TV, lembrou as palavras exatas de Lilith quando ela o intimou: "Venha direto para cá. Não demore. Você é necessário."

Isso lhe deu uma pista. Sem saber direito o porquê, enviou uma mensagem a Deus: *Deixe-me servir quando for necessário.*

Se não estivesse tão cansado, essa oração teria perturbado Jimmy. Cheirava demais a conversa de igreja e a submissão do sacerdócio. Ele não queria nada disso – nenhuma bronca de sua mãe o levava para a catedral, exceto quando suas sobrinhas, que ele adorava, faziam a Primeira Comunhão em vestidos brancos de seda.

Chegando ao trabalho na manhã seguinte, não percebeu nenhum sinal de que algo incomum iria acontecer. As palavras pias da noite anterior não provocaram nenhuma mágica. No intervalo do almoço, comprou um buquê de cravos brancos e o levou para a ala pediátrica. Em uma cama estava uma menina de dez anos, o corpo muito magro e consumido. Jimmy ouvira a família dela falando espanhol em voz baixa – ele sentiu uma ligação.

Da porta do quarto, viu que ela dormia. Ele preferia assim, na verdade, enquanto colocava os cravos na mesa de cabeceira.

– Não toque nisso!

Jimmy se voltou. Um dos residentes tinha entrado; parecia muito zangado.

– O que você está fazendo aqui?

– Limpando – gaguejou Jimmy.

– Não vejo nenhum material de limpeza. Você estava mexendo em alguma coisa perto da paciente. Você tocou nela?

Jimmy estava atordoado demais para negar a acusação. O residente era ruivo, e seu rosto estava enrubescendo para combinar com o cabelo. Indicando o crachá que Jimmy usava na camisa, ele falou:

– Me dê o seu crachá. Vamos deixar a segurança cuidar disso.

Jimmy tirou o crachá de seu uniforme verde e o estendeu. Sentiu-se condenado. Sua avó não o havia alertado? *"Mi querido,* me escute. O que você mais teme sempre se torna realidade."

Mas o residente nunca chegou a pegar o crachá. Antes que pudesse fazê-lo, um olhar estranho lhe cruzou o rosto. Subitamente, ele agarrou o peito. Resmungou algo roucamente, caindo no chão como se fosse um saco de farinha. Uma enfermeira que passava soou o alarme; ela disse a Jimmy que saísse, e disparou para o posto de enfermagem.

Jimmy não saiu, mas se ajoelhou ao lado do homem caído, levantando a cabeça dele para ajudá-lo a respirar. Os olhos do residente estavam abertos, e havia uma centelha de consciência neles. Saliva formava bolhas em sua boca.

O ar no quarto ficou parado. No segundo antes de o carrinho de reanimação cardíaca aparecer, os olhos do residente morreram, e Jimmy sentiu uma ligeira agitação por perto. Não houve o brilho de antes, apenas a mais leve sensação de uma brisa invisível sobre o rosto de Jimmy.

Pode acontecer desse jeito também, pensou ele.

A equipe entrou correndo, empurrando Jimmy para o lado. Ao contrário do resto das pessoas que corriam ansiosamente, Jimmy se sentiu desapegado. Por incrível que pareça, a garotinha na cama não tinha acordado.

Ele saiu do quarto. Lilith o esperava no final do corredor.

– Você manteve a palavra – disse ele.

Ela sorriu de modo austero.

– Bem-vindo a Deus sabe o quê.

Depois disso, tornaram-se aliados. Lilith começou a lhe contar sobre o grupo ao qual ele iria pertencer, a escola de mistério. Ela esperava havia dez anos, assim como alguém chamado Meg, embora esse nome tenha sido citado apenas uma vez. Jimmy ficou desnorteado com quase tudo o que Lilith lhe contou.

– É melhor não fazer perguntas demais – aconselhou ela. – Um mistério não é algo que se entenda. É algo em que você desaparece.

– Como um navio desaparecendo na neblina? – maravilhou-se Jimmy.

– Exatamente.

Não foi um choque completo, então, quando ela lhe disse para seguir Galen. Significava que tudo estava finalmente chegando a uma conclusão.

– Você está animada, posso ver – disse Jimmy.

– Só não estrague isso – retrucou ela.

Depois de meia hora, Galen parou de roncar e emitiu um gemido baixo. Seus olhos se abriram, ajustando-se à sala escura. Jimmy acendeu um abajur.

Galen ficou boquiaberto.

– Você! Você me nocauteou!

– Não. Você desmaiou e eu o arrastei para dentro. – Jimmy abriu a jaqueta, como um suspeito pronto para ser revistado. – Nenhuma arma, viu? – Ele se preparou para outra explosão, mas nada aconteceu. Em vez disso, Galen deu um suspiro de resignação.

– Leve o que quiser. Não me importo. Só me deixe em paz.

– Temo que você tenha entendido tudo errado.

Jimmy se aproximou do futon. Do bolso de sua jaqueta tirou uma folha de papel. Era uma aquarela que Lilith lhe dissera para levar.

Galen entendeu errado o motivo de Jimmy ter se aproximado.

– Não me bata – suplicou, baixinho.

– Ninguém vai bater em você. – Jimmy desdobrou a folha e a segurou de encontro à luz para que Galen pudesse dar uma boa olhada. – Reconhece isso? – perguntou. Era a aquarela representando uma capela dourada com quatro torres no meio de um campo florido.

Galen não respondeu. Caiu no choro e segurou a cabeça, envergonhado.

CAPÍTULO 11

Lilith não costumava duvidar de si mesma, e, se dependesse dela, a escola de mistério a essa altura já estaria completa. Seguindo suas instruções, Jimmy havia arranjado um lugar para a reunião no hospital onde trabalhava. Quando ele o mostrou, ela não disfarçou o desapontamento. A sala de conferências era estéril e sufocante. Não tinha janelas, só uma comprida mesa com cadeiras de dobrar ao redor e uma dura luz fluorescente.

– Não é exatamente um palácio – disse ela.

– Mas também não é uma câmara de tortura – lembrou Jimmy.

– Verdade. Houve muitas dessas.

Meg havia estabelecido duas semanas para o prazo final, o que significava apenas mais três dias. A grande interrogação era Galen. Todos os outros tinham sido atraídos, graças a Lilith, com Meg a guiando pelos pontos mais difíceis.

– Deixe Galen para outra pessoa – dissera Meg. Elas se comunicavam duas vezes ao dia por telefone. Por motivos que só ela sabia, Meg não queria encontrá-la pessoalmente. Preferia ser a aranha invisível na teia, sentada fora de vista.

– Posso lidar com ele – insistiu Lilith.

– Não, não pode. Ele é um caso delicado. Um passo em falso e o perdemos.

Assim, quando Jimmy ligou com a notícia de que Galen tinha desmaiado, Lilith ficou preocupada. Isso tinha sido há duas horas, e nenhuma notícia desde então. Ela decidiu ir até lá, e estava vestindo o casaco quando o telefone tocou.

– Jimmy? Nós já o temos?

Mas era Meg.

– Você parece ansiosa. O que está acontecendo?

– Eu estava prestes a sair para descobrir.

– Não. – Houve uma curta pausa na linha. – Deixe tudo pronto. Aja como se as peças estivessem se encaixando.

Se isso era uma declaração de fé, enfraqueceu-se com Lilith.

– Arriscaremos tudo se ficarmos paradas.

– Está tudo certo.

– Como pode dizer isso?

Outra pausa.

– Estamos sempre sendo testados. Para mim foi difícil voltar depois de todo esse tempo. Você sabe disso. Foi ainda mais difícil abrir mão do santuário.

Não havia mais o que dizer, e a ligação se encerrou. Mas Lilith não conseguia relaxar. Sua frustração a estava matando. Faltavam três dias para o prazo final, e a escola de mistério poderia desmoronar antes mesmo de começar. Ela deveria ter sido colocada no controle, não rebaixada para cumprir as ordens de Meg. A escola de mistério tinha se desenvolvido a partir do sonho dela, não tinha? E o sonho que ocorrera nos anos da peste, quando Lilith vira os seis corpos e o santuário de ouro?

Mas foi Meg quem abrira mão da própria vida. No início ela rejeitou a ideia de virar freira. Lilith fora mandada embora com uma recusa. Então, dois dias depois, Meg começou a apresentar sintomas de uma estranha doença cardíaca. Primeiro, ela se manifestou como uma dor leve no meio do peito. Meg aplicou gelo no lugar, depois bolsa de água quente. Mas a dor apenas piorou. Meg não se atrevia a procurar um médico, não depois de tudo o que tinha passado. *Outro castigo,* disse a si mesma, é o que tem que ser.

Toda noite ela ia dormir com imagens de um coração sangrando na cabeça, visões fortes que a levavam de volta à infância. Quando tinha sete anos, as freiras na escola deram a cada criança uma imagem do coração de Jesus. Meg ficou chocada. Por que Jesus tinha o coração fora do peito? Por que o coração usava uma coroa de espinhos e, acima de tudo, por que sangrava? A visão a fez sair correndo para se esconder em um banheiro. Sua professora, a irmã Evangeline, a encontrou e perguntou o que havia de errado.

– Jesus precisa ser operado – disse Meg.

– É uma coisa linda – corrigiu a irmã Evangeline. – Se você ama Jesus, ama o seu Sagrado Coração.

Talvez Meg não fosse sugestionável, da mesma forma que pessoas imunes à hipnose. Ela não achava que um coração cercado por uma coroa de espinhos pudesse um dia ser lindo. O sangue gotejando sempre seria horrível. Mesmo aos sete anos, porém, sabia que não deveria dizer essas coisas em voz alta.

Em poucos dias a dor no peito de Meg ficou tão forte que ela começou a desejar que seu estigma voltasse. Os pontos sangrentos nas palmas tinham provocado apenas uma dor incômoda. Em alguns dias ela sentia inveja de Lilith, com sua visão de uma capela dourada; parecia bem melhor, mais parecida com o que enviaria um Deus amoroso. Outros dias ela via a coisa toda como um ataque de loucura do qual tinha que escapar. Mas parecia haver apenas uma saída, o caminho que ela mais temia: tornar-se uma religiosa fanática.

Exatamente quando a dor se tornou intolerável, apunhalando o coração de Meg como pregos, Lilith apareceu na entrada de carros com seu tweed rígido e as mãos cruzadas sobre a bolsa. Bem assim, sem nenhum aviso.

Elas não se sentaram, como antes, na sala de jantar. Meg mal tinha conseguido passar o dia com pesadas doses de aspirina e de vodca de uma garrafa escondida em sua escrivaninha. Ela caiu no sofá da sala de estar enquanto Lilith falava.

Ela não mostrou interesse no sofrimento de Meg.

– Você está presa à ideia de que o que está acontecendo é uma maldição. Eu lhe disse que não era.

– Então o que é? Um teste, uma penitência?

Lilith sacudiu a cabeça.

– É uma mensagem.

– Dizendo o quê?

– Que é melhor sofrer em seu caminho do que ser feliz em caminho nenhum.

Meg se levantou, apesar da dor.

– Isso é horrível! – gritou. Estava pronta para a briga. – Um Deus amoroso quer que eu sinta dor? Por quê? Porque sou uma pecadora? Não, obrigada. Já escutei isso tudo antes.

– Não posso ler a mente de Deus – revidou Lilith. – O que sei é que você tem um caminho, assim que se sujeitar a ele.

– Odeio essa palavra, "sujeitar" – resmungou Meg.

– Não a culpo. Mas há algo além da dor. Você só tem que chegar lá, e não posso ajudá-la. Ninguém pode.

Sentaram-se em silêncio, imaginando se um dia chegariam a cruzar o golfo que as separava. Lilith, teimosa como podia ser, não ia vencer Meg pela insistência. Se a dor não conseguia, como ela conseguiria?

– Apenas vá embora – disse Meg, exausta. Ao ver que Lilith não se mexeu, ela riu amargamente. – Por que você está tão interessada em mim? É anormal.

– Eu tenho meu próprio caminho. E recebo mensagens que não posso ignorar. Você não é a única.

Seguiu-se o silêncio. Elas tinham chegado a um muro, e não havia como contorná-lo. Lilith se recompôs e se levantou.

– Se eu sair agora, não voltarei.

Meg hesitou. A perspectiva de Lilith ir embora para sempre de repente lhe pareceu ameaçadora.

Mas Lilith não a esperou se decidir.

– De uma maneira ou de outra – falou –, Deus nos encontra onde estamos, e então nos leva para onde precisamos estar. – Ela andou até a prateleira sobre a lareira, onde havia um par de castiçais de bronze. Desenhando uma linha imaginária entre eles, falou: – Você vai de A para B. Faz isso todos os dias, não importa quantos dias leve. Você coloca toda a sua confiança no caminho que Deus abriu. É simples.

O ressentimento de Meg fervia.

– Não é simples! Não quando se tem mil facas minúsculas cravadas em seu coração. – Desabando de volta no sofá, ela começou a chorar.

A cena suavizou algo em Lilith.

– Não nos abandone. Não *me* abandone.

Meg respirava de modo irregular, tentando recuperar o controle.

– Você vai conseguir sem mim. Nós duas sabemos disso.

Lilith sacudiu a cabeça.

– Já disse, a coisa toda se desmancha sem você.

Meg começou a gemer, o rosto nas mãos.

– Não é justo!

– Só pode saber isso se vir o que Deus não vê.

A inflexibilidade de Lilith estava de volta, mas não de forma dura.

– Lamento que seu caminho seja tão doloroso, mas sem você o resto de nós voltará para a escuridão.

Meg não sabia o que dizer. A coisa toda parecia absurda demais. Um sentimento de impotência a dominou, e ela viu como tudo começou, com um homem caminhando para sua crucificação. O senso de desamparo dele apequenou qualquer coisa que ela já tivesse experimentado.

A partir daquele instante, tudo se espalhou, como ondas provocadas por uma pedra atirada em um lago. Como faz a maioria das pessoas, ela tinha aceitado os pequenos vislumbres de significado que vieram em sua direção. Todas as grandes palavras – amor, esperança, compaixão, graça – foram minimizadas, colocadas em compartimentos minúsculos, como pílulas em uma caixa de remédios. Um compartimento era para as poucas pessoas que ela realmente amava e que a amavam também. Outro abrigava suas esperanças, que sempre foram modestas. Alguns compartimentos, como os que continham compaixão e fé, ela mal espiou dentro. Mas não havia um compartimento para a graça. Talvez por isso ela estivesse tão assustada.

– Você não pode depender de mim – gemeu ela. – Estou mais no escuro do que qualquer pessoa.

Percebendo o desespero de Meg, Lilith se tornou mais veemente.

– Há outra vida, uma com a qual você mal sonhou. Você a vem adiando todos os dias de sua existência. Está tão perto quanto o ar que respira, mas você ainda não a enxerga. Quando o fizer, vai liderar o resto de nós.

– O resto não existe. A única pessoa que conheço é você.

– Os outros serão como eu.

Meg forçou uma pequena risada.

– Espero que isso não seja uma promessa.

Ela deixou Lilith ficar até recuperar o controle. Nada tinha sido acertado, mas depois Meg parou de lutar tanto, e o pior de sua dor no coração passou.

Ela continuou indo ao trabalho. Ainda encontrava os pais todos os domingos para o jantar. Ainda usava seu impressionante tom de batom vermelho e ouvia as sobrinhas falarem sobre seus namorados. Nem sequer uma vez, porém, ela disse algo sobre o que tinha acontecido. Pelo que sua família sabia, ela era a mesma velha Meg da vida toda. E por isso sua decisão de entrar para um convento aos quarenta pegou todos de surpresa.

– Você não pode – protestou sua irmã mandona, Nancy Ann. – Conheço um terapeuta.

– Não a intimide – falou Clare, sua irmã solidária. Mas ela estava tão preocupada quanto o resto da família.

Meg se recusou a dar explicações. O ponto de virada tinha sido com Lilith, que dissera: "Você precisa se afastar de todos por um tempo. Precisa amadurecer."

– Não sou uma banana – brincou Meg, mas ela sabia o que Lilith queria dizer.

Lilith lhe explicou, mesmo assim.

– Sua alma está pronta, mas você não está. Há um desencontro, o que provavelmente está lhe provocando tanta dor. Seu corpo ainda está protestando.

Meg não podia negar. A dor no coração, embora tivesse diminuído, ainda a lembrava de seu dilema.

– Vá embora. Se cure – instou Lilith. – E, quando o fizer, estaremos esperando por você. Todos nós.

Não suspeitavam que assim que Meg se tornasse freira haveria um silêncio de dez anos entre elas. Lilith a visitou algumas vezes no começo, esperando na grade que separava as freiras do mundo. Meg nunca apareceu. Na terceira visita, ela lhe enviou um bilhete: "O paciente ainda está em cuidado intensivo."

A freira que entregou o bilhete não sabia o que ele significava.

– Meg está bem? – Lilith exigiu saber.

A freira lhe deu um sorriso duro.

– A irmã Margaret Thomas pertence a Deus. Não há dúvida de que está bem.

Lilith quase se encolheu. O que tinha dito a Meg estava sendo lançado de volta para ela. Há anos ela tinha parado as visitas e apenas esperava. Em uma tarde comum, enquanto tirava um cochilo, o telefone tocou. Atendeu relutantemente, em caso de uma de suas filhas estar com problemas.

– Alô?

Sonolenta, ouviu uma voz familiar do outro lado da linha. A primeira coisa que disse apagou dez anos em um instante.

– Todos vocês esperaram por mim?

Lilith despertou na hora.

– Esperamos.

– Então chegou a hora.

CAPÍTULO 12

Quando Jimmy ergueu a aquarela com a imagem do santuário dourado, sabia que tudo dependia dela. Era o seu ás na manga se todas as outras formas de persuasão falhassem. Mas ficou chocado com a reação de Galen, que caiu no choro.

– Não fique chateado – falou. Seria um desastre se Galen escapasse.

– Ladrão! – gritou Galen, com os punhos cerrados.

A acusação era verdadeira. A mando de Lilith, Jimmy furtara o desenho do quarto do hospital. Ele se sentia culpado, mas não havia aonde ir a não ser para frente.

– Sei que sua esposa a pintou – falou, hesitante. – Agora estou devolvendo a aquarela.

Galen levantou a cabeça, limpando as bochechas úmidas com a manga da camisa.

– Você acha que isso melhora as coisas?

– Não, mas precisava que você reconhecesse o desenho. É importante.

Galen teve um lampejo de reconhecimento.

– Já vi você antes, no quarto dela no hospital.

Jimmy assentiu, segurando a respiração. Não importava o que tivesse que fazer, Galen não poderia expulsá-lo da casa.

– Então você está me seguindo? – perguntou Galen, amargo.

– De certa forma, mas é por uma boa causa.

Isso provocou em Galen uma risada curta e repentina. Mas pelo menos ele tinha parado de chorar. A situação toda era grotesca, incluindo a parte desempenhada por ele. Jimmy levantou de novo a aquarela, mas Galen não conseguia olhar para ela. O desenho lhe trazia lembranças de Iris, do câncer e da morte.

Ele tinha atravessado os eventos angustiantes de forma sonâmbula conforme se desenrolavam. Iris mostrara uma surpreendente falta de resistência a ver um neurologista por causa de suas dores de cabeça. Ela tinha escondido de Galen como elas eram graves, assim como ele tinha escondido dela o e-mail nefasto que o pai dela lhe enviara. Foi feita uma cintilografia do cérebro, e o médico descreveu o que mostrava.

– Veem essa sombra aqui? É o que chamamos de lesão no córtex pré-frontal.

– Um tumor? – questionou Galen, vagarosamente. Sentada ao lado dele, Iris continuava em silêncio, segurando a mão dele com força.

O médico assentiu.

– Sinto muito. Tenho que dizer, é agressivo, e provavelmente apareceu muito de repente, talvez quatro ou cinco meses atrás.

Bem quando ela me abordou no museu, pensou Galen, sombrio. Ele se contraiu. As unhas de Iris estavam sendo enfiadas, como agulhas, na palma de sua mão.

– Deve ter havido alguns sinais precoces, embora não sejam previsíveis – continuou o médico. – Uma pessoa discreta de repente pode se tornar bem extravagante e emotiva. – Ele indicou a imagem iluminada na parede ao lado dele. – A lesão é no lado direito, bem aqui. Os efeitos podem ser bastante misteriosos. Em casos muito raros, habilidades musicais aparecem do nada, ou uma mania por pintura que não existia antes.

Iris não irrompeu no choro, mas lágrimas começaram a deslizar por seu rosto. Ela inclinou a cabeça, como se estivesse envergonhada.

– Você pode curá-la? – perguntou Galen, o rosto cinza.

Não houve promessas. Seguiu-se uma cirurgia, então radioterapia. Os pais de Iris voltaram, e o espírito de aceitação deles mudou. Agora olhavam para Galen como se fosse um intrometido, um estranho que tinha se aproveitado de sua garotinha doente. O dr. Winstone praticamente o acusou de ocultar os sintomas de Iris.

Galen sofreu tudo isso o mais insensivelmente que pôde. Iris se mudou para o quarto de hóspedes. Eles raramente conversavam, e quando o faziam era um esforço para ela demonstrar qualquer sinal de afeição por Galen. Ela sentia pena de ambos, como se um mágico perverso os tivesse enganado com suas ilusões, e agora o feitiço tivesse sido quebrado.

Certa manhã ela não apareceu para o café da manhã. Galen foi buscá-la no quarto, mas ele estava vazio. Pegou o telefone a fim de ligar para a emergência quando olhou pela janela. Fraca como estava, sua esposa tinha levado suas pinturas para o quintal e lhes ateado fogo. Ele correu para fora, e, apesar dos protestos dela, resgatou todas as telas que ainda não tinham sido queimadas.

– Temos que salvá-las. Esqueça o médico. Você é um gênio.

Ela emitiu uma risada estranha e forçada.

– Sou é doente. A arte era minha aflição.

Duas semanas depois, Iris morreu no hospital. Um faxineiro arrumava sua cama enquanto Galen juntava as coisas dela do criado-mudo. O faxineiro parecia observá-lo.

– Você se importa? Sou o marido – disse Galen, secamente. O vigilante faxineiro assentiu e saiu. Agora Galen sabia que era Jimmy.

Os pais de Iris não conseguiram evitar que Galen fosse ao funeral, mas ele ficou afastado, uma presença incidental taciturna. Quando a primeira pá de terra foi jogada sobre o caixão, a voz zombeteira na cabeça de Galen disse, *A comédia terminou.* A voz parecia bem satisfeita. Mas Galen não. Ele queria atacar alguém ou algo pela peça cruel que o destino lhe pregara. Como um broto espigado em um campo seco, um plano para vingar um mal terrível começou a se armar em sua mente entorpecida.

Galen pressionou fortemente a cabeça entre as mãos, como se quisesse se livrar das lembranças.

Jimmy tentou dizer algo para trazê-lo de volta.

– Essa imagem tem muito significado. Você gostaria de saber por quê?

– De maneira nenhuma. – Por mais exausto que estivesse, Galen ainda conseguia ficar zangado.

De qualquer maneira, Jimmy pressionou.

– Ela mostra um objeto precioso, uma relíquia sagrada. Sua esposa deve tê-la visto em uma visão. Você é a nossa ligação com ela.

Galen o olhou com desdém.

– Seja qual for a besteira que você está vendendo, veio ao lugar errado. Não tenho nenhum dinheiro. Só quero... – Ele não sabia como terminar seu pensamento.

– Você só quer se enrolar em mais sofrimento? Não posso deixá-lo fazer isso, e você não precisa fazê-lo. Você é um prisioneiro dentro de si mesmo. Iris viu isso. Foi o que a atraiu a você. E também é por isso que fui enviado aqui.

A estranha resposta de Jimmy obrigou Galen a olhá-lo com mais atenção. O sorriso dele, que Galen inicialmente havia desprezado, parecia diferente agora.

– Não preciso da sua piedade – falou.

– Teria que esperar na fila mesmo, atrás da sua autopiedade.

Galen estava prestes a lançar a "bomba f", como sua mãe chamava o palavrão quando ele era pequeno, mas Jimmy subitamente se moveu. Ficou de pé e deu dois passos em direção a Galen, que não teve tempo de se encolher na defensiva. Antes que percebesse,

Jimmy o levantava pelos braços como se ele fosse um garotinho raivoso de dois anos sendo agarrado pela mãe.

– Bom, você está de pé. Agora dê outra olhada. Se não souber nada sobre a imagem, eu o deixarei em paz. Não que você vá encontrar alguma.

Essa última parte foi uma provocação? Galen se sentiu desconfortável.

– Por favor, pare de parecer tão assustado – implorou Jimmy. – Estou lhe trazendo esperança.

Galen tinha sido posto de pé rápido demais. O sangue esvaiu de sua cabeça; ele ficou tonto. Fechou os olhos com força e se obrigou a não desmaiar pela segunda vez em um dia.

– Podemos conversar – sussurrou. – Só me deixe sentar de novo, por favor.

Jimmy recuou e Galen afundou no sofá, enfiando a cabeça entre os joelhos. Depois de um instante, a tontura passou.

– Conte-me do que se lembra – pediu Jimmy.

Galen parecia confuso.

– Nada importante. O que ela pintava era apenas um sintoma da doença.

Jimmy sacudiu a cabeça, negando.

– Estar doente era apenas uma pequena parte disso. Quando alguém está morrendo, uma parte de si se abre para a verdade. Conforme passa pela porta para outro mundo, a pessoa olha para trás, por sobre o ombro, a fim de nos dar uma pista da verdade.

Galen se sentia impotente para contestar.

– Que seja. Você parece sincero. Mas fui eu quem levou um soco na cara quando ela morreu.

– Você tem razão, peço desculpas. Você não pediu nada disso.

Galen pegou o desenho das mãos de Jimmy com um suspiro, fazendo um esforço para recriar a cena semanas antes da morte de

Iris. Ele não tinha tido muito tempo para visitá-la no hospital. A tensão entre eles era parte do motivo. A outra parte era que ele se jogara no trabalho com ferocidade. Passava os dias pesquisando na biblioteca com pilhas de jornais à sua frente. Digitava rascunhos de artigos no computador noite adentro, esgotado e perturbado demais para enfrentar a realidade.

Galen começou a fumar e a tomar uma dose de uísque no pôr do sol, a hora mais apreciada pelo demônio da depressão. Lentamente, começou a sentir uma mudança interna. Ele estava se afastando de Iris e de tudo o que ela fora para ele. Era como ficar de pé na porta traseira de um trem se afastando da estação. Depois de um tempo as luzes da estação recuaram para uma leve penumbra, e, depois, nada.

Mas seu plano de fuga não era perfeito. A culpa fez com que aparecesse no hospital, geralmente no fim da tarde, sua chegada cronometrada com o jantar de Iris para que ele pudesse dar uma desculpa e ir embora depois de alguns minutos. Àquela altura ela ainda comia um pouco, mas o câncer a consumira sem piedade, sugando-lhe cada naco de energia. Galen ficava aliviado sempre que a encontrava dormindo, o que costumava ser frequente.

Certa tarde, porém, ela estava bem desperta. Sua cama hospitalar tinha sido levantada o máximo possível, e seu cabelo estava cuidadosamente preso no alto da cabeça, algumas mechas perdidas emoldurando seu rosto pálido. Galen tentou sorrir, mas ela tinha colocado uma gota do perfume favorito dele, e o cheiro o deixou enjoado.

– Você está bonita – murmurou ele, de forma evasiva.

– Estou? Fiz questão de não trazer um espelho de casa. – A voz de Iris estava clara, e seus olhos cintilavam.

Galen afastou o olhar. O brilho em seus olhos era de como na fase da mania de pintar.

– Por favor, não tenha medo de mim – sussurrou ela.

A mão de Galen instintivamente se moveu em direção aos cigarros no bolso de sua jaqueta, até que se lembrou de onde estava. Antes de morrer, sua mãe tinha entrado em um período de contar a verdade. Ela o manteve cativo ao lado de sua cama reparando seus erros, tentando se apaziguar.

Se vamos começar a dizer a verdade, quis dizer a ela, *estou entediado e cheio. Coma uma gelatina, veja TV. Não podemos mudar o passado.* Mas nunca disse essas palavras em voz alta, passando o tempo como um filho paciente. Ele não jogaria o mesmo jogo de novo.

– O médico quer que você descanse – falou ele. – É melhor eu ir.

– Daqui a pouco – disse Iris, sem se ofender com a grosseria dele. Ela fez um gesto indicando a mesa de metal que servia de cabeceira, e que estava fora de seu alcance. – Você pode abrir aquela gaveta, por favor? Quero lhe mostrar algo.

Galen a abriu e retirou de dentro uma folha de papel fino com bordas debruadas.

– Não sabia que você tinha trazido material com você – falou.

– Conheci uma enfermeira simpática. Ela me arranjou papel e lápis de cor. Você não atendia o telefone.

– Você poderia ter esperado – reclamou Galen.

Ela percebeu a culpa no rosto dele.

– Não queria que você se sentisse mal vendo toda essa coisa de arte de novo. E eu tinha pressa. Tinha o mais forte desejo de fazer esse desenho. Imagine, depois de tentar queimar tudo.

Ela pegou o papel das mãos dele e o virou, expondo a imagem oculta na gaveta.

– Quis que você fosse o primeiro a vê-la.

Ela não estava sendo cruel. Galen sabia disso, mas seu coração começou a doer. Ele olhou a pintura sem interesse. Mostrava uma igreja com torres em um campo. Havia um brilho dourado inundando-a. Fez uma careta. A coisa religiosa de novo. A doença dela não tinha compaixão.

Em uma voz solidária, Iris disse:

– Você não tem que gostar dele. Não precisa nem mesmo guardá-lo. Mas de alguma forma é sobre você.

Vendo que ele queria protestar, ela se apressou.

– A imagem me veio em um sonho. Eu estava feliz no sonho, para variar. Dormir costuma ser um buraco escuro demais.

Ela parou. Galen não reagiu. Contra sua vontade, ele tinha sido atraído novamente a uma rodada de sinceridade em um leito de morte.

Iris tentou manter seu estado de espírito animado, embora um tom de derrota estivesse se esgueirando.

– Isso não é algo que eu possa explicar ou fazer você entender, Galen. Eu mesma não entendo. Tudo o que sei do sonho é que você pertence a esse lugar. – Ela apontou para a igreja, e então sua mão caiu.

Ela tinha exaurido sua energia; seu corpo cedeu e a doença voltou a reivindicá-lo. A cor abandonou seu rosto. Cinzenta e de olhos vazios, sua cabeça afundou no travesseiro. A transformação foi chocantemente rápida.

Galen não podia reservar nenhuma piedade para ela. Ele estava furioso com o que ela tinha dito: "Você pertence a esse lugar." As palavras fizeram com que ele quisesse arrancar o desenho das mãos dela e rasgá-lo em dois. Em vez disso, ele se virou e foi embora. A dor em seu coração tinha se transformado no frio peso de uma pedra.

Agora em sua sala de estar, Galen fez um gesto fútil.

– É tudo o que eu sei.

– Entendo. Dói voltar atrás disse Jimmy.

Galen se inflamou.

– Dane-se.

Jimmy suspirou.

– Estamos andando em círculos aqui.

Pegando o celular, foi até a cozinha. Galen escutou alguns resmungos. Quando voltou, Jimmy falou:

– Entendemos por que você está resistindo a tudo isso. É demais para absorver, e você está exausto. Mas nos mostrou o que fazer.

– Eu?

– "Você pertence a esse lugar." Se for a mensagem, um sinal, não importa como você o chame, confiaremos nele. – Ele indicou a imagem. – O que sua esposa viu é real, uma dádiva divina, e agora está nas mãos certas. Espero que você consiga ver. Muita gente depende de você.

– Eu não ligo. Deus é uma mentira, uma enorme fraude criminosa. Se quiserem algo de mim, diga-lhes isso. – A voz de Galen fraquejou. Ele não queria pensar em sua vingança frustrada.

– E se você descobrisse de uma vez por todas? – perguntou Jimmy.

– Descobrisse o quê?

– Se Iris viu algo real. Se Deus é real. Essa é a sua chance de descobrir.

– Você é louco. – Mas o protesto de Galen não foi tão zangado quanto antes. Ele podia ouvir a compaixão na voz de Jimmy.

– Só estou me referindo a um pouco de fé – disse Jimmy. – Mas há pessoas em quem confio, do mesmo modo que estou pedindo para você confiar em mim. Dizem que qualquer um que entre em contato com esse objeto nunca mais é o mesmo.

Galen estava pronto para uma torrente de objeções, mas Jimmy não lhe deu chance de expressá-las.

– Aqui. – Ele escreveu o número da sala de reunião no verso da pintura. – Vamos nos encontrar no hospital. Você sabe onde é. A sala fica no subsolo.

Galen olhou com suspeita para o que Jimmy tinha escrito.

– Eu vou ser pago?

– Isso não é comigo. Sou apenas o mensageiro.

Jimmy não o censurou por ter motivos egoístas. Ele podia ver que Galen tinha que se defender.

– Só pense nisso. Pode deixar que eu sei onde é a saída.

Sem dizer outra palavra, Jimmy saiu, fechando a porta atrás de si. Parou na varanda e olhou para cima. Nevava agora, e de manhã suas pegadas seriam apagadas como se ele nunca tivesse estado ali. Voltou para o táxi. A notícia não iria agradar Lilith; mas fora ideia dela, quando Jimmy ligou da cozinha, apelar para a curiosidade de Galen.

Jimmy estava prestes a ligar de volta, quando o celular tocou.

– Acho que ele escutou. – Era voz de mulher, mas não de Lilith.

– Quem é?

– Nós não nos encontramos, mas o faremos em breve. Sou Meg.

Jimmy ficou confuso.

– Não conheço nenhuma Meg.

– Melhor assim. Só quis agradecer.

– Mesmo? Como sabe disso tudo?

– Não é fácil explicar. Mas tentarei quando nos encontrarmos.

Antes que ele pudesse fazer outra pergunta, a linha ficou muda. Jimmy espanou com a luva os flocos de neve do para-brisa do lado do motorista. Entrou no táxi sem olhar para trás. De alguma forma tinha certeza de que Galen tinha ido até a janela da frente e estava olhando para garantir que ele realmente partira.

Jimmy tentou não se sentir desencorajado. Provavelmente tinha revelado mais do que deveria. Proteger o mistério do santuário dourado era a prioridade do grupo, alertara Lilith. Galen poderia aparecer com os outros só para xeretar. Ele poderia exigir dinheiro. Não importa o que acontecesse, era hora de ir embora. Uma força invisível estava em ação. Se um cético infeliz estava destinado a entrar no grupo, o destino iria encontrar um modo.

O táxi deixou rastros leves na neve fina e nova enquanto ganhava velocidade. Galen esperou na janela até que o carro virou a esquina e saiu de vista. Ver o intruso partir foi um alívio, mas não o bastante para eliminar a tensão de seu corpo. Ele amassou a aquarela de Iris em uma bola e a jogou no cesto de lixo debaixo da pia; então, entrou no chuveiro.

Não havia motivo para confiar no intruso e em sua conversa fantasiosa. O que a conversa fizera a não ser provocar lembranças dolorosas e manipular as emoções de Galen? Agora ele fora deixado sem nada, a não ser dúvidas persistentes.

Iris acreditava em suas visões. O intruso estava certo sobre isso – ela quis enviar a Galen uma mensagem que ele não pudesse ignorar.

Galen abriu a água quente até ela deixar manchas vermelhas nos seus ombros enquanto ele se mantinha debaixo do jato. Queimava, mas seus músculos começaram a relaxar. Bebeu três cervejas antes de ir para a cama, indolentemente navegando na internet para se distrair. Logo não estava apto para nada a não ser cair em um sono entorpecido.

Na manhã seguinte, não soube como acabou encontrando a aquarela, resgatando-a do lixo e abrindo-a no balcão da cozinha. Sabia menos ainda o porquê de ter entrado em seu carro no sábado, três dias depois, e ter seguido para o hospital até a sala do número que Jimmy rabiscara no verso da pintura. O coração de Galen batia forte à medida que se aproximava do seu destino.

O que estou fazendo?, pensou. Dúvida, seu estado habitual, começou a incomodá-lo.

Mas outra força interveio. *Você está indo para onde pertence,* disse.

As palavras não tinham significado. Galen quase deu meia--volta, mas tinha chegado até ali. Além disso, ele só conseguia pensar em Iris, no amor que ela havia mostrado para uma alma perdida, e em como era impossível esquecê-la.

PARTE DOIS

O EVANGELHO INVISÍVEL

CAPÍTULO 13

Então aconteceu de às sete horas de uma noite de sábado todos chegarem. Primeiro Mare, que trouxe Frank, que no carro ameaçou ir embora se qualquer coisa esquisita começasse a acontecer.

– Esquisito seria um anticlímax depois do que passamos – disse Mare.

Como resposta, recebeu apenas um resmungo. Ela sorriu, suspeitando que a resistência de Frank fosse apenas simbólica. Ele tinha faro de repórter e mal podia esperar para seguir a pista.

O restante do grupo já estava acomodado ao redor da mesa quando eles entraram na sala. Lilith não tinha se colocado à cabeceira, onde todos esperavam encontrá-la, mas na cadeira logo à direita.

– Não se apresentem e tentem não encarar – ordenou ela. – Alguém está nervoso.

Ela se referia a Galen, que tinha afundado em um humor amuado no momento em que colocou os olhos em Lilith. Jimmy tinha trocado de turno com outro servente naquele dia e só teve que pegar o elevador até o subsolo.

Quando os cinco estavam sentados, Lilith assentiu com a cabeça e Mare colocou na mesa a caixa de papelão fechada que trouxera.

– Você quer que eu abra? – perguntou, nervosa. Essa era a primeira vez que o santuário dourado deixava seu apartamento.

– Ainda não.

Um silêncio constrangido caiu sobre o grupo. Galen se mexeu na cadeira. Frank pegou a mão de Mare debaixo da mesa. Lilith estava com o rosto impassível. A única pessoa que parecia contente era Jimmy, porque tinha conseguido cumprir sua tarefa de reunir as ovelhas negras no redil.

Depois de quinze minutos, Galen ficou de pé.

– Sou o único que está sufocando aqui? O ar-condicionado está quebrado ou o quê?

Nunca se soube se ele estava prestes a deixar o grupo no último minuto, porque duas coisas importantes aconteceram simultaneamente. Uma suave luz dourada começou a emanar por entre as fendas da caixa de papelão frouxamente fechada, emitindo um brilho como o dos últimos carvões acesos enterrados entre as cinzas de uma fogueira de inverno. Como se esperasse por esse sinal, a porta foi aberta e uma mulher de aparência respeitável entrou na sala. Ela vestia um terno preto e não usava maquiagem. Cheirava levemente a perfume de lírios-do-vale. Seus olhos foram imediatamente para a caixa.

– Bom – falou ela. – Aquele que dorme está desperto.

Mare tinha dezoito anos da última vez que vira sua tia, e a mulher que tinha acabado de entrar não se parecia com a de sua memória. O cabelo estava mais grisalho do que o castanho-claro de que Mare se lembrava. Ela também era mais baixa, como se tivesse encolhido para dentro de si mesma, e tinha mãos delicadas. Seus olhos tinham uma aparência distante. *Efeito de dez anos de convento?*, imaginou Mare.

Mas se Mare ainda não conseguia ligar a mulher à sua frente às lembranças que tinha, Meg imediatamente reconheceu a sobrinha. Ela se aproximou e sussurrou em seu ouvido.

– Você se saiu muito bem. Estou orgulhosa.

Mare não sabia se devia se sentir tranquilizada ou cair no choro. Ela quase tinha se convencido de que nunca mais veria a tia de novo.

– Por que tudo isso está acontecendo? – sussurrou de volta.

Mas não havia tempo para conversa. A sala estava em comoção. A atenção de todos estava fixada na luz dourada que espreitava da caixa de papelão, colocada diretamente na frente de Mare e Frank.

Tentando parecer destemido, Frank empurrou a caixa na direção de Meg.

– Bem-vinda de volta, se isso faz algum sentido. Isso pertence a você. – Ele olhou ao redor da mesa. – Como pode ver, cumpriu o seu trabalho.

– Lamento por terem ficado no escuro – desculpou-se Meg. – Farei o possível para explicar o porquê de estarmos aqui.

Lilith a interrompeu.

– Isso pode esperar. Nem todos viram o que há dentro. É hora da revelação.

Meg concordou com um aceno resignado.

– Suponho que tenha razão.

Com visível insegurança, Mare abriu a caixa e tirou o santuário. Ao seu toque a aura iluminada ficou ainda mais brilhante, preenchendo a sala mesmo sob a fria luz das lâmpadas fluorescentes.

A reação ao redor da mesa foi de assombro discreto, com exceção de Galen. Ele protegeu o rosto para manter a luz longe dos olhos.

– Essa coisa pode ser radioativa. Vocês pensaram nisso?

– Não crie problemas – disse Lilith, secamente. – Não há nada a temer.

– E nós só temos que acreditar em você? – perguntou ele.

Frank estava ficando irritado.

– Você precisa relaxar. Sou tão cético quanto qualquer um, mas isso... – ele abriu as palmas sobre a luz – ... isso não é um truque barato.

– A menos que alguém prove o contrário – retrucou Galen.

Meg interveio.

– É nosso primeiro encontro, e temos algumas decisões importantes a tomar. Não vamos perder tempo discutindo. – Ela fez uma pausa para deixar a luz dourada capturar a atenção deles de novo. – A única coisa com a qual todos podemos concordar é que nenhum de nós, inclusive eu, jamais imaginou um fenômeno como este. A única reação possível é assombro.

– Esse é o mistério que nos torna uma escola de mistério – acrescentou Lilith.

Galen teve que cerrar o maxilar, mas ninguém a contradisse.

– Certo – continuou Lilith. – Então nos encontramos em território desconhecido. Cada um de nós foi escolhido, embora não saibamos o motivo.

– Tenho uma sugestão – interrompeu Jimmy, falando pela primeira vez. Ele era provavelmente o mais petrificado pela luz cintilante. – É melhor termos cuidado com o que dizemos ao redor dessa coisa. Pode estar nos escutando, vocês sabem.

A reação de Lilith foi de mal disfarçada piedade.

– Não, estou falando sério – protestou ele.

– Concordo – disse Meg. – Não temos que vigiar o que dizemos, mas seria tolo ignorar um fato simples. Há algo ali dentro. Não temos ideia de onde veio ou do que sabe.

Lilith, depois de tentar assumir o controle, arriou de volta em sua cadeira.

– Você quer dizer um fantasma? – perguntou Jimmy, pensando nos espíritos que cercavam sua avó. Ela atribuía boa sorte a eles quando eles eram apaziguados. Geralmente, era o contrário. Se ela não conseguia encontrar seu livro de orações ou se aparecia um vazamento no teto, sua avó adotava um olhar conhecido e murmurava "Tio Tito", ou o nome de algum outro parente falecido.

Meg sacudiu a cabeça, negando.

– Eu a descreveria como uma presença. O santuário é hipnótico, mas só existe para chamar nossa atenção.

– Como falei, cumpriu a sua tarefa. Isso ainda não nos diz por que estamos todos aqui– reagiu Frank.

Agora Mare se intrometeu.

– Talvez nós seis estejamos passando por um teste. Recebemos um sinal para ver o que faremos com ele.

– Estamos sendo testados? – perguntou Frank, parecendo desconfortável com a perspectiva.

– Bingo – disse Galen, com um sorriso torto. – Deus precisa de cobaias, e nós somos burros o bastante para nos oferecermos.

– Só estou tentando entender isso – atalhou Frank. – Se você tem uma ideia melhor, vamos ouvi-la. Ou você só está aqui para nos colocar para baixo?

– Só não estou pronto para engolir milagres de mentira – falou Galen, em tranquila provocação. – Vamos colocar nossas cartas na mesa, certo? O resto de vocês quer que isso seja um milagre, não quer? Alguns de vocês, da pior maneira. Se acontecer depois de terem sido enganados, riam o quanto quiserem. Mas vão se sentir tolos.

Porque você já passou por isso, Jimmy quis dizer. Teve dificuldade em se conter. Ele sabia que Galen estava agitado por dentro. Quisera desesperadamente acreditar no amor de Iris, e não seria feito de bobo uma segunda vez.

– Por que alguém iria nos enganar? – perguntou Frank. – Ninguém aqui é rico, e, além disso, trabalho para o jornal. Posso divulgar isso em um segundo.

Antes que Galen pudesse disparar uma nova resposta, Lilith voltou à vida.

– Fui a primeira a ver o objeto. Veio a mim em um sonho. Um pesadelo, na verdade. Havia morte por toda parte, e de alguma forma a igreja cintilante apareceu em meio aos mortos. Era um símbolo da vida, uma promessa do céu? Eu não tinha ideia. Uma realidade maior estava estendendo a mão, como está nos estendendo agora. Vamos aceitá-la ou virar nossas costas e fugir? Acreditem, passei noites ansiosas pensando nisso, mas não descansarei até que tudo seja desvendado.

Ela tinha se dirigido a todos, mas não houve nenhum murmúrio de aprovação. A Lilith que todos conheciam não abrigava dúvidas, muito menos medo.

Galen defendeu sua posição.

– Você acha que isso é um teste de fé? Então por que fui escolhido?

– Isso pode não ter resposta, e não apenas para você – disse Meg. – Não importa o que esteja por acontecer, começa agora. Esse é um novo momento. Quantos desses acontecem em nossas vidas?

Suas palavras fizeram a sala silenciar, cada um perdido em seus próprios pensamentos. Eles tinham se sentado afastados um do outro ao redor da mesa como um agrupamento de estranhos, não como um grupo. Galen tinha falado sobre Deus precisar de cobaias. Ele estava sendo sarcástico, mas Deus estava no fundo da mente de todos. Deus estaria brincando com eles? Era como uma daquelas máquinas de parque de diversões, na qual depois de inserir uma moeda tenta-se agarrar um prêmio com um gancho. Um jogador cósmico tinha lançado o gancho e os escolhido – seis pessoas dentre todas as outras do planeta – como prêmio.

O jogador cósmico gostava de diversidade. Mare e Frank eram o único casal óbvio. Os mais jovens também, trajando jeans desbotados e tênis. Jimmy, recém-saído de seu turno, ainda vestia uniforme. Galen tinha colocado as mesmas calças cáqui e camisa branca que vinha usando a semana toda. Lilith e Meg, as mais velhas, usavam ternos, o que lhes dava um ar de autoridade.

Depois de alguns segundos, Frank começou a falar.

– Você diz que o santuário está vivo ou que tem alguém dentro dele, o que for. Não está nos mantendo aqui contra nossa vontade. Vamos falar com ele e obter algumas respostas.

– Vocês estão certos – disse Meg. – Assombro não é o bastante, e ceticismo não pode negar o que está diante de nós.

Ao perceber que ninguém protestou, ela se sentiu encorajada. O nervosismo na sala, que tinha dominado tudo até então, começou a diminuir.

– Devemos fazer contato – continuou ela. – A presença não tem nome. Acho que é feminina. A pessoa que me deu o santuário disse que era o 13º apóstolo de Jesus.

Ela falava em tom suave, mas essas palavras fizeram um calafrio perpassar o grupo.

– Como ainda poderia estar viva? – sussurrou Jimmy, assombrado com essa nova informação.

– Como poderia estar morta? É o que um crente diria – assinalou Lilith. – "Morte, onde está tua ferroada? Túmulo, onde está tua vitória?"– citou.

– Correndo o risco de parecer obtuso – disse Frank –, estamos aqui com alguém que conheceu Jesus. É isso o que está dizendo?

– Acho que sim – disse Meg, cautelosa. – Eu e Lilith esperamos um longo tempo para encontrar o restante de vocês. Nunca soubemos com certeza com o que estávamos lidando.

– Não gosto disso – resmungou Frank. – Você tem que nos dizer o que sabe.

– Tudo bem, mas pode não ajudar.

A indecisão de Meg era genuína. Ela estava no centro da teia que os reunira, mas dera um salto de fé após o outro.

– Só recentemente o santuário dourado nos foi dado – começou ela –, e isso aconteceu de forma tão misteriosa quanto tudo o que aconteceu a vocês.

A delicada sequência de eventos remontava ao seu primeiro mês como freira. Na véspera de sua entrada para o convento, ela esperava no corredor escuro. As portas duplas à sua frente foram abertas e ela encarou todo o grupo de freiras. Era a primeira noviça ali em anos. Ela estava em seu noviciado, disseram, que duraria três meses. Em termos inequívocos, as freiras deixaram claro que ficariam de olho nela. Mas em sua grande parte eram mais velhas e afáveis, e, se não afáveis, perdidas, em sua contemplação interior, sem inclinação para incomodá-la.

A estratégia de Meg era se misturar, mas sem fazer amizades especiais. Isso não foi difícil. Várias outras freiras comiam sozinhas e falavam pouco. Uma irmã que desejasse total contemplação era vista como bom exemplo a seguir. Como recém-chegada, Meg não surpreendeu ninguém ao perder algumas orações e trabalhar na cozinha sem falar com ninguém. Exteriormente ela tinha sido aceita, mas ainda levou algum tempo para ser aceita interiormente. Ataques de puro pânico iam e vinham. Ela ficava deitada de bruços olhando a pequena janela em sua cela claustrofóbica, mobiliada com um catre de metal e uma penteadeira raquítica. Ela se sentia como um náufrago impossibilitado de resgate.

Depois das primeiras três semanas, a madre superiora chamou-a para saber se a irmã Margaret Thomas, como Meg era agora conhecida, estava se adaptando. Sentada no corredor fora do escritório da velha freira, Meg tinha tomado a decisão de partir. Seria humilhante, mas não havia alternativa.

Então, quando lhe perguntaram se gostava da nova vida, Meg ficou assombrada ao se ouvir dizer que era tudo o que esperava.

– Você não se sente solitária? – perguntou a madre superiora. – Pode ser um choque. As novatas sentem falta da televisão, acredito. Eu cheguei aqui antes da televisão, veja você.

– A senhora deve ter vindo muito jovem, reverenda madre – murmurou Meg. A velha freira pareceu confusa, e Meg repetiu as palavras em voz mais alta, suspeitando de surdez. Essa enfermidade tinha tornado praticamente impossível conversar com seus avós conforme envelheciam.

– Bem, eu venho de uma pequena cidade do interior. Demorou muito tempo para a televisão chegar lá. – A madre superiora ficou satisfeita ao ver o sorriso no rosto de Meg. Se ela estava ou não ficando surda, foi a dica para terminar a entrevista rapidamente.

Ao sair, Meg estava espantada com a decisão impulsiva de permanecer. Mas o que estava feito estava feito. Em seu segundo mês, ela parou de esperar que dedos apontassem acusando-a de ser uma fraude. Ela sentia uma tranquila admiração pelas irmãs carmelitas e sua dedicação a uma vida de orações. *Elas são casadas com Deus,* pensou, lembrando-se da primeira vez que sua mãe lhe explicara o que era uma freira.

Foi um alívio não se sentir em pânico e sufocada, mas não houve luz interior. A rotina do convento que ela temia se transformou em algo pior: em tédio. A maturação que Lilith havia prometido ainda não tinha mostrado sinais. Meg era teimosa, mas por quanto tempo ela poderia se agarrar à árvore como maçãs secas do ano passado?

Não vim até aqui com garantia alguma, lembrou. *Espere e veja.*

Duas vezes por semana a igreja enviava um pároco, o padre Aloysius, para rezar a missa e ouvir a confissão como capelão do convento. Meg fazia abertamente a comunhão, mas temia ir para o confessionário. Não podia ser evitado, porém, e ela passou pelo tormento confessando pecados menores, o que se tornava cada vez mais difícil de inventar. Quantas vezes poderia cobiçar o rosário de diamantes de irmã Beatrice, presente de uma avó rica e devotada? O padre visitante era velho e rabugento; ele seguia a maré, sem de fato escutar.

Meg gostou de trabalhar no jardim naquele verão, mas com a chegada da primeira geada seu humor combinou com a luz sombria lá fora. Espiando a fatia de lua através de sua janela gradeada, lutou contra o desespero. Em sua próxima confissão, o padre Aloysius deslizou o painel que os dividia. Ele cheirava a sabonete forte e ofegava quando falava.

Em vez de dizer "Perdoe-me, padre, porque pequei", ela deixou escapar um "Não pertenço a este lugar".

O velho padre hesitou. Essa anormalidade do ritual prescrito o pegou de surpresa. Antes que pudesse encontrar uma resposta, Meg continuou:

– Não estou aqui porque quero ser freira. Nem mesmo sou uma boa católica. Tenho que contar a alguém. Preciso de um amigo que possa guardar meu segredo.

A respiração ofegante do velho piorou. Ele estava horrorizado? Indignado? Depois de uma longa pausa, ele falou:

– Deus entende o que significa ter dúvidas. Há mais?

– Sim. – Meg sentiu coragem para chegar ao ponto sem volta. – Tive algumas experiências bem perturbadoras.

Por trás da tela, padre Aloysius mudou de posição.

– Que tipo de experiências?

– Elas pareciam espirituais, mas quem pode saber com certeza?

– Foi por causa delas que você veio para o convento, para escapar?

Ela não teve escolha a não ser descrever suas visões e seu estigma.

– Eu me senti aprisionada. Não pertencia mais às pessoas normais.

Padre Aloysius murmurou, de forma solidária.

– Ouço angústia em sua voz.

– Acho que Deus encontrou a pessoa errada.

Meg disse essas palavras com amargura. Seguiu-se um silêncio mais longo. Ela se perguntou se teria acabado de cometer blasfêmia.

– Deus nunca encontra a pessoa errada – respondeu por fim padre Aloysius. – Seu segredo está seguro comigo. Eis o que você precisa fazer. Não venha para a confissão no próximo domingo. Encontre uma desculpa e vá para fora. Encontre-me no estacionamento.

Antes que Meg pudesse perguntar por quê, ele deslizou a porta de volta para o lugar com um clique, deixando-a sozinha no confessionário, com pensamentos ansiosos girando em sua cabeça. Fora da capela ela podia ouvir as outras freiras começarem a fazer fila no refeitório para o jantar de domingo. Meg saiu às pressas do confessionário, esperando que sua expressão não lhe traísse a agitação.

Ela passou a semana seguinte em suspense. O tempo ficou mais frio, e as paredes de sua cela gelada pareciam se aproximar dela. No ritmo rastejante dos dias, o domingo terminou por chegar. Ela foi à missa, mas desviou o olhar quando recebeu a comunhão de padre Aloysius, temerosa de que a expressão dele pudesse mostrar desprezo pela descrença dela.

Depois da missa, Meg o encontrou no estacionamento, recostado no velho Lincoln preto que a igreja tinha lhe emprestado para que pudesse fazer a longa viagem até o convento. Um vento cortante despenteava seu cabelo branco e fino, e ele fumava um cigarro.

– Você nos envolveu em uma situação ruim, não foi?

– Envolvi? – perguntou Meg, confusa.

– Mais do que pode imaginar. – O vento mordia o rosto do velho padre. Ele tirou os óculos e esfregou os olhos lacrimejantes com os nós dos dedos ossudos.

Não faça isso. Eles só vão ficar mais vermelhos, pensou Meg.

– Eu a investiguei – continuou ele. – Mas, antes de dizer qualquer coisa, vamos deixar isso claro. Você estava certa quando disse que não é uma boa católica.

Meg ficou alarmada.

– Mas eu tenho que ficar aqui. Não me mande embora.

– Deixe-me terminar. – O velho padre deu uma última tragada em seu cigarro antes de esmagá-lo sob o sapato. – Coisas nojentas.

Ele olhou atentamente para Meg, mas não franziu o cenho.

– Sabe por que você não é uma boa católica? – Ele deu um sorriso grave. – Porque você ouviu Deus em sua linha particular.

Ele tirou a Igreja do caminho. Provavelmente você não faz ideia de quantos ensinamentos Ele violou para chegar até você.

– Foi tudo culpa Dele – Meg deixou escapar.

– Por assim dizer. Deus pode ser um mau católico? O bispo é bem rígido, você sabe.

Ambos riram. Meg sentiu uma onda de alívio, e um profundo suspiro escapou de seus pulmões. Ela tinha parado de respirar sem perceber.

– Eu acredito em um evangelho vivo – disse o padre Aloysius. – O que significa que a verdade está a nossa volta, tão viva quanto nós. Para a maioria dos crentes o evangelho está apenas na página. E ali morre. A verdade está em um evangelho invisível, e quem ele tocar, bem, não há como prever o que acontece então.

– O senhor acha que ele me tocou? – perguntou Meg.

Em vez de responder, ele disse:

– Você não perguntou quem procurei para investigar você.

– Tive medo. O bispo não aprova exatamente.

– Fui acima dele. Você não está sozinha. Outros podem estar recebendo mensagens divinas. Eles podem estar tão confusos quanto você, e isso pode durar muitos anos. Foi por isso que não notifiquei sobre você.

– Mas o senhor perguntou a Deus sobre mim. O que ele disse?

Os lábios finos de padre Aloysius se apertaram.

– Chegamos ao ponto em que um padre não consegue manter os segredos do confessionário? Espero que não.

Ele mexeu dentro de seu pesado manto negro procurando as chaves do carro.

– Encontre-me novamente aqui no próximo domingo. Seja ainda mais cuidadosa. Você não vai ter problemas se alguém a vir conversando comigo, mas a madre superiora é esperta. Não deixe que a surdez dela a engane.

Meg ansiava por saber mais, mas seu novo aliado havia se afastado, dando a volta até o lado do motorista. Suas pernas artríticas o fizeram se queixar enquanto se acomodava atrás do volante. O velho Lincoln soltou uma nuvem de fumaça de exaustão enquanto se arrastava pelo longo caminho.

Meg observou até o carro desaparecer na curva. O vento tinha penetrado seu hábito, mas ela não tremia. Ficar lá fora no frio cortante não parecia mais uma penitência.

Quando terminou essa parte da história, Meg parou.

– Sei que todos vocês têm reações ao que acabei de contar, mas chegamos a um momento decisivo. Olhem.

Ela apontou para a capela dourada. Sua luz diminuíra, agora quase mascarada sob o brilho das luzes fluorescentes. Assim que os olhos de todos viraram para ela, o brilho se extinguiu.

– O show acabou – observou Galen, com alívio dissimulado.

Todos estavam confusos.

– Desistiu de nós? – perguntou Jimmy.

– Não. Significa que não precisamos mais de um guia – disse Meg. – O farol cumpriu seu propósito. Então, qual é o nosso próximo passo?

– Talvez não haja um – disse Galen. – Talvez sejamos apenas espectadores.

– Não estou com nosso cético representante nessa – disse Frank, indicando Galen. – Cair fora não é uma opção.

Mare levantou a voz.

– Acredito no que disse o padre Aloysius. Uma vez que a verdade toca você, ninguém sabe o que vai acontecer a seguir. Cheguei aqui seguindo a verdade. Não havia um plano. Deve ter sido assim com o restante de vocês.

– Claro, mas não podemos seguir às cegas – protestou Frank. – O que aconteceu com obter respostas? – Ele olhou melancolicamente para o santuário, cuja vida fora extinta. Nenhuma resposta vinha de lá.

– Vamos fazer a roda pela mesa, então – sugeriu Meg. – Cada um pode fazer uma pergunta se tiver dúvidas. Farei o possível para respondê-la. Talvez abra o caminho.

Houve murmúrios de concordância com a sugestão.

– Eu primeiro – ofereceu-se Lilith. – Como você recebeu a igreja dourada?

– Padre Aloysius a passou para mim pouco antes de morrer.

– Então ele mesmo fazia parte de uma escola de mistério? – indagou Lilith.

Galen se intrometeu.

– São duas perguntas. Quem é o próximo? – Ele continuava com os braços cruzados sobre o peito, assim desde o momento em que se sentou.

Jimmy levantou a mão.

– Vou usar a pergunta de Lilith.

– Sim, padre Aloysius pertencia a uma escola de mistério. Ele seguiu um caminho muito difícil – disse Meg. – Quando jovem, foi atormentado por dúvidas, mesmo depois de ser ordenado padre. Certos sinais vieram até ele, mas ele teve medo de confiar neles. Ele brincou sobre ser mau católico, quando na verdade esse era um grande medo dele. Por fim foi atraído para uma escola de mistério, e na época em que o encontrei era o único membro sobrevivente dela.

– O que significa que não é preciso ter todos os sócios – observou Frank.

– Essa é a sua pergunta? – perguntou Meg.

Frank assentiu.

– É preciso a sociedade toda para ser uma escola, ainda quando só resta um. O propósito é sempre o mesmo, manter a chama viva.

– Acho que sou a próxima – disse Mare. – Ele falou sobre um evangelho invisível. O que é isso?

– É um conjunto de conhecimentos que não aparece na Bíblia – respondeu Meg. – Esse conhecimento é transmitido de geração a geração por aqueles que estão em sintonia com ele. É por isso que existem as escolas de mistério, para enxergar além da palavra escrita. Em nosso caso, a transmissão vem da fonte mais pura, o 13º apóstolo. Nossa escola é batizada em sua homenagem.

A essa altura foi difícil o grupo ficar quieto. Eles queriam interrogar Meg por horas. Mas ela não tinha se esquecido de Galen.

– O que você gostaria de saber? – perguntou ela.

– Nada. Não preciso de respostas, não do tipo que você está oferecendo. Quando for a hora de votar, votarei com meus pés.

Jimmy não podia mais se conter.

– Que vergonha, senhor. Deus o tocou mais fundo. Ele lhe trouxe amor puro.

Galen ficou vermelho; os outros olhavam, perplexos. Fracamente, ele resmungou:

– Só quero voltar para a realidade.

– Entendo você – disse Jimmy. – Mas você já chegou aqui. É isso.

Galen tinha perdido a resistência, mas ainda parecia em dúvida.

– Não saia – pediu Mare. – O restante de nós ficará abandonado. A escola de mistério vai ruir antes mesmo de ter começado.

– Não implore a ele – grunhiu Frank. – É o que ele quer.

– Implorar não vai funcionar. Não existe mistério – respondeu Galen. – É o que vocês parecem não entender.

Mas Frank tinha entendido bem. Galen estava gostando de ser o centro das atenções. Era um lugar pouco familiar, já que ele fora tímido e invisível por toda a vida. Ele prolongaria o privilégio o máximo possível. Mas, internamente, tinha um desejo secreto que iria destruir seu esquema. Não importava o que acontecesse, ele queria ver ou ouvir Iris de novo.

Meg foi boa em ler a situação.

– Foi uma longa noite. Vamos nos encontrar aqui na mesma hora na próxima semana.

Jimmy estava perplexo.

– Você não ouviu o que ele acabou de dizer?

– Sim, mas não acho que precisemos mais de uma votação formal. Todos estão dispostos a voltar? Se não, levantem a mão.

Todos se sentiam incertos com relação a Galen, mas ninguém levantou a mão, assim como ele. Meg sorriu, aliviada.

– Então está decidido.

Não havia mais nada a dizer, então eles começaram a sair. Na porta, Lilith deteve Galen.

– Você está andando sobre gelo fino aqui, meu senhor. Você sente muita dor. Essa poderia ser sua saída. Não a desperdice.

Tentando não parecer amedrontado, Galen se endireitou e saiu sem responder.

Vestindo o casaco, Frank pediu desculpas a Mare.

– Podemos fazer isso depois? Tenho que recuperar o atraso no trabalho. O prazo é amanhã de manhã.

Ela beijou seu rosto.

– Pode ir. Estou bem.

– Tem certeza? – Frank parecia preocupado, mas era um disfarce para a culpa. Ele não queria perder Mare, e se entrassem em uma discussão mais profunda agora ela saberia como estavam distantes com relação à escola de mistério.

– Já lhe disse, estou bem.

Frank assentiu e saiu.

Na realidade, Mare queria a chance de ficar sozinha com a tia. Quando a sala ficou vazia, ela disse:

– Devemos contar à família que você voltou?

– Isso depende – respondeu Meg. – Eles vão considerar isso uma boa ou uma má notícia? Não se preocupe com isso agora. Deixe que cuido disso.

Mare estava ávida para saber mais detalhes da vida recente de Meg, mas a tia deu a impressão de estar ocupada empurrando as cadeiras, apagando as luzes e levando a sobrinha para fora da sala. Ela conversou banalidades no caminho até o estacionamento e ignorou o olhar de Mare quando ela viu a Mercedes prata que Meg destrancava.

– Você está insatisfeita. Eu vejo isso – disse Meg, bondosamente. Ao entrar no carro ela deixaria Mare de mãos abanando, então falou: – O padre Aloysius me deixou tudo em seu testamento. Ele vinha de uma família rica e sobreviveu a todos os irmãos. Fui preparada para continuar a escola de mistério de onde ele a deixou.

– E a capela dourada, de onde ela veio? – perguntou Mare.

– Não sei. Foi um legado no leito de morte. Ele nunca nem mesmo tinha aludido a ela. – Meg ficou pensativa. – Espero que essa seja a coisa certa a fazer. Tudo pode vir a desabar ao nosso redor.

Mare hesitou. Sua tia tinha adquirido uma aparência frágil no convento, e parecia levemente confusa em estar de volta no mundo. Seus olhos, no entanto, continham mistério. Ela tinha visto coisas que poucas pessoas viram.

– Você sacrificou dez anos de sua vida por isso – disse Mare. – Quero ver isso resolvido para o seu bem.

Meg entrou no carro luxuoso com sincero constrangimento.

– Parece ridículo, não é? – falou. – A família dele acreditava em só ter o melhor. Mas ele não era assim. Ele era excepcional de um modo que o mundo jamais saberá.

– Nós algum dia vamos nos conhecer? – quis saber Mare.

– Não sou a pessoa a quem perguntar. Lembre-se: "ninguém acende uma candeia e a coloca debaixo de uma vasilha".

A observação era impensada, mas suficientemente verdadeira. Depois que a tia partiu, Mare foi andando até seu carro do outro lado do estacionamento. A noite estava gelada, e ela imaginou por que tudo naquela história parecia acontecer durante o frio. Começou a cantarolar para si mesma, meio inconsciente, uma canção favorita de Natal.

No meio do inverno sombrio
O vento gelado faz gemer
A terra ficou dura como o ferro
A água, como pedra.

Ela parou aí, e um calafrio a atravessou. A escola de mistério tinha renascido, mas o mundo ainda era duro como o ferro. Os testes adiante seriam também tão duros quanto. Algo dentro dela tinha certeza disso.

CAPÍTULO 14

Uma semana mais tarde, a segunda reunião aconteceu como a primeira. Todos, à exceção de Mare e Frank, novamente se sentaram afastados, como estranhos, ao redor da mesa. O santuário dourado foi colocado no meio. Agora que seu feitiço fora quebrado, porém, ninguém mais prestava atenção nele. Galen o olhava com suspeita. Ele não tinha abandonado a possibilidade de que a coisa pudesse ser radioativa.

– Todos vocês estavam nervosos na semana passada. Nesta semana, estão tensos – observou Meg. – Mas todos vieram.

– A curiosidade venceu a dúvida – disse Lilith, sentada mais uma vez na cadeira de vice, à direita de Meg.

– Por enquanto – comentou Frank, secamente. – Minha semana foi um desperdício total, nada a não ser esperar. Não deveríamos estar fazendo alguma coisa?

– Concordo com ele. – Jimmy entrou na conversa. – Não vamos ficar aqui sentados como na escola, vamos? – Ele detestava a escola tanto quanto se ressentia por seu pai tê-lo obrigado a abandoná-la.

Não que alguém se importasse. Todos haviam passado por experiências estranhas que não podiam explicar, mas isso não os deixou mais próximos, talvez o contrário. Eles queriam manter a estranheza como algo privado. Frank e Mare tinham encontrado desculpas para não passar muito tempo juntos. De algum modo, a primeira reunião os deixara tímidos – tímidos ou cautelosos. Frank tentou fazê-la rir ao telefone.

– Estou ligando por parte de Deus Anônimo. Alguém em sua família tem um vício religioso? Podemos rezar por isso.

Mare não estava para brincadeiras.

– Você tem notícia de alguém do grupo?

– Nenhum pio. Você parece preocupada.

Mare mudou de assunto. Frank sabia que não deveria tentar ser engraçado de novo. Sua própria vida não ia assim tão bem. Ele não conseguia dormir. Era difícil se concentrar no trabalho. Ele achou que estava se saindo bastante bem até que o colega Malcolm, o garoto-repórter, parou em seu cubículo.

– Quer ver algo hilário? Tipo, estranho e hilário?

Foi um choque quando Malcolm mostrou uma fotografia de Galen, parecendo fracassado e deprimido na delegacia.

O estômago de Frank deu um nó.

– Como você o conhece?

– Não conheço. Você conhece? Você está com uma cara meio estranha.

– É só que ele parece um pobre coitado. Ele foi preso?

– Foi detido. Aconteceu um tempinho atrás. Esqueci de contar. – Malcolm riu. – Esse velhote tentou pichar uma obra de arte. Eu paguei um hambúrguer para ele e ele me contou tudo sobre como odiava Deus. Algo a ver com a morte da esposa.

– E você acha isso engraçado? – perguntou Frank.

A desaprovação de Frank confundiu o amigo.

– Achei que você gostaria de uma risada. Esse cara é maluco. Vou mostrar o que escrevi.

– Sem pressa.

Frank afundou a cabeça de volta no trabalho. Malcolm se afastou com um olhar de "o que deu em você de repente?".

Quando Frank buscou Mare para a reunião no sábado seguinte, viu que tinha razão sobre ela estar preocupada.

– Tia Meg ficou incomunicável a semana toda – falou. – Ela me disse que cuidaria da questão da família, mas, depois, nenhuma palavra.

– Talvez ela só precise de tempo para se ajustar. Ela esteve em um convento por dez anos. Agradeça por não ser totalmente maluca – disse ele.

Mare não conseguia deixar a ansiedade de lado. Mesmo quando entraram na sala de reuniões e viram que Meg estava lá, calma e sorridente, Mare continuou inquieta. Frank tentou pegar sua mão, mas ela a puxou.

Agora todos estavam expressando sua frustração. Galen disse:

– Não importa o que façamos, não vamos mais fazer um jogo de perguntas e respostas sobre o fantasma na caixa. É como um programa de perguntas, com respostas imaginárias e sem prêmios.

Ele se reclinou na cadeira e esperou.

Amigo, se você estivesse alguns centímetros mais perto eu chutaria essa cadeira debaixo de você, pensou Frank. Mas ficou em silêncio. A discussão da semana passada não tinha levado a lugar nenhum.

Ninguém estava feliz com Galen, que continuava determinado a perturbar. Mas, se Meg estava chateada, não o demonstrou.

– Entendo o que está dizendo, sr. Blake.

– Use meu nome. Não sou seu chefe – rosnou Galen.

– De fato. – Meg o olhou com um sorriso imperturbável.

O resto do grupo trocou olhares confusos. Por que Meg dava ouvidos a um óbvio criador de caso? Ela e Lilith usavam os mesmos ternos da semana anterior, mas o ar de autoridade tinha enfraquecido. *Elas poderiam ter vindo de um grupo de tricô,* pensou Frank. *Ou de um grupo de apoio a solteironas.* Lilith lhe lançou um olhar penetrante, e Frank subitamente se lembrou da capacidade enervante dela de ler mentes quando queria.

Meg continuou.

– Andamos em círculos na semana passada, mas concordamos que a presença no santuário sabe que estamos aqui. O que mais ela sabe sobre nós? Vamos descobrir.

– E se ela conhecer nossos segredinhos sujos? – perguntou Jimmy, nervoso.

– Não fique assustado – zombou Galen. – Ser um pateta não é segredo. Se Lilith diz pula, você pula.

Jimmy ficou vermelho.

– Retire o que disse.

– Por quê? Você faz o trabalho sujo dela. Sei disso por experiência. Tente pensar por conta própria. – Galen gostava de ver Jimmy se contorcer. Ambos eram tímidos como camundongos, mas pelo menos Galen era o macho alfa.

Meg os ignorou.

– Imagino que a presença conheça o nosso melhor e o nosso pior. É o que Deus vê. Portanto, se ela pertence a Deus, não podemos esperar menos.

Essa foi a primeira declaração aberta sobre Deus que qualquer um deles fazia, a não ser pelas explosões sarcásticas de Galen.

Depois de um silêncio incômodo, Jimmy falou:

– Acredito em Deus. Isso é crime aqui?

– Pare – disse Lilith, de forma dura. – Precisamos nos concentrar.

Galen deu um olhar para Jimmy que dizia "eu avisei". O rosto de Jimmy começou a enrubescer de novo.

Antes que a faísca virasse chama, Mare levantou a mão.

– Tenho uma ideia, e acho que vai funcionar.

Ela estivera tão quieta que se pronunciar foi uma surpresa. Os olhares que recebeu a deixaram sem graça, mas ela continuou.

– Proponho que cada um de nós toque o objeto, estando aberto ao que acontecer. Vamos deixar que ele se comunique assim.

Ela deu a Frank um olhar eloquente. Ambos sabiam que algo estava prestes a acontecer.

– Boa sugestão – disse ele. – Vamos descobrir exatamente o que a presença quer nos dizer.

– Quero ir primeiro – falou Jimmy, com avidez. Ele tinha perdido a confiança durante a semana. Queria que a sala fosse novamente preenchida com o brilho dourado. A luz o fazia sentir que pertencia àquela aura cintilante. Também havia outra coisa. E se um apóstolo de Jesus realmente vivesse no santuário? Não era impossível. Ele tinha escutado histórias no bairro a respeito de um diabo, um *demônio necrófago,* que entrava no corpo das pessoas durante a noite enquanto dormiam. Quando Jimmy era criança, as janelas de seu quarto tinham que ser fechadas antes do pôr do sol, não importava o quão abafado estivesse em agosto.

– O primeiro será Galen – anunciou Meg, para desapontamento de Jimmy.

– Eu não vou tocar essa coisa – protestou Galen.

– Então não toque – retrucou Jimmy, vislumbrando uma oportunidade para si mesmo.

Mare respirou fundo.

– Não contei a ninguém, mas já a toquei e tive uma experiência, talvez eu devesse ir primeiro.

Meg sacudiu a cabeça.

– Tem que ser Galen.

Todos pareceram confusos, mas Galen sentiu as palavras dela penetrarem seu coração.

Por trás dos óculos Trotsky polidos, seus olhos estavam exaustos, e se olhasse a si mesmo mais de perto, parecia derrotado. Não importava o quanto tentasse, não conseguia deixar de lado a lembrança de Iris. Era atormentado por imagens do corpo dela enterrado no chão e do medonho processo de decomposição. Um médico lhe prescrevera comprimidos para dormir e um antidepressivo, o que deixou Galen em uma névoa química. Pior, as pílulas tornaram as imagens de seus sonhos mais intensas e difíceis de suportar.

Depois do funeral, o pai dela tinha lhe enviado um longo bilhete, basicamente uma despedida rude, declarando que o casamento com a filha dele fora uma trapaça. Galen espumou com as acusações cáusticas. Por mais imaturo que fosse emocionalmente, reconheceu que o pai de Iris usava a culpa para disfarçar seu total desamparo com a morte da filha. Mas uma frase, uma das poucas que não tinham Galen como alvo, dizia: "Ela era uma santa, mas nenhum de nós soube reconhecer isso."

Lágrimas encheram os olhos de Galen. Ele não acreditava em santos, e detestava sentimentalismos. Ele tinha se fechado para evitar sentir qualquer coisa – isso bem antes de Iris adoecer. Voltara-se para a ciência para evitar afundar no pântano de emoções. Ninguém nunca lhe disse que as lágrimas eram uma libertação, depois da qual algo melhor viria. Para ele as lágrimas eram uma rachadura na represa, e se não fechasse a rachadura seria tragado pela enxurrada.

Assim, o grupo não tinha ideia de como ele precisara de coragem para de repente dizer:

– Tudo bem, vou primeiro. Só não me culpem quando nada acontecer.

Jimmy sacudiu a cabeça.

– Tenha alguma fé, irmão.

– Se Deus é Deus, um pouco de ceticismo não vai pará-lo. Vá em frente, sr. Blake. – disse Lilith.

Se ela tinha usado seu sobrenome como uma estocada, Galen a ignorou. A capela dourada estava ao seu alcance, e ele a puxou para mais perto ainda para que ficasse bem em frente a ele.

– Viram? Toquei nela. Nada aconteceu.

– Ótimo, passe adiante – disse Frank. Mare não era a única que tinha experimentado os poderes do santuário.

– Espere – disse Mare, colocando a mão no braço de Frank para tranquilizá-lo. – Sei que você provavelmente odeia essa palavra, Galen. Mas tem que haver uma comunhão entre você e ela.

– Que besteira! – bufou ele. – Ou funciona ou não funciona. – Ele já estava se arrependendo de ter sido colocado em uma situação difícil, e por conta própria. Tinha sido tolo e estúpido em se oferecer espontaneamente.

– Ele está perdendo a coragem – provocou Frank. – Previsível.

O medo de confronto que Jimmy sentia apareceu.

– Ninguém deveria fazer o que não quer fazer. Ele não pode apenas assistir?

Frank deu de ombros.

– Claro, deixem-no ser o lastro do barco. Ele não serve para muito mais.

Mas agora era Frank quem aborrecia as pessoas, tanto quanto Galen. Ninguém discordou de Jimmy. Não era compulsório para nenhum deles participar.

Galen sentiu seu coração acelerar e começar a doer de novo. Contra sua vontade, cedeu. Com um sorriso enigmático, fechou os olhos e estendeu as mãos ao redor do santuário. Em algum lugar no fundo de sua mente buscou um fiapo de esperança de que Iris pudesse falar com ele. Ele não acreditava em comunhão, mas quem sabe? Talvez isso pudesse se transformar em algum tipo de sessão espírita.

Por trás das pálpebras fechadas, teve consciência de uma luz fraca. De início não a percebeu porque sempre há um brilho residual nos olhos – ninguém está literalmente no escuro. A luz começou a girar e a ficar mais brilhante. Em poucos segundos o rosto de uma mulher começou a se formar. O coração de Galen disparou; seu estômago deu um nó.

Mas à medida que a imagem ficava mais nítida ele viu que não era Iris. A mulher tinha olhos e cabelos escuros. Galen podia ouvi-la falar com ele, mesmo com lábios que não se moviam. *Você sofreu tanto. Não há necessidade disso. Descubra uma saída. Eu a mostrarei a você.*

A rigor seu coração deveria ter afundado ao perceber que não era Iris. Mas a mulher, que não devia ser mais velha que uma menina, parecia tão solidária que Galen foi atraído para ela. Ela tinha um sorriso radiante. Ele queria falar com ela, mas não sabia como.

O que devo fazer?, pensou.

Um momento que parecia uma eternidade passou em silêncio. Ele estava com medo de abrir os olhos, certo de que ela iria desaparecer.

Mate Deus.

Galen ficou assombrado demais para responder. Ele tinha escutado mal ou essa era alguma zombaria estranha e vingativa? Sem mudar o sorriso, a mulher se comunicou de novo.

Mate Deus.

Uma única pergunta surgiu na cabeça de Galen. *Por quê?*

Porque pode acabar com o seu sofrimento.

Subitamente, seus olhos abriram sozinhos, e ele os apertou contra a luz como se tivesse adormecido uma hora. As pessoas olhavam para ele com ar de expectativa.

– Você a viu? – perguntou Mare, com a intuição de que isso aconteceria quando alguém tocasse o santuário dourado.

Galen assentiu, ainda sem palavras. A mulher em sua visão não desaparecera gradualmente, como o fantasma de Marley, do livro *Um conto de Natal*, de Charles Dickens, ou o Gato Risonho, de *Alice no país das maravilhas*, de Lewis Carroll. Ela estava lá num minuto e sumira no outro.

Lilith olhou de soslaio.

– Há algo errado. Ele pode estar em choque.

– Estou perfeitamente bem – tentou dizer. Mas nada saiu de sua boca, e a sala começou a girar. Um véu caiu sobre seus olhos.

No momento seguinte, ele estava deitado no chão, e Jimmy segurava um copo de água junto a seus lábios.

– Você desmaiou, cara. Sorte que tem carpete. – Então, com um sorriso conspirador: – Essa é a segunda vez. Talvez deva ficar longe de mim.

Aparentemente, Galen tinha escorregado de sua cadeira e desabou no chão.

– Estou bem – murmurou. Olhou à esquerda e Mare estava lá, ajoelhada ao seu lado.

Ela perguntou de novo, com certa urgência.

– Você a viu, não viu?

Galen dispensou a pergunta com um aceno de mão.

– Deixe-me levantar. – Ele aceitou a água e a engoliu antes de ficar de pé, ainda oscilante.

– Você foi corajoso – disse Jimmy, dando-lhe palmadinhas no ombro. – Então nos conte.

Galen esperou até que todos ocupassem seus lugares de novo.

– Recebi uma mensagem. Mas vocês não vão gostar dela.

– Só coloque tudo para fora – disse Frank, impaciente. Ele não estava convencido com a cena que Galen montara.

– Vi um rosto. Era uma jovem, e ela disse "Mate Deus".

Frank explodiu na hora.

– Eu sabia! Esse cara não passa de problema. – Ele ficou de pé, apontando o dedo para Galen. – Conte a eles sobre a façanha maluca que você aprontou. Você foi preso, certo? É hora de sabermos tudo sobre isso.

– Mate Deus – repetiu Galen, com a voz firme e segura.

Uma onda de confusão atravessou o grupo. Lilith pediu calma, mas ninguém podia ouvi-la acima do caos crescente. Frank cogitava a ideia de nocautear o idiota tapado. Mare estava abatida, o que revoltou o coração de Jimmy. Por um breve momento pensou que ele, e não Frank, é que deveria estar com ela.

Galen observava, de início com uma expressão atordoada, como se não soubesse o que tinha acabado de dizer. Na realidade, dois impulsos lutavam dentro dele. Um era o assombro de que tivesse encontrado a presença no santuário, realmente a tivesse visto e falado com ela. O outro era triunfo – ele estava de novo no controle do grupo, como na primeira reunião. A mistura era inebriante.

Uma voz dentro dele exultou. *Você não é fraco. Você é poderoso. Vá em frente.*

Então, ele foi.

– Só posso dizer o que ela me disse. Vocês são todos crentes, ou pelo menos fingem ser. Agora temos algo em que acreditar juntos. Vamos matar Deus. Estou pronto.

– Você deveria ter vergonha – censurou Lilith.

Galen viu medo e revolta nos olhos dos outros. Sentiu a adrenalina que surge quando se é privado de atenção por toda a vida. Mesmo má atenção é melhor que atenção nenhuma. *Mais!*, dizia a voz dentro dele. Seu outro sentimento, o de assombro perante um mistério, não conseguia competir com isso. Galen estava prestes a abrir a boca, pronto para gritar mais alto. Mas um lampejo da imagem da mulher voltou, e ele se conteve.

Em meio à indignação geral, levou algum tempo para alguém perceber que Meg tinha ficado em silêncio. Ela nem mesmo parecia aflita.

– Matar Deus. Sim, talvez essa seja uma boa ideia – murmurou ela.

Frank explodiu de novo.

– O quê? Esse cara fez um tumulto para nos manipular. Ele tem um plano. Se não acredita em mim, tenho provas. Outro repórter escreveu a história toda. Havia um plano maluco, mas ele fracassou, e Galen saiu pela tangente. Vamos lá, conte a eles.

Galen o encarou com um olhar frio e não disse nada. Então Frank contou a história do ato frustrado de terrorismo, como o tachou. Ele estava tão excitado que o incidente foi narrado de forma distorcida, mas todos estavam paralisados.

– Então agora vocês já sabem – disse Frank. – Vamos votar para que ele saia e acabar com isso. – Ele não ousava olhar para Mare. Mesmo se isso funcionasse, ele sabia que os olhos dela o fariam se sentir envergonhado.

A primeira a contestar foi Lilith.

– Os que odeiam Deus às vezes são os maiores seguidores.

– O quê? Não essa figura – exclamou Frank.

Como você poderia saber?, pensou Galen, sem se defender.

Então Frank sentiu a mão de Mare tocando a dele, e ele perdeu a força, desabando de volta na cadeira.

Esperaram Meg falar. Ela e Lilith eram as únicas que pareciam conhecer o território. Calmamente, ela disse:

– Se somos uma escola de mistério, seremos guiados de maneiras que não compreendemos.

– Mas Deus não é o mistério? – perguntou Mare. – É por isso que estamos aqui.

Meg sacudiu a cabeça.

– Eu nunca disse isso. Estamos aqui pela verdade, e temos que ter a coragem de ir aonde o caminho nos leva. Se a mensagem é "Mate Deus", não posso mudá-la. Lamento.

Isso não era maneira de acalmar o grupo. Lilith olhou para ela com espanto.

– Não há motivo para não acreditar em Galen – continuou Meg, com a voz firme. – Todos vimos como ele estava perturbado. A menos que seja o melhor ator do mundo, não estava seguindo um roteiro.

– Seu ódio não é atuação – protestou Frank.

– Não vejo ódio – disse Meg. – Vejo alguém que sofreu muito. Se ele fez algo radical e impulsivo, foi apenas uma manifestação da dor.

Galen se sentiu exposto, sua momentânea tomada de poder desaparecendo. Se concordasse com Meg, a verdade seria revelada.

E depois? Ele voltaria para sua toca de rato. Ele não iria para lá sem lutar.

– Ninguém nesta mesa tem formação psicanalítica para me analisar – reclamou. – Vocês acham que eu sou o único no mundo todo que odeia Deus? Acordem. – Agora ele sentia alguma vitalidade voltando. – Por que vocês têm tanto medo de duas palavrinhas? "Mate Deus." Se Deus não pode se proteger de alguém como eu, deve ser bem patético.

– Não dá para discordar disso – murmurou Frank para si mesmo.

Meg não se moveu.

– A mensagem não foi para o mundo todo. Foi para você, pessoalmente, Galen. Se eu fosse você, levaria a sério.

Ele não podia se esquivar. Ela jogava melhor esse jogo que ele. Galen percebeu isso com abatimento; sua sensação de derrota estava de volta. Tentou uma nova tática.

– É um truque ou algum tipo de código. Ninguém pode matar Deus. Ele já está morto – falou.

– E se ele não estiver morto o suficiente? – perguntou Meg.

Galen pareceu confuso.

– Há algo que você odeia o suficiente para ser preso por isso. Você deve ter pensado que Deus estava vivo então – observou.

Ele mudou de posição, desconfortável.

– Eu não era eu mesmo. Fiz algo estúpido.

Meg continuou, obstinada.

– Você não pode escapar do fato de que odiava Deus, então tem que haver algo ou alguém para odiar. Talvez seja isso o que precise matar.

– Tudo bem. – suspirou Galen. – Eu odiava o Deus que as crianças são forçadas a amar e idolatrar. Aquele Deus é uma fraude, um engodo. Ele não existe. – Galen sentiu que estava ficando emotivo. – Essa é a verdade verdadeira, mais do que dizer que Deus está morto. Ele é uma fantasia da nossa imaginação.

– Que você começou a destruir para que as pessoas não sejam mais enganadas – lembrou Meg.

– Alguém tem que agir. Meu único erro foi achar que poderia liderar o ataque. Sou insignificante demais. Um joão-ninguém. – Esse tipo de autodepreciação veio fácil assim que Galen decidiu ser franco.

– Então eu diria que a presença que você encontrou o conhece muito bem – disse Meg. – Ela está lhe dizendo para terminar o que começou.

Galen virou a cabeça, e enquanto seu silêncio obstinado continuava, Meg se dirigiu aos outros.

– Por que não destruir um Deus que você odeia? Ninguém aqui é ingênuo. Coisas horríveis acontecem todos os dias, coisas inomináveis, enquanto Deus fica de lado e nada faz.

Ninguém discordou. Seus rostos pareciam ansiosos e culpados.

– Não tenham medo de atacar esse Deus – garantiu Meg. – É tempo de matá-lo se é disso que se precisa para chegar à verdade.

Galen queria ficar emburrado, mas algo novo o atingiu.

– Foi por isso que você deixou o convento? – perguntou. – Você enxergou através da fraude?

A resposta de Meg foi enigmática.

– Saí pela razão oposta, mas não se trata de mim. – Ela olhou ao redor da mesa. – Quando a apóstola dá a qualquer um de vocês uma mensagem, esse alguém se torna o coração e a mente de todos no grupo. Esperamos que essa pessoa revele a próxima peça do quebra-cabeça.

Seu breve discurso provocou uma mudança. Galen não era mais a pedra no caminho. Hostil como era, naquele momento ele segurava a lanterna cuja luz poderia acabar com a escuridão. Não era o mesmo que respeitá-lo, porém, não era mais repugnância total.

Ele sentiu a mudança, e disse, calmamente:

– Vou tentar. – Fez uma pausa. – Que coisa estranha, não é? Um covarde lidera o bando. Prometo que vou decepcioná-los.

Pela primeira vez conseguiu provocar sorrisos nos outros, até mesmo um de má vontade de Frank.

Meg estava satisfeita.

– "Matar Deus" significa eliminar tudo o que é falso sobre Deus, todas as imagens e mitos e crenças infantis que nunca nos importamos em analisar. Livrem-se desse Deus; destruam-no.

Ela se voltou para Galen.

– Foi por isso que você ficou furioso. Então, continue assim.

De repente, a ansiedade de Galen voltou. Ele estava sendo guiado para o desconhecido. Suas antigas feridas seriam reabertas. Naquele exato momento, ele podia sentir que elas começavam a gotejar, o veneno negro escorrendo para fora.

Meg notou a dor no rosto dele.

– Seja forte – sussurrou ela. – Você consegue destruir para sempre o Deus que o magoou?

Houve um silêncio mortal no aposento, uma expectativa.

– Não sei – murmurou Galen, de forma quase inaudível. Ele queria agarrar seu coração e fechar de novo as feridas.

– Você pode. É só uma imagem – instou ela.

Mas ele sabia que não era bem assim. Uma imagem não pode ser a fonte de tanta dor. Uma imagem não pode transformar a vida de alguém em um deserto privado de amor.

Ele conseguiu dar uma risada sufocada para evitar chorar.

– Isso é mais difícil do que pensei.

– Eu sei. Senão não seria uma escola de mistério – disse Meg. – Seria um jardim de infância.

Você tem que ver o que perdi, pensou Galen. Ele queria que Meg visse Iris em toda a sua beleza. Sem o ódio a Deus ele não teria mais laços com ela, não teria mais uma maneira de mantê-la consigo, mesmo que de um modo atrofiado e patético. Agora não era mais possível segurar as lágrimas.

– Você teme o vazio – falou Meg, gentilmente. – Todo mundo teme. – Ela lançou ao grupo um olhar penetrante. – Por que outro motivo nós nos apegaríamos a imagens de modo tão desesperado? Não queremos cair no abismo. Quem iria nos pegar? Deus? Mas ninguém mais pode. Esse é o mistério.

Todos no grupo prenderam a respiração. Eles estavam concentrados em ver Galen se revelar diante de seus olhos, mas aquilo foi uma surpresa total. O olhar de Meg foi de um a outro.

– Quando se destrói tudo o que é falso, o que sobra deve ser verdadeiro. – Ela esperou até que suas palavras fossem compreendidas. – Vocês entendem?

Houve alguns sorrisos nervosos, mas ninguém respondeu.

– Para ver Deus como uma realidade é preciso começar do ponto zero, onde não haja fé em nada. É assustador, mas totalmente necessário. No ponto zero, toda ideia falsa sobre Deus foi abandonada. Você grita com toda a força: "Mostre-se como realmente é. Não quero mais saber de falsidades. Ou se mostra ou estou perdido." Quando você consegue dizer isso, Deus o escuta. Ele sabe que sua busca pela verdade é séria. Se Deus é verdade, ele não tem escolha a não ser se revelar para você. Foi para isso que Galen nos guiou hoje.

Galen sentiu uma onda de emoção ao escutar isso. Era como se uma teia emaranhada tivesse se transformado em um caminho iluminado. O amor de Iris fazia parte do caminho, assim como seu desespero depois que ela lhe foi tirada. Cada golpe o havia aproximado do ponto zero. Galen nunca tinha tido muita fé em nada, mas até mesmo os farrapos de fé tinham sido destruídos. *Estou limpo,* pensou.

– Até o osso – disse Lilith, apreendendo o que ele estava experimentando.

Galen não parou para analisar como ela era capaz de sintonizar seu pensamento. Ele estava agradecido demais por se ver livre do veneno que o comia vivo.

CAPÍTULO 15

Uma semana passou, e a reunião seguinte estava prestes a começar. Galen chegou atrasado. Ele parecia mais amarrotado que o habitual, como se tivesse dormido vestido. Frank não esperou até que ele encontrasse um lugar.

– Você ficou bem chocado da última vez – falou. – Semana difícil?

– Um pouco – retrucou Galen, cautelosamente.

Havia uma tensão silenciosa na sala. *Por que está focada em mim?*, perguntou-se. Pela primeira vez, todos estavam sentados juntos. Para Galen pareciam um júri observando-o, uma testemunha relutante dando um depoimento suspeito.

Meg estava sentada de maneira imparcial, as mãos cruzadas no colo. Só Mare parecia olhá-lo com olhos solidários, então ele se sentou ao lado dela no caso de precisar de um aliado.

– O que está havendo? – perguntou Galen. – Eu não fiz nada a vocês.

– Verdade, mas algo foi feito através de você – disse Meg. Ela fez um gesto de mão abrangendo o grupo. – O que você experimentou quando tocou o santuário se espalhou para todos.

– Como um vírus – acrescentou Frank. – E você é o portador.

Isso era totalmente injusto, mas Galen sentiu uma espécie de satisfação amarga.

– Por que você está sorrindo? – perguntou Frank, ríspido.

– Por nada.

Lilith se pronunciou.

– Só podemos começar depois que alguém explique as coisas.

Ninguém se apresentou, então Mare disse:

– Só posso explicar o que aconteceu comigo. Logo depois do último encontro, eu estava nervosa. Sentia como se estivesse em perigo. Quando cheguei em casa, fiquei checando a porta para ver se estava trancada. O menor som me fazia pular, e então... – Ela parecia prestes a revelar algo, mas não conseguiu.

Jimmy parecia o mais agitado.

– Durante toda a semana não fui eu mesmo. Eu me sentia, tipo, vazio. Quando passava pelo espelho, era como olhar um zumbi. Não acredito que você fez isso conosco, cara.

Galen ficou confuso. Ele tinha experimentado o mesmo vazio, mas achava que era o único.

– Você não tem a menor ideia do que se trata, tem? – perguntou Frank, com repulsa. – Ele não vai assumir a responsabilidade por nada.

Meg se voltou para Frank, e, para alguém tão gentil, seu tom foi duro.

– E quanto a você, está pronto para assumir responsabilidade pelo quê?

Frank se recostou na cadeira.

– Não quis dizer... – gaguejou.

Frank estava chegando perto de algo importante – as antenas de Meg estavam sempre ligadas. Ela não deixava passar nada. Ele olhou para Mare em busca de apoio, mas ela se sentia impotente com a própria situação.

Todas as noites quando ia para a cama Mare não conseguia fechar os olhos sem sentir que estava suspensa sobre um poço sem fundo. Abaixo dela havia apenas escuridão. Por volta de quarta-feira, ela estava tão ansiosa e com os olhos lacrimejantes que ligou para Frank. Ele apareceu. Ele se sentou na cama e a abraçou até que ela caiu em um sono intermitente. Esperou até ela cochilar para beijar o seu rosto. Foi o momento mais terno entre eles até então, mas e se voltar para cá esta noite só piorasse as coisas para ela?

Depois de um momento desconfortável, Meg falou:

– Frank está com tanto medo de demonstrar fraqueza quanto Galen. Mas não se trata de quem é fraco ou forte. Todos vocês tiveram uma semana terrível. Era esperado. Lembrem-se: quando uma porta se abre, todos passamos por ela.

– Inclusive você? – perguntou Mare. Era a primeira pergunta pessoal que alguém fazia a Meg. Ela não se sentiu ofendida.

– Não sofri como o resto de vocês, não – admitiu. – Não é esse o meu papel.

– Você parece saber tudo. Então por que não nos protegeu? – perguntou Jimmy.

Lilith respondeu antes que Meg pudesse fazê-lo.

– Não seja infantil. Ela não é sua mamãe. – O rosto de Jimmy ficou vermelho, algo que acontecia com facilidade.

– Está tudo bem – disse Meg. – Galen não gostou de sua experiência; nenhum de vocês gostou. Mas vocês tiveram que experimentar o ponto zero. Não havia outra maneira.

– Você disse que chegar ao ponto zero era positivo – lembrou Mare.

– E será, prometo. Em algum nível todos nós queremos ser protegidos. Ansiamos por amor. Agarramo-nos à vida como algo precioso. O ponto zero tira essas coisas. A perda é a mesma de perder Deus.

A presença de Meg era tranquilizadora, mas, ao mesmo tempo, ela se mantinha distante. Ninguém a via fora das reuniões. Ela ficava separada de Lilith apesar da amizade antiga. Nem mesmo Mare sabia dela, e quando deixou mensagens no telefone da tia não obteve resposta. Na quinta-feira, sua mãe telefonou.

– Tive notícias de minha irmã morta, finalmente – começou. – Sua tia Meg fugiu porque já estava cheia do convento, simples assim. Tenho que admitir que ela esperou bastante.

Mare foi cautelosa.

– Ela lhe contou mais alguma coisa? Vamos vê-la?

– Não, ela se livrou de nós. Há alguma viagem que ela tem que fazer imediatamente. Ela deve ligar quando voltar. Mas espere sentada.

A mãe de Mare parecia irritada em vez de angustiada. Então, a intuição de Meg estava correta. A família não recebera sua volta como uma boa notícia, e, quando ela arranjou uma desculpa para não os visitar, eles não insistiram. Sentiam-se mais confortáveis com um lugar vazio à mesa.

O clima na sala estava ficando mais sombrio do que nunca.

– Não acho que vamos conseguir – murmurou Jimmy.

– O ponto zero é muito desolador – disse Meg. – Mas não é o fim. É um prelúdio.

– A quê?

– A ser preenchido de graça.

Os olhos de Jimmy se arregalaram, mas Frank ainda estava decepcionado.

– E quanto a mim? Não ligo para Deus. Por que mereço passar pelo inferno?

– Acho que é isso o que estou dizendo – disse Meg. – A apóstola puxou o tapete debaixo de todos. O que é justo é justo.

Ele deixou por isso mesmo. Mare não era a única que não queria revelar o que tinha acontecido a eles. Na segunda-feira, Frank foi enviado para entrevistar algumas mães solteiras sem-teto. Ele encontrou um acampamento debaixo de um viaduto na periferia da cidade. As mulheres pareciam aniquiladas; seus filhos estavam magros e desamparados. O fotógrafo que o acompanhava ficou triste.

– Tenho que registrar tudo isso – falou. – Algumas dessas crianças precisam urgente de um médico. Aquele carinha ali, com os dentes caindo. Ninguém se importa.

– É, é um crime – murmurou Frank. Ele ficou para trás, sem tirar o gravador do bolso.

– Então, onde devemos começar? – perguntou o fotógrafo.

– Em qualquer lugar. Não importa – respondeu Frank. Ele se sentia estranho, desligado. O barulho do tráfego na rodovia acima mexia com seus nervos. Queria sair dali.

O fotógrafo clicava furiosamente. Ao ver que Frank não se mexia, falou:

– Você está sentindo alguma coisa, cara?

– Não, estou bem.

Despertando, Frank se aproximou de uma das mães macilentas, enrodilhada em um cobertor imundo, tendo nos braços uma criança de dois anos. Ela olhou para ele de modo suspeito – visitantes significavam que o serviço social, ou a polícia, viria logo depois.

– Por que você está nos perturbando? – perguntou ela.

– Não estou perturbando ninguém. Sou só um repórter. – Ela disse para ele cair fora. Frank deu de ombros e foi até a mulher seguinte.

O fotógrafo continuava tirando fotos, mas estava ficando aborrecido.

– Você tem que fazer com que elas se abram.

– Conheço meu trabalho; faça o seu – cortou Frank. Ele continuou a trabalhar de modo mecânico um pouco mais; voltaram para o carro e partiram quando um chuvisco gelado começou a cair.

O editor de cidade não gostou quando leu o artigo de Frank, que tinha tanta emoção quanto a transcrição de uma reunião da companhia de abastecimento de água.

– Magnânimo, esse é o seu nome – comentou.

Frank foi enviado de volta duas vezes até que a história começasse a mostrar alguma empatia. Ele não se atrevia a revelar o quanto não se importou nem como isso o deixou assustado.

Frank não contou a história para ninguém, mas Meg pareceu ver através dele.

– Deixe-me dizer o que todos estão sentindo – falou ela. – Na ausência de Deus há um buraco dentro de vocês.

Frank se sentiu encolher por dentro. Então era isso o que significava olhar aquelas mães sem-teto sem um pingo de piedade. A lembrança fez com que sentisse um calafrio.

Galen objetou.

– Há outra explicação. Sentir o vazio expõe como estamos sozinhos. Deus nada tem a ver com isso.

Para a surpresa de todos, Lilith estava igualmente cética.

– Quero acreditar em você, Meg. Você diz que o que é justo é justo. Uma justiça bem cruel, a meu ver.

Ao contrário dos outros, Lilith não se referia a uma semana difícil. Ninguém poderia ter imaginado o que ela tinha passado antes de conhecê-los. Ela manteve a fé por quase trinta anos. Nenhuma palavra tinha saído de sua boca sobre o estranho sonho da Morte Negra nem sobre a luz dourada que aparecera em seu quarto. Lilith mantinha uma boa fachada – casamento, filhos, carreira, tudo –, embora por dentro estivesse em tumulto. Esse tumulto nunca a deixou de fato, mesmo durante seus momentos mais felizes. Seu coração era como uma caverna trespassada por um vento frio, aterrorizante.

Ela se confortava com o fato de que seu marido não tinha ideia do que ela estava passando. Ele trabalhava com seguros. Carregava um cartão com o *slogan* que havia criado: "Faça seguro e fique seguro." Lilith achava bobo, mas não o criticava, assim como ele nunca a criticava por ser rígida demais com as duas filhas.

Num domingo, em frente à televisão, ele apertou o botão de pausa durante um torneio de golfe a que assistia. As meninas tinham partido para a faculdade a essa altura. Não havia ninguém na casa, a não ser Lilith.

– Eu me pergunto quem é você – falou ele. Seu tom não era acusatório, mas divertido. – Não conheço você.

Ela ficou surpresa.

– Eu não mudei, Herb.

– Tudo bem. – Ele apertou o botão do som. – Mas se um dia quiser me contar, estou aqui.

Lilith se sentiu desmascarada e quase vacilou. Ela tirou o controle remoto da mão dele e desligou a TV.

– O que você está dizendo? Você quer o divórcio? Vai dormir no quarto de hóspedes daqui para a frente?

O marido dela pareceu confuso.

– É claro que não. Eu amo você.

Eles continuaram dormindo na mesma cama, mas Lilith reforçou sua armadura. Ela não iria perder tudo. Sua vida teria a aparência de uma vida comum nem que isso a matasse. Permitir que Herb conhecesse seu segredo era impensável, como pedir que ele viajasse com ela para Netuno.

Mas ocultá-lo não estava funcionando bem o bastante. Ela empreendeu uma busca solitária pela verdade. Sua única pista era o objeto dourado que aparecera em seu quarto tantos anos atrás. Começou a pesquisar na biblioteca da universidade, debruçada sobre livros que tratavam dos anos da peste. Nada similar ao seu sonho dos seis corpos posicionados em um círculo fora sequer registrado.

E agora? O objeto dourado tinha o formato de igreja. Lilith sabia o que era um relicário, então pesquisou peregrinos na Idade Média. Descobriu centenas de relatos, então milhares, e dezenas de milhares, a maioria escrita em línguas estrangeiras. Essa rota se mostrou impossível, como todo o restante que tinha tentado.

Lilith se lembrava do momento exato em que desistira de sua busca. Estava sentada a uma comprida mesa de carvalho na sala de leitura da biblioteca. Diante dela havia uma pilha de volumes devotados à Paris do século XI. Eles cheiravam a poeira e a celibatários estudiosos murchos. *Estou perdida,* pensou Lilith.

Então, atrás dela, uma voz áspera disse:

– Não sabia que tinha concorrência.

Ela se virou e viu um homem de cavanhaque branco, usando uma gravata-borboleta de bolinhas e suspensórios.

– Estou estudando o período, sabe – explicou ele. – Mas não sou egoísta. Se precisar de mais livros sobre escolas de mistério, devolvo os meus imediatamente. Eles estão comigo há tempo demais, mesmo.

– Escolas de mistério? – disse Lilith, confusa.

Ele apontou para o volume encadernado em couro no topo da pilha.

– Espiei o título. *Escolas de mistério, a Igreja e o papel da magia.* Espero que não se importe.

A expressão confusa de Lilith fez com que ele hesitasse.

– Você não acha essa tese sólida? Concordo plenamente. Magia, de fato.

Com um sorriso dissimulado, o estranho começou a se afastar, cantarolando baixinho. Lilith quis correr atrás dele. Ela nunca tinha ouvido falar em escolas de mistério, mas as palavras emitiram uma carga elétrica. Tinha tropeçado em algum tipo de pista, sabia disso. Pôs-se a levantar da cadeira, mas imediatamente algo a impediu. Acadêmicos como ele não seriam de serventia para ela. Ela não chegaria nem mesmo a superar o primeiro obstáculo, fazê-lo acreditar em seu sonho, tão estranho e há tanto tempo. Mas ela não se sentiu desencorajada. O instinto puro a levaria até a próxima pista. Sendo a única estrada que havia sobrado, foi a que ela teve que seguir.

As pistas seguintes não chegaram rapidamente, mas em longos intervalos, em geral por acaso, como uma folha de outono que pousasse em seu cabelo ou a sombra de um corvo cruzando seu caminho.

Cada pista a deixava animada; cada longo lapso até a próxima pista a deixava louca de frustração. Mas Lilith era teimosa, e, quando a pesca foi por fim reunida em sua rede – restos de declarações ouvidas, encontros ao acaso e descobertas misteriosas –, ela finalmente entendeu. Só podia ser o 13º apóstolo quem a estava conduzindo. Nenhum historiador bíblico acreditava em tal personagem. As duas fontes aramaicas ocultas nas profundezas da biblioteca do Vaticano tinham sido completamente desacreditadas. Mas Lilith acreditava, e, quando encontrou Meg, sentiu-se absolvida – não, triunfante. Tudo era real, desde que se soubesse para onde olhar.

Então por que o apóstolo iria agora deixá-la na desolação novamente? Os outros poderiam ter um buraco interno, mas não ela. Era injusto, cosmicamente injusto.

Mesmo assim, só uma coisa importava agora. Se o grupo se desmantelasse, as coisas só iriam piorar.

– Peço desculpas por meu momento de fraqueza. O ponto zero é onde temos que começar – afirmou Lilith.

Galen falou de forma cansada.

– Nós já ruminamos isso até cansar. – Ele apontou para o santuário no meio da mesa. – Fui o primeiro. Quem é o próximo? Precisamos de um voluntário.

Já que ninguém se pronunciou, Meg levantou a mão.

– A apóstola fez com que se sentissem desconfortáveis por uma semana e agora vocês estão prontos para fugir? – Ninguém parecia feliz.

– Então o que você quer que a gente faça? – perguntou Mare.

A resposta de Meg foi inesperada.

– Nós vamos começar a agir como uma verdadeira escola de mistério. Toquem o santuário.

– Todos nós? – perguntou Mare.

– Sim. Sigam-me. – Meg tocou o telhado da capela dourada com as pontas dos dedos. – Ela está nos esperando há séculos. Temos que mostrar que não cometeu um erro.

Um a um eles seguiram o exemplo de Meg, até mesmo Galen. O santuário começou a brilhar de novo. Não estava morto. A presença dentro dele estivera escutando. O brilho pulsou levemente, enviando ondas de paz.

Para que as mãos de todos eles coubessem no santuário, os dedos tiveram que se entrelaçar.

– Nosso momento Kumbaya. Sabia que ele estava chegando – brincou Galen.

Mas suas palavras se perderam à medida que as paredes da sala foram desaparecendo. Uma brisa despenteou o cabelo deles.

– Eu sei onde estamos! – exclamou Mare.

Isso parecia improvável, porque era uma noite sem lua. Ela não precisava do luar para reconhecer o homem de pé no estreito beco de pedras. Ele sempre estava ali. Ela disse o nome de Jesus, mas, como antes, nenhum som saiu. Mare apontou, e os outros olharam na direção dele, presenças silenciosas em uma cena que se desenrolava. Para Mare era diferente dessa vez – ela estava vivendo a cena com ele, dentro da mente dele.

O lugar estava frio para a primavera, mesmo abrigado pelos muros de Jerusalém. As mãos de Jesus tremiam. Ele mal podia vê-los no escuro, mas sentia o medo que sentiam. O pôr do sol seria a sua sentença de morte, e até mesmo seu corpo sabia disso. O que suas mãos temiam eram os pregos. Ele nada podia fazer sobre isso. Talvez devesse passar as últimas horas antes do entardecer pedindo perdão a suas mãos, depois a seu coração e a seus olhos.

Em vez disso, ele continuou andando pelo labirinto de ruas e vielas escondidas da cidade que serpeavam Jerusalém como artérias e veias. Ele pediu paz. Fez uma oração: "Pai Nosso, que estais no céu", mas o medo não deixaria seu corpo.

Poucas horas antes suas mãos e seu coração obedeceram a sua vontade. Foi possível manter a calma durante o *Seder* de Páscoa com seus discípulos. Jesus recitou o texto ritualístico, mas acrescentou: "Ao comerem esse pão estão compartilhando meu corpo. Ao beberem desse vinho, compartilham meu sangue."

As palavras tinham surgido em sua cabeça como se tivessem saído da boca de Deus. Os discípulos pareceram confusos. O *Seder* existia para lembrá-los de que eram judeus. A refeição trazia Moisés e Abraão para o aposento. Fazia do êxodo do Egito uma lembrança viva, mesmo que seus ancestrais tivessem fugido do cativeiro séculos atrás. Na Páscoa, com os soldados romanos de cassetetes nas mãos patrulhando Jerusalém, os judeus eram mais uma vez lembrados que não detinham poder em sua própria terra, com exceção do poder da memória. Era a única coisa que os odiados ocupantes não podiam tomar e controlar. Como Jesus podia dizer "Essa refeição é sobre mim"? Era mais do que escandaloso. Se houvesse um fariseu no aposento, ele teria corrido para contar aos sacerdotes do templo que tinham um perigoso fanático em seu meio.

Os discípulos seguiam um rabino milagroso, e esses homens eram inspirados por Deus (os fariseus os teriam condenado só por acharem tal coisa). As palavras de Jesus sempre significavam mais do que pareciam. Ele estava constantemente pressionando os discípulos a captar seu significado. Eles raramente conseguiam, mas pelo menos podiam discuti-las. Ser judeu é discutir infinitamente, e por isso o aposento se encheu de perguntas e dúvidas. Dessa vez Jesus não lhes deu nenhuma resposta. Ficou sentado, olhando em silêncio. As velas trêmulas faziam sua sombra se agitar na parede. Então, ele ficou de pé.

– Há um espião nesta sala. Ele sabe quem é, mas não continuarei em sua presença.

– Mestre, fique e o identifique – gritou Pedro, sua voz se levantando acima do barulho da confusão.

– Por quê? Para que você possa atacá-lo?

– E não deveríamos? – perguntou Judas, na mais calma das vozes. – Estaríamos realizando o desejo de Deus.

Jesus afastou o olhar.

– Estou indo.

Os discípulos correram para bloquear a porta a fim de que ele não pudesse sair.

– Por favor, mestre, pense em nós. Fique e nos ensine – pediu Judas. – Esta é uma noite sagrada.

Quando um homem contempla o suicídio, ele já tomou sua decisão, e cumpre com calma as pequenas tarefas que tratam da morte. Compra um rolo de corda e pede emprestado um banquinho da altura certa. Coloca uma pesada mesa contra a porta e se senta para amarrar o nó com cuidado. Uma espécie de coragem fatal desce sobre ele. Acontece o mesmo com traidores. Quanto mais perto chegam do seu pecado, mais insolentes se tornam.

– Deixem-me sair desse lugar – insistiu Jesus.

Os discípulos abriram espaço, com exceção de Iscariotes. Ele aproximou seu rosto do mestre para que os outros não pudessem vê-lo sorrir.

– Você é o filho de Deus. Não pode ter medo de um de nós.

Sem retrucar, Jesus deixou o lugar. Ele desceu as escadas estreitas que levavam do aposento apertado para a rua e partiu. Em sua mente via tudo o que aconteceria. O Pai lhe concedera isso. Judas iria fugir da sala sob um pretexto qualquer. Os discípulos esperariam confusos até que o mestre voltasse, e depois da meia-noite Jesus pediria a eles que rezassem no jardim.

Sem rumo, seus passos o levaram a um beco cercado por altas casas, que deixavam apenas uma faixa do céu noturno aparecer acima.

A proximidade o pressionava, e ele parou de vagar. "Seja feita a Sua vontade" não lhe deu forças. Ele se rebelava contra seu sacrifício.

Pai, eu imploro. Se Você me ama, escute-me agora. No momento em que as palavras saíram, o rosto de Jesus ficou quente apesar da noite fria. Ele estava implorando. Era uma das coisas que tinha ensinado seus discípulos a nunca fazer. Um judeu nunca implora a um Deus amoroso. O Pai sabe do que seus filhos precisam e lhes dá com sua graça amorosa.

Mas a mente de Jesus estava em pânico. *Salve-me, salve-me!*

Era tarde demais. Da extremidade do beco, oculta por uma curva, ele vislumbrou uma luz se aproximando. A traição de Judas deve ter acontecido antes do que previra Jesus, e as mãos duras dos soldados o arrastariam. O rabino milagroso enfrentou seu pior medo. Não era morrer, mas morrer em dúvida.

A luz se aproximava, contornando a curva. Por algum motivo estranho, não havia som de botas pesadas. E a luz não parecia a de tochas.

– Ah – disse uma voz de mulher. A luz parou de se aproximar.

– Não tenha medo. Não vou machucá-la – disse Jesus. Seu coração estava acelerado, do modo que sempre acontecia quando um mistério o procurava. Ele não tinha encontrado uma prostituta, que teria ousadamente se aproximado de um homem caminhando sozinho de noite. Houve uma hesitação; então, a mulher se aproximou dele, e sob a luz ele viu que era apenas uma menina.

– Deixe-me passar. Estão precisando de mim – falou ela. A menina tateava seu caminho como se não houvesse luz. Jesus estava paralisado de espanto. – Meu pai foi ferido quando um muro caiu – disse ela. – Não conseguiram movê-lo por horas. Saí correndo para buscar remédios para suas feridas.

Ela disse isso tudo com um leve nervosismo na voz. Fora isso, não parecia ter medo.

– Queria ter uma tocha para vê-lo. Carregava uma, mas ela se apagou.

Ela não sabe, pensou Jesus. Havia luz por toda parte, e emanava dela. Era isso o que o assombrava.

– Você é abençoada – afirmou ele.

– Obrigada, *rebbe*. – Ninguém nunca a havia abençoado fora do templo, o que significava que aquele estranho deveria ser um sacerdote.

Jesus hesitou. Ele conhecia essa luz. Era a *Shekhinah* das Escrituras, a luz da alma. Que ela brilhasse da menina de forma tão radiante significava algo. Ele esperou que Deus lhe dissesse o que fazer. E Ele o fez.

– Posso falar com você? – perguntou Jesus.

– Poderia, mas o remédio... – respondeu ela, com dúvida, segurando o pacote de ervas que estavam guardadas dentro da manga de sua veste.

– Seu pai está curado.

– O quê? – A garota sentiu um ar gelado passar pelo beco, fazendo-a tremer.

– Seu pai não precisa de você, mas Deus precisa. – Jesus não esperou que ela objetasse. A urgência da hora estava sobre ele. – Tenho um ensinamento para você. Preste atenção. Os judeus provam ser filhos de Deus por dois meios. Quais são eles?

A menina não era pobre. Sua família tinha contratado tutores religiosos para seus irmãos, e ela pôde ouvi-los do outro lado da cortina.

– A palavra e o templo – respondeu. – A palavra vincula Deus a nós. Fazer sacrifícios no templo nos vincula a Ele.

Jesus sacudiu a cabeça.

– É o bastante? Palavras não são eternas, e o templo pode virar ruínas.

– Perdoe-me, *rebbe*, mas a palavra é eterna.

Jesus sorriu. O Pai o havia conduzido para a pessoa certa. Ele continuou:

– Sim, a palavra é eterna, mas pode ser esquecida entre homens. Vou lhe contar um mistério. Há uma única coisa além da palavra... a luz. A morte não pode tocá-la. Eu sou a luz. Tenha certeza disso. Essa verdade a levará para o céu.

A garota estava perplexa, e ainda não conseguia ver o rosto do estranho. Ele se virou para se afastar, e com isso ela sentiu uma forte pontada no coração. Ela gritou, mas ele continuou andando. Ela correu para alcançá-lo, mas uma segunda pontada trespassou seu peito, e ela tropeçou.

Mais acima uma janela foi aberta, e alguém se inclinou segurando uma lamparina.

– Quem está aí? – gritou, irritado e sonolento.

A essa altura o estranho tinha chegado ao fim do beco e desaparecido na noite.

A cena foi cortada como se viesse de um rolo de filme quebrado, e as mãos de todos eles se afastaram do santuário. Os olhos se abriram. O grupo olhava o brilho dourado, ainda pulsando fracamente.

– Não falem – advertiu Meg. – O 13º apóstolo era uma jovem menina, uma inocente. Foi-lhe confiado um mistério. Agora, o mesmo mistério nos foi passado.

Depois de um tempo o brilho dourado morreu. A presença da apóstola tinha se retirado. Todos sentiram isso.

Galen foi o primeiro a falar.

– Fomos uns imbecis, todos nós.

– Definitivamente – apoiou Jimmy.

Meg sorriu.

– Vocês não podiam evitar. – Ela não disse como eles chegaram perto de fracassar. Agora o medo em seus corações estava perdendo força.

– Temos uma última coisa para discutir – disse Meg. – Viajamos no tempo hoje à noite. Qual é a lição que nos espera?

Todos responderam ao mesmo tempo.

– Jesus é real.

– Não estamos loucos.

– A luz.

Essa última foi de Lilith, e Meg concordou.

– Nossa única salvação é a luz. Na próxima semana, quero que vocês entrem sozinhos na luz. – Houve um murmúrio de aquiescência. Eles podiam sentir a proteção que os cercava como um abraço.

Mare tinha uma pergunta.

– Como saberemos o que fazer?

– Não pode ser planejado com antecedência – respondeu Meg. – Entreguem-se para a luz. É o meu melhor conselho.

– Não quero ser um desmancha-prazeres – disse Frank –, mas me entregar levou a uma semana bem ruim da última vez.

– Então se entregue mais – disse Meg. – A apóstola não sabia absolutamente de nada. Ela foi enviada para a luz às cegas, se posso dizer dessa maneira.

Exatamente como eu, pensou Lilith. O que ela tinha considerado uma maldição era uma bênção disfarçada.

Eles se dispersaram com um humor bem diferente do que tinham no início da reunião. Meg ficou para trás para trancar tudo. Confiar no 13º apóstolo significava que o grupo confiava nela. Ela sabia disso, o que fez com que mantivesse alguns segredos.

– Tudo parece bem até agora – falou para a sala vazia. Seus pupilos tinham passado por um véu invisível.

Quem sabia como devia ser uma escola de mistério? Monges de vestes encapuzadas ajoelhados diante da cruz. Incenso forte no ar. Escudos de cruzados e suas espadas embotadas alinhados contra as paredes. Havia vantagem nos adereços.

Uma escola de mistério não podia ser pessoas comuns em uma feia sala de reuniões no subsolo, com as peles esverdeadas pela iluminação fluorescente barata.

Mas dessa vez era.

CAPÍTULO 16

A semana seguinte não passou nem devagar nem rápido para Meg. Ela mal tinha consciência do tempo. Acostumara-se tanto ao silêncio que o tempo não era mais útil. Murchara como o jardim do convento no inverno, deixando ramos nus onde antes pendiam frutos doces. Quando ela voltou ao mundo, o tempo não estava esperando na soleira da porta para recebê-la.

Ela deveria comparecer à próxima reunião da escola de mistério, mas deixava-se ficar na enorme sala de estar da casa de padre Aloysius, um lugar frio e sombrio onde ele raramente entrava quando vivo. O bom padre preferia uma paróquia modesta. Cabeças de leões esculpidas rugiam silenciosamente para Meg nas extremidades da pesada mobília vitoriana. Alguns dos quadros de moldura dourada na parede ainda estavam envoltos em panos, mas mesmo anos de negligência não foram capazes de ofuscar a decoração opulenta da família.

Padre Aloysius nunca mencionou que estava deixando a casa, uma mansão, na verdade, para Meg. Perto do fim, sabendo que tinha pouco tempo, desafiou os médicos visitando as freiras uma última vez para abençoá-las. As irmãs ficaram chocadas com sua aparência, em como parecia abatido.

– Agora temos que discutir a apóstola – disse ele quando finalmente conseguiu ficar a sós com Meg. Seus encontros semanais eram realizados no galpão em ruínas e em chalés fechados espalhados pelo terreno do convento. Em sua última visita, eles se sentaram lado a lado em um vacilante banco para envasar plantas de um galpão de jardinagem, a última relíquia de jardineiros italianos que a propriedade certa vez empregou. A respiração de ambos formava nuvens no ar frio. Nenhum dos prédios externos tinha aquecimento, e as janelas quebradas nunca eram reparadas.

– Quando eu me for, a apóstola não terá ninguém com quem conversar além de você – disse padre Aloysius.

Meg parecia indecisa.

– Mas eu realmente não sei quem ela é. O senhor chegou de fato a vê-la?

– Ah, sim. Mas você já sabe a coisa mais importante. Ela é a guardiã do evangelho invisível. – O velho dirigiu a Meg um olhar penetrante. – Esse seria um mau momento para perder a fé.

– Não quero perder – murmurou Meg.

Ele suspirou.

– Você acha que não fez nada nestes últimos dez anos? Fez. Permitiu que a presença de Deus chegasse até você. Agora essa presença está com você. Está em você em todos os momentos.

Padre Aloysius deu uma tragada em seu cigarro. Ele nunca largou o hábito, mas viveu o bastante para ver o surgimento dos cigarros eletrônicos.

– Um sistema eletrônico de entrega de nicotina. Que coisa – cismou, com um toque de pesar.

Meg sentiu uma onda de emoção.

– O que eu vou fazer sem o senhor? – chorou.

– Você vai deixar este lugar. Essa é a primeira coisa. Você deve continuar a missão da apóstola, e não vai poder fazer isso trancada atrás desses muros.

Sentada ali, no barracão gelado, com as mãos enfiadas nas mangas em busca de calor, Meg observou enquanto padre Aloysius abria a surrada valise de couro que trouxera. Dali ele retirou um objeto embrulhado. Desembrulhou-o cuidadosamente, revelando um santuário dourado que ela não tinha visto antes.

– Vivemos em uma época terrível para milagres – falou ele. – Eles correm perigo de extinção, como a ave-do-paraíso. Quando voltar para sua cela, entre em comunhão com este objeto precioso.

Por mais que confiasse nele, Meg estava paralisada de medo. Ser uma má católica nunca fora tão fácil.

Padre Aloysius colocou sua mão, forte e robusta apesar da doença, sobre a dela.

– Não estou pedindo para você praticar magia negra, minha menina.

– Não tenho certeza de que estou pronta para magia branca – disse Meg, com uma risada nervosa. – Isso tudo pode ser um erro.

– Se Deus comete erros, então não há Deus.

Meg sacudiu a cabeça.

– Isso não é bom o bastante, padre.

– Tem que ser, por ora.

O peito do velho sacerdote foi de repente tomado por uma tosse alarmante, e diante dos olhos dela ele ficou fraco e exausto. Padre Aloysius colocou um braço no ombro de Meg e ela o ajudou a sair do barracão. A caminhada de volta ao carro dele foi dolorosamente lenta.

– Realmente não importa quem nos espia agora, importa? – comentou ele, com um sorriso amargo. – Ambos estamos prestes a desaparecer.

No estacionamento, ele descansou por um momento antes de se ajeitar atrás do volante do velho carro negro.

– Não penso na morte – falou ele. – Espero em silêncio. O que há de vir virá.

Não havia mais nada a dizer. Teria sido uma bênção se Meg tivesse testemunhado o que veio a seguir. Enquanto dirigia pela estrada cheia de curvas que saía do convento, padre Aloysius se lembrou de quando tinha dez anos, balançando os pés na fria água azul da piscina pública. Seu melhor amigo, Ray Kelly, apontou para a silhueta da plataforma de salto lá no alto contra o céu.

– Aposto que você não se atreve a saltar dela – falou.

Nenhum deles tinha tido coragem para chegar até lá em cima. Mas Aloysius, que ganhou esse nome peculiar por causa da insistência de uma avó muito devota, não conseguiu recusar o desafio. Ele subiu a escada, e as cabeças se voltaram enquanto um garotinho magricela andou a passos curtos até a beira do trampolim. Não importava o quanto se esforçasse para os passos serem leves, a prancha balançava sob seus pés. Olhando para baixo, ele viu a água, que parecia a quilômetros de distância. Seu medo lhe dizia para não pular, mas o que ele poderia fazer? Sua reputação dependia de não descer de volta a escada.

Agora ele estava parado à beira de outro salto, tendo andado a passos curtos até lá por 78 anos.

Não tenho escolha, pensou. *Vai arruinar minha reputação se eu voltar atrás agora.*

Meg esperou até a hora do jantar para buscar a velha valise que continha a igreja dourada em miniatura. Ela pediu licença da mesa alegando indisposição, e então saiu apressada no escuro até o barracão de jardinagem. A valise estava escondida debaixo de uma lona atrás de um antigo cortador de grama.

Ela voltou para sua cela sem chamar a atenção e enfiou a valise debaixo do catre. Se não comparecesse às orações da noite, uma irmã médica seria enviada para examiná-la.

Voltando ao grupo, Meg murmurou que se sentia bem melhor, obrigada. Durante toda a oração, a única coisa em que conseguia pensar era na instrução misteriosa de padre Aloysius: "Entre em comunhão com este objeto precioso." O que isso significava?

As irmãs foram direto para a cama depois da última oração. Não houve socialização porque a próxima rodada de orações começava muito cedo na manhã. Meg se sentou na beira de seu catre, deixando uma margem de segurança. Era muito improvável que outra irmã batesse em sua porta, mas Meg esperou até que o corredor ficasse totalmente silencioso e vazio.

Tirando a valise debaixo da cama, ela se surpreendeu com o peso. Estivera ansiosa demais a carregando no escuro para realmente perceber seu peso, mas quando a abriu e levantou o objeto, ainda embrulhado em um pedaço rasgado de lençol branco, quase o deixou cair.

Por um segundo entrou em pânico ao pensar no barulho que o objeto faria ao atingir o chão de pedra. Ela o pegou bem a tempo, sentou-se rapidamente e o colocou no colo. Obrigou-se a respirar enquanto esperava que o coração retomasse o ritmo normal. Nervosa demais para acender a luz da cabeceira tão tarde da noite, olhou o objeto quase na escuridão. *Deve ser bem valioso,* pensou, *mas se essa fosse a única razão de sua existência o padre Aloysius não o teria mantido em segredo.*

Esse pensamento fez com que se lembrasse do rosto dele, e Meg sentiu uma onda de tristeza. Nunca mais o veria. Havia uma grande dor em torno disso. Ela não quis enfrentá-la durante todo o dia. Um ponto final traria medo e luto, embora seu velho amigo ainda estivesse vivo. Se não fosse uma freira enclausurada, poderia telefonar para escutar a voz dele de novo.

Teria sido fácil ceder à autopiedade sentada ali, no escuro. Meg resistiu, concentrando a atenção na igreja em miniatura.

O que eu faço com você agora?, pensou.

Foi uma pergunta retórica, dirigida a ninguém, mas Meg teve a sensação de que alguém a tinha escutado. Não que isso fosse racionalmente possível, mas sua dúvida diminuiu um pouco. Ela se sentiu compreendida, da mesma maneira que o padre Aloysius, dentre todas as pessoas em sua vida, a fazia se sentir. Foi arriscado lembrar o rosto dele uma segunda vez. Ela começou a chorar e puxou a igreja dourada para mais perto de si, abraçando-a, usando-a para se manter em contato com o velho padre.

De repente, ela viu em sua mente uma colina com três cruzes destacadas contra o céu tempestuoso. Testemunhar três corpos pendurados nas cruzes seria insuportável. Ela já estivera ali, e seu coração martelou. *Por favor, de novo não. Não consigo.*

Vozes soavam ao redor dela, e a imagem ia e vinha como um sinal fraco da televisão. Meg tinha uma frágil esperança de poder escapar, até que de repente sua cela apertada desapareceu, e ela estava lá. Tinha voltado para a Crucificação, mas não via os corpos, só a menina fugindo deles.

A cena saltou para a frente. Agora a garota estava na cidade. Não havia uma multidão nas ruas estreitas pelas quais corria. A Páscoa tinha levado os judeus ao templo; poucos observavam o espetáculo no Gólgota, o "Local dos Crânios".

A menina corria às cegas, mal conseguindo enxergar o caminho através das lágrimas. Meg pairava perto dela, tão perto que o coração disparado da apóstola parecia o dela mesma. A menina correu até ficar exausta; ela caiu à sombra de uma oliveira retorcida fora dos muros da cidade. Por um momento, nada aconteceu. Sua respiração irregular começou a acalmar. Com isso, seu medo diminuiu, e ela foi capaz de pensar. Seus pensamentos eram claros para Meg.

Ele era um estranho. Agora está morto. Não tenho que fazer nada.

A menina percebeu uma sombra passando sobre ela. Olhou para cima, constrangida por ter sido flagrada quando tinha perdido o controle das emoções.

Era ele.

Ela ficou tão assustada que palavras infantis saíram de seus lábios:

– Você não deveria estar morto?

Jesus sorriu.

– Depende de como você encara isso.

A figura que Meg via era baixa e morena, de aparência mediterrânea, nem mesmo israelita. A menina só tinha visto o estranho de noite. A voz dele era gentil, a mesma de quando a tinha encontrado no beco. Mas ele tinha uma aparência chocantemente comum. Para Meg, Jesus poderia ser o iraniano dono da tinturaria do bairro.

A menina estava perplexa. Não havia como ele ter escapado.

– Eu vi o que fizeram com você – falou ela.

– Aos olhos dos homens, ainda estou lá – disse Jesus. – Só terminará daqui a algum tempo.

Ele se sentou ao lado dela ao pé da oliveira, que lançava sombras coloridas em seu rosto.

– A pessoa que fala com você, que aparece para você agora, ela é a única a quem você deve prestar atenção. Os homens que acreditam poder crucificar a luz estão enganados.

A menina parecia chocada. Esse homem poderia ser um mago que lançara um feitiço nela. Ou demônios poderiam ter entrado no corpo dele. Ou ela poderia ter enlouquecido. No entanto, nenhuma dessas explicações lutou por sua atenção. Respirando fundo, ela aceitou o que viu.

O estranho sentiu sua aceitação.

– Você já ouviu dizer que muitos são chamados, mas poucos escolhidos. Você foi escolhida, e através de você outros também o serão.

A menina queria protestar, mas Jesus se levantou e começou a se afastar na direção do Lugar dos Crânios, que não podia ser visto além das muralhas da cidade e suas casas no meio.

Na noite anterior a menina tinha corrido atrás dele. Dessa vez, porém, ela ficou sentada em silêncio, quase caída no chão. Meg queria se aproximar e segurá-la em seus braços. Ela sabia como a apóstola se sentia insignificante naquele momento. Meg era assombrada pelo mesmo sentimento.

De repente, a cabeça da apóstola explodiu em dúvidas.

– Diga-me o que fazer! – gritou em pânico.

Jesus já estava longe para escutar. Mas sua mente respondeu por ele: *Você será guiada, como ele foi guiado.*

Em um instante o flashback desapareceu. Meg estava sentada na cama de sua cela envolvida pela escuridão. Ela tomou consciência da pesada igrejinha em seu colo, suas mãos apertando-a com força. Em um segundo ela recuperou a consciência e até conseguiu sorrir fracamente. Tinha conseguido entrar em comunhão com o objeto, afinal. A superfície metálica parecia quente. Ela sabia qual era seu dever agora, e, embora fosse impossível, o objeto emitiu um leve brilho, como se ele, também, tivesse entendido.

CAPÍTULO 17

No melhor dos dias, a sala de reuniões no subsolo do hospital era abafada. Esperar ali uma hora por Meg fez com que parecesse sufocante.

Frank olhou o relógio pela quinta vez.

– Ela não vai vir, então o que a gente faz?

Não era a mais simples das perguntas. Quando chegaram a porta estava trancada. Lilith tinha uma chave extra. Entraram, e o santuário dourado foi colocado onde sempre ficava, no centro da mesa. Eles estavam confusos.

Agora Galen se inclinou para a frente e colocou a mão no telhado liso da capela.

– O que você está fazendo? – perguntou Frank. Seu tom não era hostil. A sessão da semana passada tinha dissolvido qualquer rivalidade. O clima era mais de suspense que de outra coisa.

– Quero ver se algo acontece quando ela não está aqui – respondeu Galen. – Talvez a magia venha de Meg.

– E?

Galen deu de ombros.

– Nada.

– Acho que ela está deliberadamente nos deixando sozinhos – observou Lilith. – Deveríamos começar sem ela.

O grupo não se entusiasmou com a sugestão.

Frank ficou de pé.

– Fomos orientados a entrar na luz esta semana. Alguém conseguiu?

Silêncio.

– Eu também não. Reunião adiada.

– Esperem – protestou Jimmy. – Deveríamos falar mais um pouco sobre isso. Esta semana foi bem melhor para mim. Não vi um zumbi no espelho.

Ele conseguiu alguns sorrisos fracos. Ninguém mais falou. Mare disse o que todos começavam a pensar.

– E se ela foi embora e não voltar mais?

– Não exagerem – disse Lilith, com sarcasmo. – Jimmy quebrou o gelo. Quem mais quer compartilhar sua experiência? – Silêncio. Ela sacudiu a cabeça. – Isso é muito raro – murmurou.

– E quanto a você? – perguntou Jimmy.

– Temo que não.

Na verdade, Lilith tinha procurado seriamente a luz durante toda a semana. Ela tinha mais ambição do que qualquer outra pessoa no grupo, ou, talvez, apenas mais vontade. A apóstola deve ter planejado experiências extraordinárias para ela. Uma iluminação? Uma grande epifania? O que seria?

Lilith meditou sobre isso na grande casa onde vivia com Herb. Ele nunca mais a questionara sobre coisas que não conseguia entender. Suas duas filhas crescidas tinham saído de casa e moravam em outras cidades, para frequentar a faculdade ou buscar uma chance de emprego. Elas eram filhas de Herb, na verdade. Tinham a mesma mente literal, o que as deixava seguras. *Seguras demais,* pensou Lilith. Muitas vezes ela se vira tentada a se revelar para elas, principalmente quando enfrentava uma crise.

Quando Tracy, a mais velha, estava no colégio, ela saía com um rapaz que de repente começou a perder peso e a se sentir cansado.

Ela ficou irritada depois que ele cancelou dois encontros seguidos. Ele nunca estava em casa quando ela ligava. Quando finalmente se encontraram, a primeira coisa que ele disse foi: "Tenho câncer ósseo."

A notícia a devastou. Lilith ficou no corredor em frente ao quarto de Tracy a ouvindo chorar do outro lado da porta. Qualquer mãe teria ido confortá-la, mas Lilith estava em conflito. Ela não sentia nada pelo rapaz doente, que provavelmente estava condenado. Malignidades progridem com rapidez cruel em alguém tão jovem. Lilith se afastou da porta e desceu as escadas.

Ela se sentou à mesa da cozinha, ainda sem sentir nada. Esses eram os anos em que olhar para dentro de seu coração a deixava assustada. Ela teve um impulso repentino. Deveria perguntar por que não sentia o que as pessoas normais sentiam. Silenciosamente, fez a pergunta para o vazio.

Uma voz em sua cabeça respondeu: *Porque você sabe. Porque você pode ver. Eu mostrarei a você.*

O coração de Lilith bateu mais rápido. *Mostre-me agora. Estou pronta.*

Mas não houve mais nada. Ela ficou amargamente desapontada. Por que toda experiência era uma provocação? Ela se levantou e foi até o quarto da filha.

– Tracy, querida, você está bem? Posso entrar?

A porta foi aberta, e Lilith entrou e se sentou na cama, abraçando e confortando a filha. Correu tudo bem porque Lilith tinha aprendido há muito tempo que as pessoas não podiam ler quem realmente somos. Naquela noite, depois de se certificar que Tracy tinha adormecido, Lilith teve um sonho do tipo que ela chamava de "especial". Ela viu o rapaz, Greg, deitado em um leito de hospital com tubos saindo de seu corpo. Ele dormia, o rosto pálido e esgotado. Lilith o viu como se estivesse voando, pairando no ar sobre sua cama.

– Estou aqui para levá-lo para casa – sussurrou ela.

Ele se mexeu e gemeu suavemente sem despertar. Então, um filete de luz surgiu do topo de sua cabeça. Lilith se sentia como a mãe dele, persuadindo-o com ternura a não ter medo. O filete de luz virou uma corda prateada, que à medida que surgia ficava mais comprida, subindo até o teto. O rapaz na cama parou de gemer e de se mexer. E aí o sonho acabou.

Tracy voltou cedo da escola no dia seguinte, o rosto marcado de lágrimas. Greg morrera subitamente no hospital naquela noite. Seu coração tinha parado. Os médicos estavam estupefatos, mas tinham sido poupados de lhe contar que o câncer se espalhara de tal maneira que não tinha mais tratamento possível.

Durante dias, Lilith se sentiu bem e mal. Bem porque tinha realizado uma missão de misericórdia. Mal porque fora apenas um sonho. A experiência se recusava a ir embora, insistente. Mas levou muito tempo antes de reunir coragem para visitar a unidade de terapia intensiva do hospital, onde provou a si mesma que realmente podia testemunhar o espírito de alguém deixar o corpo.

Então era verdade que ela não tinha visto a luz naquela semana, mas a verdade completa era que ela a vira muitas vezes antes.

Outra meia hora se passou na sala de reunião. Era duro para o grupo aceitar a derrota.

– Não é nossa culpa – disse Frank. – Meg não nos contou o bastante. – Ele olhou por sobre o ombro para o caso de ela ter entrado pela porta. – Como Meg não está aqui, tenho uma pergunta para todos. O quanto precisamos estar interessados em Jesus? Pelo que sei, a cena que vimos na semana passada não está na Bíblia. Alguém tem uma pista de onde ela veio?

– Eu disse a vocês, pode ser mágica dela – disse Galen. Ele tinha sofrido uma recaída durante a semana. – Talvez ela seja hipnotizadora. Não me olhem desse jeito. É uma explicação melhor do que acreditar que encontramos Jesus.

Lilith lhe lançou um olhar ácido.

– Bravo. Nosso arquicético quer queimar uma bruxa na fogueira.

– Eu não disse isso – devolveu Galen. – Não coloque palavras na minha boca.

Frank balançou a cabeça.

– Em resumo, nenhum de nós viu a luz.

– Então vocês procuraram no lugar errado.

As cabeças se viraram. Meg estava parada na soleira da porta, escutando.

– Fico contente com a honestidade de todos, mas vocês desistiram cedo demais.

Ela entrou e ocupou seu lugar na cabeceira da mesa.

– Suspeitava que não fossem conseguir. Por algum motivo que deve ser o pretendido pela apóstola.

– Para nos manter no escuro? – perguntou Mare.

– Ela quis que vocês buscassem o máximo que pudessem em todos os locais comuns – respondeu Meg –, até perceberem quão indefinível a luz é de fato. Não está em lugar algum e está em toda parte. Brilha da mesma forma em uma mina de carvão e em uma catedral.

A perplexidade deles a fez sorrir. Ela gostava de um drama.

– Se tivesse seguido vocês durante a semana, quanta busca teria visto? Frank estava no trabalho, assim como Jimmy. Mare e Galen assistiram à TV a maior parte do tempo e se preocuparam por não ter um emprego. Vocês quatro mal se esforçaram. – Virando-se para Lilith, ela falou: – Mas isso não se aplica a você, não é?

– Disse a eles, antes de você chegar, que também não tinha visto nada – falou Lilith, de forma relutante.

– Mas você não contou toda a verdade. Tenho certeza disso. – Meg também tinha um traço de interrogador.

– Não fui a uma loja em busca de lâmpadas, se é isso o que quer dizer.

Os instintos de Lilith lhe diziam para guardar seu segredo. Foi assim que tinha sobrevivido. Mas Meg esperava ouvir algo dela.

– Nunca houve um lugar especial para ir. A luz é o mesmo que a presença. Se você sente a presença, você está na luz – disse Lilith.

– De fato – assentiu Meg, de forma aprovadora.

– Mas isso não ajuda – disse Mare. – Não havia presença fora desta sala.

– Esse é o mistério, quando algo está em toda e em nenhuma parte – retrucou Meg.

– Mais charadas – resmungou Galen.

Ela o ignorou.

– Imaginem, todos vocês, que são peixes. Vocês não estão satisfeitos em serem peixes comuns, como o atum ou o linguado. Querem ser espirituais. Um dia nadam até a entrada de uma caverna profunda, onde supostamente mora um sábio. Vocês não nadam para dentro, no caso de ser só um truque e haver um tubarão pronto para devorá-los. "Diga-nos como encontrar Deus", pedem. E bem do fundo da caverna uma voz grave diz: *Fiquem molhados.* "O que é isso?", vocês pensam. E pedem de novo. "Queremos desesperadamente ver Deus. Diga-nos a verdadeira resposta." Mas a mesma réplica troveja da caverna: *Fiquem molhados.* Vocês vão embora nadando, desencorajados e frustrados. Encontram outros mestres, que lhes dizem para fazer todo tipo de coisas. Mas nunca ficam molhados, e Deus permanece um mistério.

Meg olhou ao redor da mesa.

– Quem entende o significado dessa parábola?

– O peixe já está molhado, só que não tem consciência disso porque durante toda sua vida a água esteve próxima demais – falou Jimmy.

– Certo.

Enquanto Jimmy desfrutava do prazer de ter acertado a resposta, Lilith contra-argumentou:

– Agora que sabemos que estamos na luz, como fazemos para realmente vê-la?

– Com isso.

Meg segurava uma sacola de farmácia. Dentro havia meia dúzia de óculos de sol de plástico.

– Um para cada. São todos iguais.

Frank escolheu um par com armação verde-néon.

– Eu usava bugigangas como estas para ir à praia quando tinha oito anos.

– Não exatamente como estas – disse Meg. – Não analisem. Apenas usem os óculos amanhã. De acordo? – Ela não esperou respostas. A reunião chegou a um fim súbito quando ela se levantou e foi embora sem olhar para trás.

Enquanto acompanhava Mare até o carro dela no estacionamento, Frank girava os óculos plásticos no ar como um garoto com um cata-vento. Algo naquela noite o tinha deixado em um humor maníaco.

– Peguem seus óculos de Deus aqui. Não esperem pela última trombeta, pessoal – gritou, imitando um ambulante. – É deprimente.

Mare não fez nada para impedi-lo, mas também não riu. Depois da noite em que ele a abraçou até ela cair no sono, eles deveriam ter se aproximado. Frank se perguntava por que isso não tinha acontecido. Talvez a escola de mistério fosse demais para enfrentar sozinho.

Sua fase maníaca desapareceu tão rápido quanto tinha aparecido.

– Nós realmente devemos usar essas coisas estúpidas?

Era uma noite sem luz, escura demais para experimentar os óculos.

– Por que não? – disse Mare. – O pior que pode acontecer é nada.

– Sei lá. Talvez o pior seja nos afundarmos ainda mais – disse Frank. – Você realmente não se importa em continuar, qualquer que seja o preço? – Agora ele estava inquieto e impaciente. Toda reunião o deixava daquele jeito.

Encontraram o carro de Mare. Frank procurou uma desculpa para evitar que ela fosse embora.

– Deveríamos conversar mais, sobre tudo. Nós e o que está acontecendo.

Mare não queria discutir o assunto.

– O que realmente o está incomodando?

– Você deve estar brincando. Todos nós deveríamos estar incomodados. Quer dizer, aventurar-se no desconhecido não é nada em comparação a isso.

– Galen também está assustado. Pude ver isso hoje à noite – disse Mare.

– Não estou assustado – irritou-se Frank. – Talvez, apenas talvez, ele tenha razão sobre a mágica vir da sua tia. Nossas mentes estão sendo dobradas, e alguém está fazendo isso.

– Vamos para minha casa. Você pode passar a noite e pegar seu carro de manhã – sugeriu Mare, para a surpresa dele.

Frank assentiu e entrou do lado do passageiro. Normalmente ele teria ficado excitado com o convite. Ele se sentia atraído por Mare, como na faculdade. Fisicamente, ela era perfeita a seus olhos, e sempre que conseguia fazê-la sorrir sentia ter conseguido uma pequena vitória. Mas ela estimulava sua insegurança. Mare era mais intensa do que ele, e Frank não achava que ela abaixasse a guarda, não de todo. Ela passava as reuniões observando e falando pouco. A estranheza pelo que estavam passando poderia não ser boa para ela.

Eles já tinham passado da fase em que ele tentaria uma ofensiva de charme. Em um tom grave, ele disse:

– Falei sério sobre nos afundarmos demais. Estou preocupado com seu bem-estar. – Assim que as palavras foram pronunciadas, ele se arrependeu. – Pareço seu pai. Desculpa.

Mas ela não se importou.

– Não me preocupo em me afundar demais. Preocupo-me em ser outra tia Meg.

Ele ficou surpreso demais para reagir de imediato. Apesar do frio invernal, as estradas estavam limpas. Frank não se segurava forte na maçaneta da porta, lutando contra a vontade de agarrar o volante, como tinha feito da primeira vez que Mare o levara até o apartamento dela.

Ela não precisava de uma reação dele.

– Minha tia desistiu da vida. Não sei o que aconteceu no convento, mas sei que ela é uma completa forasteira. Posso ver isso em mim também.

– Então você não está escapulindo?

Mare riu.

– Não se apavore, mas pretendo dormir com você hoje à noite.

O coração de Frank deu um pulo, mas sua mente não gritou *Bingo!*. Ele chegou mesmo a hesitar.

– Tenho a sensação de que sou sua cobaia. Para garantir que você ainda é normal, não como Meg.

– Talvez. – Mare disse isso em um tom neutro, mantendo os olhos na estrada. O asfalto parecia limpo, mas gelo negro é quase invisível.

Quando chegaram à casa dela, os acontecimentos se desdobraram em um padrão familiar a Frank. Ele gostava de despir uma mulher e de admirar seu corpo, confiante de que ela o admirava também. Mare apagou a lâmpada do teto; acendeu uma vela para que a sala não ficasse completamente às escuras.

Ambos concordaram silenciosamente que o sexo seria uma moratória. Pensar sobre a escola de mistério estava proibido; pensar estava proibido. Frank adorava a parte carinhosa de estar na cama, e essa não era sua primeira nem sua quinquagésima vez – ele podia ficar à parte um pouco, observando como uma mulher se comportava na cama. Ele foi atencioso com relação a dar prazer a Mare. Ficou dentro dela o tempo que ela quis; tinha orgulho de ter controle suficiente para prolongar o ato de fazer amor sem pressa e sem satisfazer primeiro seu próprio prazer.

O que ele não esperava era que ela o atrairia tão intensamente ou como ela tinha feito isso. Ela era uma amante discreta. Quando fazia sons suaves, não eram carentes nem egoístas. Ela não era uma menininha ou um corpo dócil se submetendo à sua vontade. Ele não podia entender quem ela era. A carne assumiu depois de certo ponto, e ele se entregou à fome de pele, deixando-se levar pelas sensações. No momento do clímax, ele estava sozinho, não unido com ela ou com alguém ou alguma coisa. Não era o momento para questionar de onde vinha esse sentimento.

Depois que o enlevo físico passou, sempre rápido demais, eles se beijaram e ficaram abraçados. Cada um queria adiar a volta à existência comum – quando o braço de alguém começa a ficar dormente pela cabeça nele pousada, o suor parece um pouco pegajoso demais e o banheiro chama. Frank era realista, e o ato de fazer amor era apenas um interlúdio, um tipo de descanso. *Dessa vez haveria mais?* Adormeceu pensando nisso.

Acordou sozinho na cama. Mare tomava uma chuveirada, e as persianas quebradas deixavam entrar a luz brilhante do sol. Ele tinha dormido durante um bom tempo. Sentando-se, ficou surpreso ao ver os óculos verde-néon em cima do travesseiro dela. Curioso, Frank os pegou. *Mais magia ou algo realmente desconhecido?* Ele não sabia o que era melhor ou pior.

Naquele momento, Mare saiu nua do banheiro, parecendo linda e ridícula, porque usava os óculos de sol de plástico.

– Não ria de mim – falou ela. – Só os coloque.

Frank obedeceu. De início as lentes verdes bloquearam tudo. Ele preferiria estar olhando para ela.

– Você consegue ver?

– Ver o quê? – E então, ele viu. O ar estava repleto de faíscas douradas brilhantes. No começo eram como uma névoa cintilante. Em poucos segundos, isso mudou. Tudo no aposento começou a brilhar, exatamente como o brilho da capela.

– Incrível – murmurou Frank.

– Espere. Não fale – pediu ela.

Nada mudou. Frank se perguntou se tinha que se concentrar mais. Talvez ele não soubesse o que fazer. Assim que essas dúvidas entraram em sua cabeça, o brilho diminuiu, voltando para a névoa dourada.

– Acho que temos que relaxar completamente. Esse é o segredo – disse Mare, pressentindo o que estava acontecendo.

– Não é tão fácil relaxar com uma linda mulher nua no aposento.

– Então desvie o olhar.

Ele fez isso, de forma relutante. Agora estava olhando para a porta, que começou a brilhar. O efeito era quente e caloroso, como tinha sido com a capela. Então a porta se foi, e, no segundo seguinte, as paredes. Frank prendeu a respiração. Ele estava olhando o mundo exterior, e tudo tinha uma luz dourada brilhante – as árvores nuas, a neve suja, a cerca de arame. Ele virou a cabeça, mas para onde olhava era como se o mundo real tivesse desaparecido, deixando apenas os mais vagos traços ao redor das coisas.

Nenhum dos dois se moveu. Estavam paralisados pela beleza. E havia outra coisa. A luz não estava emanando das coisas.

Tudo era a luz, e nada além.

CAPÍTULO 18

Jimmy acordou na manhã seguinte em seu horário habitual, pouco antes do amanhecer. O sol espiava no horizonte quando ele desceu do ônibus no ponto do hospital. Não havia tempo para testar o que fariam os óculos de sol, então ele os enfiou no casaco, junto com as balas que dava para as crianças doentes quando os funcionários não estavam olhando.

Depois de dez anos no mesmo emprego, sua rotina prosseguia de modo automático. Enquanto esvaziava os cestos de lixo e arrumava os quartos, Jimmy sentia o que os pacientes estavam sentindo. Desamparo e medo eram epidemia no hospital. Era raro os pacientes verem seus médicos, e, quando o faziam, geralmente por alguns minutos ansiosos, eram como réus culpados à espera da sentença. Eles se esforçavam para ler o rosto do médico enquanto este lia seus prontuários; esperavam pela próxima palavra que sairia de sua boca, que poderia mandá-los para casa com um sorriso ou mergulhá-los em um abismo negro.

Jimmy sentia a angústia deles e queria fazer algo... mas o quê? Ele gravitava em torno do andar da pediatria, e ao longo dos anos tinha se tornado uma presença fixa ali. Nessa manhã ele andou até a ampla ala onde gritos excitados de "*Señor* Sortudo!" o receberam. Rapidamente se viu cercado de crianças de seis e sete anos. Uma mão pequena alcançou o seu bolso em busca das balas e saiu com os óculos de sol. Eles tinham armação rosa-shocking com brilhos, e de repente três crianças quiseram colocá-lo ao mesmo tempo.

Assustado, Jimmy agarrou os óculos tirando-os da menininha que os tinha encontrado.

– Não, querida, isso é só para mim.

Ela começou a chorar. O nível de barulho na sala aumentou rapidamente, e Jimmy sabia que uma enfermeira entraria correndo muito em breve. Murmurando um "desculpe, desculpe", saiu de lá. Andou apressado pelo corredor, evitando contato visual com quem encontrava.

Resfolegava, o coração batendo rápido, quando chegou à segurança do banheiro masculino. Jimmy não sabia por que estava tão agitado. Tinha reagido como se os óculos de sol fossem amaldiçoados. Mas não poderiam ser, não quando foi Meg quem os entregou. Olhou para o objeto com incerteza por um momento antes de colocá-los.

Não houve um efeito instantâneo, e então a porta do banheiro foi aberta. Um médico entrou; ele não tomou conhecimento de Jimmy parado ao lado das pias. Nervoso, Jimmy deixou o banheiro, obedecendo a seu instinto costumeiro de permanecer invisível.

Em sua distração, não reparou que estava usando os óculos de sol. Diego, outro jovem faxineiro, estava à toa ao lado de uma maca no corredor. Ele riu e fez um sinal positivo para Jimmy.

– *La vida loca,* hein, cara?

Jimmy levantou as mãos, mas antes que pudesse tirar os óculos uma onda de luz dourada encheu o ar. Ele congelou no lugar. O processo não foi gradual, como tinha sido com Frank. Em um minuto o corredor do hospital estava lá, no seguinte tinha desaparecido, substituído por um brilho cintilante. As paredes sumiram. As pessoas eram iluminadas de dentro, mas só por um segundo antes de elas também desaparecerem.

Desorientado, Jimmy deu alguns passos vacilantes para a frente.

– Ei, atenção.

Jimmy sentiu seu ombro esbarrar em alguém, mas não podia ver em quem.

– Desculpa – murmurou, ou achou que o fez. A luz cintilante o absorvia completamente. Os sons eram abafados e distantes. Ele mal sentiu quando uma mão bateu em suas costas.

– Faxineiro, pare de sonhar acordado. Acabei de dizer que preciso de você.

Não posso fazer nada, pensou Jimmy. *Estou flutuando.* Ele tinha a sensação estranha de que seus pés estavam saindo do chão e que cada fibra de seu ser queria se libertar, subir e subir, aonde a luz quisesse carregá-lo, como uma pena ao vento.

Escutou palavras confusas à distância, mais impacientes dessa vez.

– Você vem ou não? Esse garoto está tendo convulsões.

Um alarme disparou de dentro, e Jimmy arrancou os óculos. Levou um segundo para que o mundo voltasse. Um dos residentes passou correndo por ele até um quarto particular. No chão havia um garotinho se contorcendo em convulsões. O médico ajoelhou ao lado dele, segurando seus membros retorcidos. O garoto tinha apenas nove ou dez anos, mas era quase impossível contê-lo.

Olhando para Jimmy por sobre o ombro, o médico emitiu uma torrente de instruções.

– Preciso de uma enfermeira, imediatamente. Diga para ela preparar uma terapia intravenosa. Vamos injetar Dilantin e fenobarbital. Também vou precisar de um depressor de língua, e traga amarras no caso de termos que atá-lo à cama.

Vendo que Jimmy não respondia, o médico disparou:

– Entendeu tudo?

Jimmy queria sair correndo para fazer o que lhe fora mandado, mas o brilho remanescente da luz o preenchia; ele imaginou se ainda flutuava.

– Maldição – gritou o médico. – Vá!

De repente o corpo de Jimmy foi eletrizado. Ele correu até a ala da enfermagem, e em poucos minutos o garoto recebia uma injeção. O pior das convulsões passou, e ele não teve que ser atado à cama. Logo depois o residente, que era mais jovem do que Jimmy, lhe lançou um olhar duro.

– Sei que você tem uma boa reputação. Não precisa explicar nada, mas da próxima vez que não pular quando eu disser pule, vou pedir testes aleatórios para drogas. Entendeu?

Jimmy assentiu, com o semblante arrependido. Mas por dentro não se sentia humilhado nem culpado. No meio da crise teve um pensamento destemido. *Posso curar esse menino. Quando todos forem embora será o momento certo*. Como se tivesse sido atingido por um raio, soube que ele, Jimmy, o humilde servente, era um grande curandeiro, a resposta para as orações de cada criança doente.

Teve que se esforçar para não gritar, agradecendo a Deus. Havia atividade demais ao redor da cama do menino epiléptico, então Jimmy saiu. Havia muitas outras crianças doentes nas alas. Sua epifania lhe dizia que ele poderia curar todas elas.

Eles estão se metendo em encrencas. Estou certa disso, Meg pensou, ansiosamente. Antes de entregar os óculos baratos, ela sabia que ver a luz com os próprios olhos era uma experiência gloriosa. Mas isso não significava que não fosse também perigosa. De uma forma ou de outra, cada pessoa no grupo estava tropeçando.

– Mantenha-os seguros – murmurou.

Mesmo depois de todo esse tempo ela ainda não tinha muita certeza de com quem falava. Poderia ser a apóstola ou a luz ou apenas ela mesma. Meg ficou deitada na cama olhando para o teto adornado, pintado como um céu azul com querubins espiando de blocos de nuvens rosa. Só a cama era maior do que toda a sua cela no convento.

Um feixe de luz matinal encontrou um buraco na pesada cortina de veludo. Meg saiu da cama e puxou as cortinas. Ela olhava diretamente para o sol, e por um segundo seu brilho encheu o mundo. Mas isso era apenas uma alusão à luz dourada que preenchia o mundo, ou melhor, o cosmos.

Meg não contou ao grupo o que esperar. Como poderia colocar aquilo em palavras? Só o padre Aloysius tinha chegado perto.

– A luz está viva. É inteligente, além de qualquer coisa que nossa mente possa compreender. Ela nos conhece melhor do que conhecemos a nós mesmos – disse ele. – Então, entrar na luz pode ser muito simples ou muito complicado. É simples se você se entregar. É complicado se você resistir.

Eles tinham se encontrado atrás do velho galpão da propriedade. Meg não conseguia se lembrar do ano, mas o verão tinha chegado e ela sentia o cheiro de grama recém-cortada no ar.

– Eu costumava detestar a ideia de entrega – admitiu ela.

– Resistir é muito mais fácil – respondeu ele. – Mas você já sabe disso.

– Suponho que sim. – Meg relutava em falar sobre suas lutas internas.

– Você é muito especial de muitas maneiras – observou o padre –, mas não nesta. Todos que vislumbram a luz são lançados em confusão. Eu certamente fui.

– O senhor, padre?

Ele riu.

– Eu era o pior, muito volúvel e extremamente agitado. Achava que estava apaixonado por toda garota na rua. Cheguei a propor casamento à empregada de casa. Ela era do Brasil, e eu planejei surpreendê-la com duas passagens de avião para o Rio. – Ele sorriu com a lembrança. – Eu mencionei que tinha onze anos?

Ele estava comunicativo. Na brisa quente de verão, os cabelos brancos do sacerdote eram como um sopro de dente-de-leão contra o sol (essa se tornou a imagem preferida de Meg depois que ele morreu, a de que ela se recordava sempre que pensava nele).

– Sabe, a luz não se importa se você é jovem ou velho – retomou ele. – Ela irá desfazer você quando quiser. A luz expõe tudo o que você ocultou do mundo.

– E depois? – perguntou Meg, com emoção. – Você é deixado para se estraçalhar sozinho? – Ela ainda tinha dias nos quais se sentia perdida, revirando-se ao vento. Uma parte dela odiava Deus por deixá-la assim.

Padre Aloysius entendeu como ela se sentia.

– Tenha calma, criança. Eu vim até você, não vim? Alguém sempre vem. A luz nunca trabalha para nada que não seja o bem. Não tem outro propósito.

Meg não tinha certeza se acreditava nele, mas não discutiu. Era melhor se sentir agradecida por ele ter vindo.

Agora a situação tinha se invertido. A escola de mistério estaria se contorcendo ao vento a menos que ela fosse até eles. Meg se vestiu rapidamente. Dez minutos depois estava em um táxi em direção ao hospital onde Jimmy já estaria trabalhando. Um impulso tinha lhe dito que ele precisava ser resgatado primeiro.

A essa altura ela estava acostumada a se submeter. Tinha se submetido a suas visões e à capela dourada. Nada místico parecia estranho (a maioria das pessoas ficaria entediada se o místico não fosse estranho). Ela não questionou a apóstola quando ela guiou Meg até a farmácia para comprar os óculos de sol. Meg foi informada de que sua magia era temporária. Depois de um dia eles voltariam a ser óculos de sol de plástico barato. Aí o grupo estaria em queda livre.

O táxi a deixou na entrada do hospital. Dentro do prédio havia uma agitação de pessoas. Três filas tinham sido formadas em frente à mesa da recepção. Ela passou despercebida pelo saguão e seguiu até os elevadores.

Meg não sabia em que andar Jimmy trabalhava, mas lembrava-se de que ele parava todas as manhãs na ala pediátrica para alegrar as crianças. Ele fingia ser o *Señor* Sortudo, o pônei que o hospital mantinha para as crianças montarem. Decidiu ir até lá primeiro.

Quando a porta do elevador abriu, Meg saiu em um corredor pintado em cores brilhantes, com imagens de arco-íris e filhotes de animais brincando. Havia uma dezena de portas de cada lado, mas ela não teve que espiar dentro delas. No fim do corredor havia uma cadeira, e Jimmy estava sentado nela. Ele tinha a cabeça baixa.

Meg sabia que sua imobilidade era ilusória. Ela correu pelo corredor e ao se aproximar viu que Jimmy segurava os óculos de plástico nas mãos.

– Jimmy, o que está acontecendo?

Ele não levantou o olhar porque simplesmente não a enxergava. Ele tinha entrado em parafuso, e inteiramente por sua própria culpa. Depois de sua epifania, ele tinha voltado para a grande sala onde *Señor* Sortudo deveria ter distribuído balas em vez de sair correndo. A atmosfera era mais calma agora, mas a criançada não correu ao seu encontro. Estavam um pouco desconfiadas dele.

Jimmy sorriu de forma magnânima, abrindo os braços do modo como Jesus fazia na ilustração das histórias da Bíblia que sua avó comprava quando ele era pequeno. "Deixai vir a mim as criancinhas." Era só do que precisava. Um toque, e elas seriam curadas, uma a uma.

– Venham – pediu ele. Mas elas estavam muito nervosas.

Impaciente demais para esperar, ele foi até a cama da menina com leucemia. Ela tinha a cabeça raspada por causa do tratamento e dormia a maior parte do dia, seu corpo estava exaurido. Ela seria a primeira. Jimmy colocou a palma de sua mão na testa dela. Enviou ondas de amor para a menina. Fosse isso ou a sensação do toque dele, a garota acordou. Ela olhou para ele, e Jimmy prendeu a respiração.

– Como se sente, querida? – sussurrou.

– Dói.

– Você não se sente melhor agora? – perguntou Jimmy.

Ela fez que não com a cabeça.

– Dói em toda parte. Por que você está me incomodando? – Ela não estava com raiva dele, só sonolenta e nervosa.

Virando a cabeça de lado, a menina voltou a dormir, mas não antes de Jimmy ver a expressão vazia e perdida nos seus olhos.

Ah, meu Deus. Jimmy se sentiu cair por terra. Ele tinha cometido um erro terrível. Tentou escapulir do quarto, mas seus joelhos dobraram, e ele mal conseguiu chegar ao corredor. Se não houvesse uma cadeira lá, teria caído. Ele se sentia nauseado; pior, estava profundamente enojado. O que tinha acontecido com ele? Sentiu uma pontada de medo no peito. E se alguém tivesse entrado e o flagrado?

Enquanto estava afundado ali, uma mulher foi falar com ele. Como se nadasse de uma grande profundeza em direção à superfície, Jimmy conseguiu levantar a cabeça. Reconheceu Meg.

Ela se inclinou e disse suavemente em seu ouvido:

– Você não é Jesus Cristo. Lamento desapontá-lo.

Ele ficou aliviado e confuso ao mesmo tempo.

– Então quem eu sou?

– Você é um de nós. E uma alma muito bonita.

Jimmy conseguiu dar um sorriso agradecido. Então um novo espasmo de náusea o subjugou, enchendo sua boca de amargor, e ele começou a chorar.

Meg convocou uma reunião de emergência naquela noite, e de uma forma ou de outra todos os membros foram arrebanhados. Ela tinha sido orientada a resgatá-los, como fizera com Jimmy, mas precisava de ajuda.

Lilith provavelmente era a única que não tinha enlouquecido. Meg ligou para a casa dela. Foram necessários três toques antes de ela responder.

– Como você está se sentindo? – perguntou Meg. Ela supunha que Lilith tivesse experimentado os óculos de sol.

– O quê?

– Você está sentindo algo incomum?

– Eu estou me sentindo muito bem – respondeu Lilith. – Realmente muito bem. – Ela parecia sob controle, mas um pouco confusa.

– Escute com atenção – disse Meg, com urgência na voz.

– Tudo bem.

– Você não é Deus. Você não é uma santa ou um anjo esperando o êxtase. Sei que você está tentando decidir qual desses se aplica a você. Nenhum deles. Você ainda é Lilith. Está entendendo?

Silêncio do outro lado da linha. Então Lilith disse em uma voz trêmula, que nunca soou tão vulnerável para Meg:

– Se eu não sou Deus, Deus não me diria isso?

– Não, ele está ocupado. Eu estou lhe dizendo no lugar dele. Você recebeu uma explosão de realidade, é só. É maravilhoso, mas precisa retomar seus sentidos. Temos que encontrar os outros, e rápido.

Felizmente, Lilith voltou à realidade depois de três xícaras de café puro; seus anos de experiência evitaram que ela ficasse delirando.

Mare também estava relativamente estável. Eles a encontraram no ponto de ônibus perto de sua casa. Conforme os ônibus passavam, ela ficava de pé na porta, levantando a mão em bênção.

– Seja abençoado – dizia a cada passageiro que entrava e saía. – Fique em paz.

Algumas pessoas sorriam para ela. O restante estava acostumado com malucos na cidade, e aquela parecia inofensiva. Só um homem ficou suficientemente irritado para dizer:

– Vá procurar ajuda, dona.

Mare ficou surpresa em ver Meg e Lilith no meio-fio.

– Vocês também foram enviadas para cá? – perguntou. – Todos são filhos de Deus. Eu vejo. Por que eles não veem?

– Eles têm outras coisas na cabeça – disse Lilith. – Precisamos levá-la para casa.

– Por quê? Encontrei minha vocação.

– Talvez – disse Meg. – Mas agora não é a hora.

– O que isso significa? – perguntou Lilith, parecendo perplexa. Ela tinha percebido o olhar entre as duas.

– Não importa. Vamos tirá-la daqui.

Mare tinha saído no frio usando apenas uma jaqueta leve, e agora tremia. Como Jimmy, ela trazia os óculos de plástico apertados na mão. Meg entendeu na hora o que estavam fazendo com sua sobrinha. O olhar trocado por elas tinha história.

Voltava ao lendário Massacre do Dia de Ação de Graças, como a família Donovan passara a chamá-lo. Um primo distante tinha sido ordenado padre, e a família de Mare encheu dois carros e dirigiu centenas de quilômetros para comparecer àquilo que Tom, o avô de Mare, se referiu como uma festa de despedida.

– Ele vai perder a melhor parte da vida, ouçam o que estou dizendo – disse ele.

Mare, que na época tinha seis anos, imaginou o que isso queria dizer. Sua avó mandou Tom ficar quieto.

Tom era um irlandês de feições morenas que adorava a causa do IRA e se ressentia dos padres. Na festa, foi um chato. Sabia que não deveria fazer observações mordazes sobre a Igreja, então, em vez disso, fomentou discórdia ao incentivar o futuro padre a beber demais.

– Outro gole não vai prejudicá-lo, ou você não é um Donovan – dizia.

O jovem, que mal tinha saído da adolescência, fez o que lhe era mandado. Finalmente alguém interveio e disse ao padre Ronnie, como a família já tinha começado a chamá-lo, para tomar ar fresco. Ele saiu para andar sozinho, tropeçou em uma raiz de árvore no quintal e bateu a cabeça.

O resultado não foi terrível: um corte na testa e uma leve concussão. Mas o corte sangrou bastante, os pais trocaram palavras ásperas com Tom e aquele lado da família Donovan nunca mais foi bem-vindo na casa.

A parte perturbadora não foi a briga, porque para começo de conversa Tom nunca tinha gostado mesmo de seus primos metidos e devotos. A parte perturbadora ocorreu na volta para casa, quando Mare, sentada no banco de trás, começou a gritar: "Pare o carro, pare o carro!"

A explosão foi totalmente inusitada. Do banco da frente, sua mãe olhou para trás.

– O que há com você?

Mare começou a chorar, e ninguém conseguia acalmá-la.

– Por favor, por favor – choramingava ela.

– Você precisa ir ao banheiro? – perguntou seu pai, olhando para ela pelo retrovisor.

– Não.

– Então o que foi?

Mare se lembrava de que ia dizer "Vamos todos morrer". Uma imagem brutal tinha surgido em sua mente, mostrando um cruzamento na linha férrea e um carro retorcido de tal maneira que não sobrara nada, a não ser destroços horríveis. Naquele momento ela escutou um sino assinalando a chegada de um trem, e as luzes vermelhas piscando na cancela estavam a poucos metros de distância. Ela estava assustada demais para falar, apertando os olhos em terror.

– Cuidado! – alertou sua mãe.

Houve uma forte buzina da locomotiva que seguia em alta velocidade em direção ao cruzamento, instantaneamente seguida de um barulho repugnante de uma batida.

– Não olhem! – ordenou Tom enquanto pisava forte nos freios e pulava do carro. Na frente deles um motorista tinha tentado atravessar a cancela, mas errara o cálculo em segundos. Foi o suficiente. No horror e na confusão da cena, ninguém encontrou tempo para questionar Mare sobre o motivo de ela ter gritado. Ela se sentia incrivelmente culpada, como se tivesse podido salvar as pessoas que morreram. O jornal disse que o motorista tinha bebido muito em uma festa.

Depois, a mãe de Mare se lembrou da confusão da filha, mas o feriado de Ação de Graças era no dia seguinte e havia o principal evento para discutir, a grande briga sobre o futuro padre. O assunto nunca foi mencionado.

Tia Meg cutucava o peru em seu prato em silêncio, e então levou a sobrinha para o quintal enquanto a mesa era limpa.

– Você percebe coisas, não é? Coisas que as outras pessoas não percebem.

Mare ficou alarmada.

– Tento não perceber.

– Por quê? Não é uma coisa ruim. Sua mãe lhe disse que era?

Mare mordeu o lábio.

– Tudo bem, vá para dentro – disse a tia. – Mas tire a neve de seus sapatos primeiro.

Aos seis anos, não ocorreu a Mare imaginar qual seria a motivação de tia Meg. Tudo o que conseguiu daquele traumático feriado de Ação de Graças foi um pesadelo recorrente. O som do metal retorcido a fazia acordar trêmula.

Os óculos de sol de plástico reavivaram essa lembrança ruim, que felizmente sumiu assim que Mare começou a abençoar os passageiros do ônibus. Agora ela escutou Meg dizer:

– Venha conosco. Não queremos uma sobrecarga de bênçãos, queremos? Poderia queimar os circuitos.

Mare parecia confusa, mas se deixou levar docilmente. Quando Meg e Lilith a colocaram de volta em casa e em sua cama, ela caiu no sono de imediato.

– Vamos para o próximo – disse Meg, com um toque de severidade.

Encontraram Frank sentado em seu carro no estacionamento do jornal. Ele escutava heavy-metal a uma altura ensurdecedora, e não ouviu quando elas se aproximaram. Lilith bateu na janela do lado do motorista. Frank a abaixou.

– Por que estão aqui? – perguntou. Ele parecia bem abalado.

– Para ver se você ainda está inteiro – respondeu Meg.

Ele sorriu.

– A cola ainda não está seca.

– O que aconteceu?

Frank agira contra seus próprios interesses. No apartamento de Mare o efeito dos óculos escuros tinha sido incrível, mas em algum lugar no fundo de sua mente ele lembrou que precisava ir trabalhar. Tirou os óculos e entrou no banheiro. Uma chuveirada fria ajudou. Ele se vestiu para sair, mas Mare não prestava atenção, empoleirada na borda do sofá amarelo-mostarda com um sorriso gigantesco no rosto.

– Estou indo agora – disse ele. – Não fique com essa coisa tempo demais.

– Aham.

As ruas estavam limpas, mas Frank dirigia de modo trêmulo, e parou na casa do seu jovem colega Malcolm, que ficou surpreso ao vê-lo.

– Preciso que você dirija – disse Frank, esperando parecer normal. Talvez não tenha conseguido. Malcolm lhe deu um olhar confuso e pegou a direção.

– Você tem aquele lance político em uma hora – falou ele. – Talvez eu vá junto.

– Claro, tudo bem – murmurou Frank. Ele não fazia ideia do que era esse lance político. Ficou olhando pela janela para a paisagem que passava. Em vez de uma cidade suja, seus olhos bebiam uma lufada de cores que era quase musical.

– Noite pesada? – perguntou Malcolm. – Você parece bêbado.

A preocupação na voz dele fez com que Frank tentasse pensar com clareza. Ele fechou os olhos e se concentrou. As coisas entraram em foco.

– O lance político é a entrevista coletiva? – perguntou.

– Sim. Cara, fico feliz por você ter me pedido para dirigir.

Em um hotel no centro, um candidato da direita que concorria ao Congresso tinha agendado uma coletiva de imprensa inútil. Ele estava atrás nas pesquisas e queria debater o aborto e o casamento gay. A única mídia presente era Frank, Malcolm e uma garota da emissora de TV local que ainda devia estar na universidade.

O candidato parecia nervoso. Ele era um pastor fundamentalista local que estava perplexo por seus temas polêmicos não provocarem entusiasmo. Ele pegou sua folha de itens a discutir, mas antes que pudesse falar Frank levantou a mão.

– As perguntas podem ser feitas depois – disse o assistente de relações públicas do candidato.

Frank se levantou de qualquer forma.

– Só queria dizer ao reverendo Prescott algo. Você é lindo, cara.

O candidato, uma figura imponente de cabelos brancos com quase setenta anos, olhou de cara feia.

– O que disse?

Frank sentiu que cambaleava um pouco.

– Disse que você é lindo. Na verdade, você só fala besteira. Virou uma piada. Mas Deus não se importa. Ele o ama. – Frank fez menção de se sentar, mas um segundo pensamento lhe ocorreu. – Eu também o amo.

Malcolm olhou ao redor, nervoso; a menina da emissora local ria.

Com uma sensação onírica de desapego, Frank viu o rosto do candidato ficar vermelho-escuro. O assistente de relações públicas, que conhecia todos os repórteres, agarrou o microfone e gritou:

– Dê o fora daqui, Frank. Vou ligar para o seu chefe. Espero que a brincadeirinha valha seu emprego.

– Não tem problema. Deus ama você também. Puxa-saco.

Ninguém escutou essa última palavra porque Malcolm estava tirando Frank da sala. Nada foi dito no carro de volta para o jornal. Mas, quando ele desceu do carro, Malcolm estava visivelmente zangado.

– Desculpa, cara – murmurou Frank.

– Se você quer cometer suicídio público, tudo bem por mim – disse Malcolm. – Mas me deixe fora disso. Não quero ser atingido pelos estilhaços.

Frank ficou olhando enquanto ele se afastava a passos duros, então ligou o som de seu carro no volume máximo para clarear a mente. O tempo passou; ele não sabia quanto. A próxima coisa de que tomou conhecimento foi de Lilith batendo no vidro da janela.

– Pode abaixar isso? – falou ela.

– Ele ainda está em choque – presumiu Meg. Deram a Frank alguns minutos. Ele desligou a música e saiu do carro.

– Jesus, que confusão – gemeu. – Estou arruinado.

Ele não quis falar sobre seu humor sombrio. As duas mulheres decidiram esperar no estacionamento enquanto ele entrava no prédio para saber seu destino. Frank estava de volta em dois minutos.

– Não posso acreditar. Meu editor estava prestes a me dar um chute no traseiro, mas recebeu uma ligação do dono do jornal. Ao que parece, ele odeia esse pastor maluco. Posso até conseguir um aumento. – Frank sacudiu a cabeça. – Deus existe.

Lilith deu de ombros.

– Dê ao garoto uma estrela dourada.

Faltava apenas Galen. Elas apareceram na casa dele, mas o carro não estava lá e ninguém atendeu a porta.

– A pintura que ele tentou desfigurar – disse Lilith. – Talvez ele tenha voltado para se ajoelhar diante dela.

– Não, não parece algo que ele faria – respondeu Meg. – Cada um reage de acordo com a própria natureza. É assim que funciona.

Tentar adivinhar onde ele poderia estar era impossível, mas na primeira tentativa Galen atendeu o celular. Ele parecia calmo. Calmo demais.

– Ainda não experimentei os óculos de sol – falou. – Ainda devo fazer isso, certo?

Meg hesitou. Ela não tinha o direito de reverter as instruções da apóstola.

– Deixe-me encontrá-lo primeiro. Onde você está?

– Estou indo para o planetário.

– Por quê?

– Eu gostava de lá quando criança. Me pareceu um lugar seguro para viajar.

– Espere lá. Não faça nada – ordenou Meg.

Ela apressou Lilith para voltar para o carro.

– Tenho um mau pressentimento sobre isso – falou.

Quando chegaram ao planetário, o bilheteiro avisou que a próxima apresentação estava atrasada. À distância, Meg viu dois guardas uniformizados entrando no auditório.

– Estou indo para lá – sussurrou para Lilith. – Invente uma distração.

A ideia de distração de Lilith foi esvaziar a bolsa no chão e então implorar ao bilheteiro que a ajudasse a encontrar o anel de diamante que tinha caído. Era uma desculpa fraca, mas boa o bastante para que Meg passasse despercebida pelo portão. Ela correu pelo auditório vazio e mal iluminado. O teto abobadado não mostrava estrelas. Ela escutou uma comoção no meio do aposento, e, assim que seus olhos se ajustaram ao escuro, viu os dois guardas. Eles estavam tentando tirar Galen de algum tipo de máquina. Ela correu e viu que ele tinha se atado a um projetor de estrelas. Ele estava usando os óculos de sol.

– Que haja luz – murmurava Galen. – E houve luz.

Os guardas musculosos estavam tendo uma dificuldade surpreendente em tirá-lo de lá. Um deles disse:

– Vamos lá, meu senhor, o senhor não quer fazer isso.

Quando puxaram com mais força, Galen começou a gritar e se agarrou ainda mais.

– Sou a irmã dele. Deixem-me tentar. Ele está assustado – interveio Meg.

Os guardas não lhe deram licença, mas ela os empurrou mesmo assim, conseguindo se aproximar o bastante para arrancar os óculos de Galen.

– Eu o levei para um passeio de um dia. Ele está sob cuidados – explicou ela.

Os guardas não pareciam convencidos. Mas pelo menos Galen tinha soltado o projetor. Ele deslizou para o chão, murmurando suavemente "uau" vezes seguidas.

– Seu irmão precisa de médicos melhores – disse um guarda. Ele era mais velho e parecia estar no comando.

– Ah, eu concordo – disse Meg. – Agradeço sua compreensão. E, é claro, se pudermos sair, haverá uma generosa contribuição ao planetário.

– Que diabo – resmungou o guarda mais jovem. – Vou almoçar.

Meg e Lilith arrastaram Galen. Ele batia na bolsa de Meg, onde ela tinha guardado os óculos de sol.

– Meus – balbuciava. – Meus, meus, meus.

Mas elas conseguiram evitar que ele os pegasse.

– Tudo se foi – murmurou ele, baixinho. Sua cabeça pendeu para um lado, e ele adormeceu.

CAPÍTULO 19

Na reunião de emergência daquela noite, o grupo parecia como cinco gatos resgatados do rio e espremidos. Mas não havia sinais visíveis de transtornos. Meg deu uma olhada cautelosa ao redor.

– Estão todos bem?

– Estamos de volta a nossas jaulas – disse Lilith, secamente. – Estou usando uma metáfora.

– Talvez – grunhiu Frank. Ele ainda estava bastante abalado, e suspeitava que os outros sentissem o mesmo. Mas ninguém queria trocar experiências, pelo menos até que as coisas se acalmassem.

Meg aproveitou a deixa de Lilith.

– Não é uma jaula física na qual estão presos. As grades são mentais. Elas impedem a entrada da luz. Bem no fundo é como vocês querem que seja, porque viver normalmente significa tudo se planejam sobreviver. A apóstola lhes mostrou uma saída, uma rota de fuga.

– Então podemos desfrutar de vidas anormais? – perguntou Frank. Ele tirou seus óculos de plástico. – Não preciso de uma ajuda como esta, muito obrigado.

Apesar de seu protesto, Meg sentiu que nenhum deles se arrependia de um segundo passado fora da jaula.

– Tive um ótimo mestre, e um dia ele me deu um conselho. “Não julgue ninguém pela aparência. Consiga sentir sua alma.

Um tipo de alma está escondido da vista, e não oferece luz. Outro tipo de alma às vezes espia por trás da máscara, oferecendo uma luz vacilante. O tipo mais raro de alma não se esconde de nada; está totalmente visível. Esse tipo é você." – disse ela.

– Lindo – murmurou Mare.

– Você acha? Eu não achei. Eu me senti exposta e culpada – disse Meg.

– Culpada de quê?

– De ser uma fraude. Se você não faz ideia de quem realmente é, toda a sua vida é uma fraude, não? – Ela olhou cada um à mesa de modo perspicaz. – Agora vocês não têm mais uma desculpa.

Eles ficaram em silêncio, e então Lilith se levantou.

– Quero me desculpar. Estive vendo vocês como gente normal. A visão foi extremamente decepcionante, garanto.

– Obrigado, Dona Deus – murmurou Galen, baixinho.

– Não sou surda – disse Lilith. – Todos vocês fizeram um trabalho tão bom escondendo sua luz que me enganaram. Mas isso não vai mais acontecer, e peço desculpas.

Ela não disse isso com um sorriso. Ao contrário, parecia zangada quando voltou a se sentar. *Todos estes anos perdidos*, a voz em sua cabeça começou a dizer, mas ela desviou a atenção, recusando--se a ouvir.

Jimmy ergueu seus óculos.

– Esta coisa me assustou. Apoio Frank. Pode pegá-los de volta.

– Não é necessário – disse Meg. – Os óculos foram apenas um convite. Deus não vai pressionar vocês a aceitá-lo.

– É mesmo tão ruim ser uma fraude? – perguntou Jimmy, provocando uma risada nervosa. – Sério, não sei como mudar.

– Ficaria preocupada se você não quisesse continuar enganando as pessoas – respondeu Meg. – Levou anos para você aperfeiçoar seu comportamento. Mas a apóstola acha que você está pronto, todos vocês.

– Tudo bem, vou acreditar – disse Galen. Ele não se incomodou em fazer uma reclamação porque realmente não tinha uma. A luz o havia tratado com muito mais cuidado do que tratara o resto.

Meg sentiu um acordo silencioso geral. Se eles tivessem hesitado, ela estaria preparada para fazer a mesma promessa que o padre Aloysius certa vez fizera a ela: "Ter um gosto da luz não é o mesmo que viver nela. Quando você viver nela, não precisará de esperança nem de fé. Você saberá tudo."

Na época, sua ansiedade não foi acalmada.

– Eu não quero saber tudo.

– Sim, você quer. Só não percebeu isso ainda – disse o padre.

O santuário dourado estava em seu lugar habitual no centro da mesa. Meg colocou as mãos nele. Os outros seguiram o seu gesto sem serem mandados. O aposento começou a sumir. Dessa vez a mudança para outra realidade aconteceu suavemente, embora não tivessem ideia do que os receberia no outro lado.

Isto foi o que viram. A 13ª apóstola estava viajando em uma estrada no deserto, vazia nos dois sentidos. Um velho servo puxava o burro sonolento que ela montava, seus cascos levantando nuvens de poeira. A primavera estava em plena floração ao redor de Jerusalém. Por três semanas mágicas, manchas de amarelo e roxo levavam alegria à paisagem. Mas ali a única vegetação era a de um matagal baixo e banal.

– O lugar deve estar próximo – disse ela, ansiosamente.

O servo deu de ombros.

– Quem pode dizer?

Esse pedaço de estrada que levava a Tiro costumava ser repleto de comerciantes e suas caravanas. O comércio atraía bandidos. Mas nos próximos quilômetros não havia colinas ou penhascos onde eles pudessem se esconder, e Jerusalém podia ser vista à distância, uma miragem azul em meio a brumas.

O servo olhou a posição do sol no céu.

– Se não virmos logo uma casa, teremos que voltar. – Ele não queria sofrer as consequências se sua ama fosse atacada.

Onde uma casa poderia se esconder em tal terra desabrigada e plana? A resposta veio na próxima curva – uma ravina profunda cruzava a estrada como um corte na pele.

– Ali – disse ela, apontando para uma trilha que levava até a ravina.

O servo parecia perplexo.

– Não há nada lá embaixo, a não ser cobras e demônios.

– Em alguns minutos haverá cobras, demônios e nós.

Resmungando, o servo açulou o burro com uma vara. A trilha serpenteava em torno de afloramentos rochosos. Assim que chegaram ao solo seco da ravina, que tinha sido cortado por séculos de enchentes, o leito se afastava da estrada. Dez minutos depois encontraram o primeiro ser humano, um homem sentado em uma pedra de arenito talhando uma vara. O servo se perguntou se a razão dessa atividade era mostrar que tinha uma faca.

Quando se aproximaram, o homem falou enigmaticamente.

– Tive uma intuição.

A 13ª apóstola não hesitou.

– Eu também.

O homem ficou de pé, revelando como era alto. Suas vestes, atadas por uma faixa ao redor da cintura, eram de cânhamo de boa qualidade, mas não o fino linho que a menina usava. Ele usava barba rente e tinha olhos que a estudavam com clareza penetrante.

– Precisamos falar a sós? – perguntou ele, olhando o servo, que não parecia exatamente contente com o encontro.

– Eu fico – insistiu o servo.

– Está tudo bem – disse ela.

A menina sabia que a idade o deixara um pouco surdo. Os celeiros e campos de seu pai estavam com tarefas demais na época de plantio para abrir mão de qualquer um dos servos jovens. Ele, porém, não teria enviado ninguém se soubesse que ela estava indo procurar um dos discípulos de Jesus. O rabino milagroso tinha causado muitos problemas entre os judeus, fazendo os romanos apertarem o controle. Matá-lo só tinha feito os ocupantes buscarem com mais afinco outros do seu tipo.

Ela apeou e se aproximou do homem.

– Como devo chamá-lo?

– Simeão. Ou, se for mais romana que judia, Simeonus.

– Simeão, então. Você tem um esconderijo por perto?

– Sim. Os bandidos escavaram algumas cavernas. Com tudo o que aconteceu, os rebeldes agora as usam. Você está mais segura aqui.

Simeão fez um gesto em direção à rocha em que estava sentado, a única coisa que poderia passar por um assento. A garota empoleirou-se nela enquanto ele se sentava no chão com as pernas cruzadas.

– Eu vi tudo – começou ela. – Assim como vi como encontrá-lo hoje.

Ela estava poupando os sentimentos dele. Em uma visão, ela vira Simeão fugir quando os soldados romanos pegaram Jesus. Ele se escondeu em um buraco nas favelas mais pobres da cidade, chorando descontroladamente. Mas foi o que a atraiu a ele. Ela também tinha chorado da mesma maneira.

– O que você quer de mim? – perguntou ele.

– Preferiria não querer nada. Minha família deveria oferecer a você um esconderijo, alguém tão santo como você.

Ele sacudiu a cabeça.

– Você acha que sou santo? Traí quem prometi nunca trair. Agora não tenho como seguir no mundo. Costumava pescar na Galileia, mas isso ficou para trás.

– Então você vive como apraz a Deus – comentou ela.

– Vivo como meu mestre ensinou porque sei que ele me perdoa.

Ele falava com total franqueza, e isso encorajou a 13ª apóstola. O burro seguiu em direção a um tufo de grama enfiado em uma fenda, e o velho servo estava sentado à sombra com seu chapéu de palha puxado sobre os olhos.

– Falei com Jesus – disse a 13ª apóstola. Ela respirou fundo. – Ele estava na cruz quando veio até mim.

Ela esperava que Simeão ficasse de pé em um pulo, com raiva ou assombro. Mas ele permaneceu calmo.

– O que ele lhe contou?

– Ele me disse que era a luz do mundo. Sabe o que quis dizer?

– Ele quis dizer o que disse – falou Simeão, abrindo os braços. – Tudo isso, e tudo o que podemos ver, é luz. Quando o espírito nos preenche completamente, somos a luz. Jesus ensinou isso.

– Então você pode se tornar o mesmo que Deus?

Ele ficou alarmado.

– Essas palavras são uma blasfêmia.

– Sua vida toda é uma blasfêmia. Não me importo. Deixe-me segui-lo.

Simeão sacudiu a cabeça.

– Um dia voltarei a Jerusalém, se Deus quiser. Não quero o seu pai me apedrejando por arruinar sua filha.

– Como você poderia me arruinar? – Ela fez a pergunta sem piscar, olhando-o diretamente nos olhos.

– Tirando sua fé. Com fé, você ainda pode ser judia.

– Não, sou como você. Nenhum de nós pode voltar a ser como era.

Simeão franziu o cenho. Ele nunca escutara uma mulher falar assim. Ela poderia ter explicado a ele sobre escutar atrás de uma cortina enquanto os rabinos ensinavam seus irmãos. Ela poderia ter apontado para seu coração, que durante muitos dias era como uma bola de fogo. Mas não havia tempo.

Ele falou:

– É raro ver uma mulher na cruz, mas não impossível. Você deve partir. Não tenho mais nada para lhe dizer.

O sol já tinha mergulhado abaixo da orla da ravina. Ela se levantou, espanando de sua roupa e das sandálias a areia pálida do deserto.

– Eu sei o que vi. Amaldiçoada ou abençoada, sou uma de vocês.

– Então me apiedo de você. – Os olhos de Simeão ficaram marejados. – Jesus pode nunca mais voltar para nós. Não coloque a si mesma em perigo. Apenas vá.

Ele viu como ela parecia cabisbaixa, e sua voz ficou mais suave.

– Se você for uma de nós, o Senhor a guiará. Mesmo à sombra da morte.

Ela fez uma pausa.

– Eu sei por que você está doente no coração. Não é porque traiu seu mestre. É porque ele o deixou para trás. Você o culpa. Você acha que é injusto.

Como você sabe?, pensou ele. Ser tão abençoado enquanto o mestre vivia e então abandonado como uma fagulha perdida assoprada de uma fogueira na noite. Como ela poderia saber?

Ele não respondeu, e o tom dela se tornou amargo.

– Enquanto você chafurdar na dor, não terá mestre e não terá esperança.

As palavras dela voltariam a assombrá-lo em todos os amanhãs que conduziriam à sua morte. Simeão esperou enquanto ela acordava o velho servo sonolento. Ele os acompanhou até o início da trilha e observou enquanto o burro subia a estrada. O pequeno grupo tinha que chegar a Jerusalém antes que a noite e seus perigos os engolissem.

Em um impulso, todos tiraram as mãos do santuário dourado. Apesar de todas as vezes que a apóstola os levara para o passado, ainda era difícil acreditar. Lilith olhou para os outros. Eles tinham percebido que o fugitivo caçado na ravina era Simão Pedro? Ou que ele só iria encontrar seu mestre ao ser crucificado em Roma? Todos os apóstolos tiveram morte violenta. Se a menina compartilhou a vida deles, deve ter compartilhado sua sina. Lilith decidiu não mencionar nada disso. Ela levou o grupo a uma direção diferente.

– Você disse que voltar para lá nos ajudaria a fazer uma escolha – falou para Meg. – Qual é a escolha?

– Viver como apraz a Deus – respondeu Meg, citando a apóstola. – Sem dúvida ou medo.

Essas palavras foram ditas para inspirá-los, mas não foi esse o resultado. Jimmy parecia ansioso.

– Parece difícil demais – falou. – Olhem para eles de cócoras em uma vala. Eles eram infelizes.

– E caçados – acrescentou Galen. Houve um murmúrio geral de concordância. – O céu foi prometido aos apóstolos, e então da noite para o dia eles se tornaram criminosos fugitivos.

Lilith estava irritada.

– Pelo amor de Deus, por que não conseguem enxergar além disso?

– Talvez eu enxergue – retrucou Galen. – Lamento que coisas horríveis tenham acontecido. Mas a história é um pesadelo que passamos a vida toda tentando esquecer.

Esse talvez tenha sido o pensamento mais profundo que qualquer um deles tenha expressado, certamente o mais sombrio. Jimmy lamentou por Galen. Mas sua tristeza não era o único caminho.

– Se tudo é tão horrível, talvez não tenha que ser – disse Jimmy. – Sou otimista.

– Por quanto tempo? Otimismo eterno é insanidade se nada nunca muda – declarou Galen.

Jimmy não respondeu, então Meg disse:

– Vocês estão olhando o mundo a partir da escuridão. Mas a luz nunca nos abandonou... nós a abandonamos. É o que vocês querem? – Ela não estava lançando um desafio, mas ele estava implícito.

Frank pôs em palavras o que todos estavam pensando.

– Certo, então eu olho para dentro da luz e digo "Venha me pegar". Isso vai me deixar louco de novo?

– Não sou vidente – respondeu Meg. – Nessa nova vida, cada dia é desconhecido. A alternativa é totalmente previsível. Você permanece atrás das grades.

Eles podiam ver que ela falava sério, mas não podiam enxergar para onde os conduzia. Meg também não sabia. Desde que o padre Aloysius morrera, ela sobrevivia sozinha em um reino deserto. Ela era a rainha de sua própria solidão. Agora o reino estava começando a ser povoado. Cinco viajantes náufragos haviam sido levados à terra pela luz da lua. Eles não faziam ideia se pertenciam a essa terra estranha. Era hora de descobrir.

Meg olhou ao redor da mesa, avaliando cada náufrago.

– Quando me veem, vocês me veem como um igual? – Ela não esperou uma resposta. – Não sou diferente de vocês, juro. À exceção de uma coisa. Quando a apóstola diz "Viva como apraz a Deus", eu entendo.

Ela pegou sua bolsa e tirou de dentro um pequeno porta-moedas.

– Chega de conversa. Há cinco moedas de um centavo aqui dentro, uma para cada um de vocês. – Ela espalhou as moedas, que tilintaram ao cair na mesa. – Peguem uma, e a tratem com cuidado. Se vocês as perderem, significa que querem retomar sua vida antiga.

Em silêncio, as moedas foram passadas ao redor. Galen olhou a sua, então a arremessou no ar.

– Cara. E agora?

– Não é um jogo – advertiu Meg. – A apóstola deu aos óculos de sol de plástico um poder secreto. Ela fez o mesmo aqui.

Frank sacudiu a cabeça.

– Tudo isso sobre ir embora. Parece uma ameaça.

– Não é – insistiu Meg. – As instruções são simples. Carreguem a moeda por uma semana e, quando voltarem, estarão mudados.

Galen estava irritado.

– Toda vez que você explica as coisas, nada fica explicado. – Se ele esperava mais pistas, Meg não ofereceu nenhuma.

– Agora é com vocês – falou ela. – Só não percam a sua moeda, não importa o que acontecer. Se o fizerem, não se deem ao trabalho de voltar.

O grupo se dispersou tomando rumos separados no crepúsculo que se esvaía, cada um mais confuso e irritado do que nunca.

CAPÍTULO 20

Naquela noite, Galen teve um sono agitado e acordou emaranhado nos lençóis. Ele os tinha apertado tentando se refugiar na cama, como um animal que cavasse o caminho para longe do perigo. As reuniões provocavam isso, e ele detestava. Mas não havia outro lugar para onde ir. Seus dias eram vazios sem a escola de mistério.

De pé no banheiro, ele se olhou no espelho, entristecido com a forma redonda e inchada do rosto, a linha do cabelo inexistente e os olhos injetados de sangue. *Por que nada estava funcionando?*

Ninguém lhe deve nada, lembrou a si mesmo. *Se toca.*

De volta ao quarto, vestiu as calças e a camisa que jogara em uma cadeira. Viu pelo canto do olho um ponto brilhante cintilar. Ele se inclinou e pegou a moeda de um centavo que tinha caído da calça.

Jura?, pensou. Não estava claro o que outra dose de mágica faria. Ele já tinha flutuado pelo universo. Ficou tentado a jogá-la fora no minuto em que chegou ao estacionamento do hospital. Galen tinha uma profunda desconfiança em relação a magia. Era algo primitivo e irracional. Quando criança, se lembrava de visitas aleatórias de um tio descabelado e fedorento, o último do ramo da fazenda de onde viera sua mãe. Quando Galen tinha dez anos, tio Rodney o puxou de lado e tirou uma nota de um dólar da carteira.

– Tenho algo realmente importante para lhe mostrar – falou. Seu tom era conspiratório. Ele empurrou a mão do menino quando Galen tentou pegar o dinheiro. – Isso não é para você, não senhor.

Tio Rodney deu um tapa na nota.

– Este é o primeiro dólar que ganhei. É sagrado para mim. Se o perder, o senhor sabe o que vai acontecer.

– Você teria um dólar a menos – disse Galen.

– Não! Muito pior. Provavelmente iria à falência.

– Por quê?

Seu tio franziu o cenho.

– O que você quer dizer com por quê? Não acredita em sorte? – Seu hálito cheirava a tabaco mascado.

Galen se virou e fugiu, para desgosto do tio. A única sorte era má sorte, o garoto conhecia isso muito bem. A fortuna era um inimigo secreto, e não importava o quanto se implorasse para que fosse bondosa, sua perfídia nunca poderia ser aplacada.

Essa lembrança o distraiu de jogar a moeda de um centavo fora. Sem pensar, ele a enfiou no bolso junto com o resto de trocado que arrumaria ordenadamente, em fileira sobre a cômoda. O sol de inverno estava luminoso e alto no céu. Hora de sair.

Como estava irritado e distraído, não percebeu que seguia na direção errada, afastando-se do ponto de ônibus. Galen inclinou a cabeça, mecanicamente contando os passos, quando um estranho esbarrou nele. No segundo seguinte sentiu algo quente e úmido na frente do casaco. O homem tinha derramado café em sua roupa.

– Cuidado! – exclamou Galen. Ele levantou a cabeça e viu que não era um estranho. Era Malcolm, o garoto-repórter, que saía correndo de uma Starbucks sem olhar para onde ia.

– Puxa, você está bem, cara?

– Não sei. – O café não estava fervendo, mas era costume de Galen deixar outra pessoa sem graça para variar quando tinha a chance.

Malcolm pareceu verdadeiramente aflito.

– Escuta, tenho um tempinho. Posso comprar algo para você comer? Como tem passado?

O que é isso?, pensou Galen. A última pessoa que lhe dirigira uma palavra bondosa tinha sido Iris. A lembrança trouxe uma pontada de dor. Seu instinto natural foi se livrar do rapaz e descer rapidamente a rua.

Antes que pudesse fazer isso, Malcolm falou:

– Você está se mantendo longe de problemas, espero.

O celular de Malcolm tocou. Ele levantou a mão, dizendo "Só um segundo", e atendeu.

A mão de Galen foi até seu bolso, tocando os trocados que carregava. Naquele momento, um pensamento incomum surgiu em sua cabeça.

Esse garoto tem pena de você. Ele está errado?

Galen não sabia como reagir. O telefonema de Malcolm foi rápido, e quando ele desligou seu rosto estava consternado.

– Acho que tenho mais tempo livre do que pensava – murmurou. – Derrubaram minha matéria.

A mão de Galen continuava no bolso. No fundo ele sabia que tocava a moeda mágica.

Sem pensar duas vezes falou:

– Você vai ser demitido amanhã.

– O quê? – O rapaz deu um passo para trás.

– Amanhã de manhã o editor de cidade vai despedi-lo. É por isso que ele derrubou a história.

– Jesus. – Malcolm pareceu profundamente abalado. Ele tinha a sensação de que estava ouvindo a verdade. – O que eu vou fazer? – As palavras tinham saído sem querer. A última pessoa na Terra com quem queria dividir seu problema era o maluco do fiasco no museu.

– Eu sei que você acha que sou um fracassado – disse Galen –, mas posso ajudar. Volte aqui depois que demitirem você. – Ele viu a dúvida estampada no rosto de Malcolm. – Às vezes esquisitões como eu realmente sabem algo. Você e eu somos bem parecidos – acrescentou.

– Uau, é tão ruim assim? – lamentou Malcolm.

Galen era mais velho que seu pai. Ele parecia um tampinha de calças amarrotadas. Provavelmente não tinha nada mais a fazer a não ser andar o dia todo incomodando as pessoas. Como eles poderiam ser parecidos?

Mas àquela altura Malcolm estava começando a entrar em pânico. Ele se afastou murmurando "Tenho que dar alguns telefonemas", enquanto teclava números no celular. Caminhou pela calçada sem se despedir.

A voz na cabeça de Galen disse: *Ele voltará.*

O que não era uma boa notícia. Galen estava quase tão abalado quanto o rapaz. Algum impulso que ele não podia controlar assumira o comando. Por que outro motivo ele tinha dito aquelas coisas? Não era do tipo que se metia nos assuntos dos outros, nunca.

Refazendo os passos, Galen correu para casa a fim de limpar as manchas de café do casaco e do cachecol. Isso levou apenas alguns minutos, e depois ele perdeu a vontade de se misturar à multidão no shopping. *De qualquer modo, quem é que faz isso a não ser fracassados?*

Na manhã seguinte, ele voltou à esquina onde ficava a Starbucks. Foi preciso meia hora para se convencer a ir; dessa vez, a única moeda que tinha no bolso era a de um centavo. O dia estava cinzento e tempestuoso. Havia rajadas de granizo, e Galen quase deu meia-volta. Uma vida inteira de oportunidades perdidas fez com que fosse em frente.

Surpreendentemente, Malcolm estava lá, sentado na escada da cafeteria. Parecia infeliz.

– Tudo bem, fui demitido. Então me conte a sabedoria dos esquisitos.

Ele seguiu Galen para dentro da loja. Enquanto ficaram na fila, não falaram. Galen sentia o frio do pânico. Por que tinha atraído esse garoto?

A voz em sua cabeça voltou. *Não se preocupe. Será como falar com o seu sósia.*

Galen riu, e Malcolm olhou ao redor.

– Algo engraçado? – Ele parecia tão irritado e nervoso quanto Galen.

– Potencialmente – respondeu Galen. – Vamos ter que esperar para ver.

Depois de pegarem uma mesa, Malcolm não fez mais contato visual. Ele engolia seu café, até que Galen disse:

– Devagar. Ninguém está prendendo você aqui.

– Eu venho revolvendo isso na minha cabeça – disse Malcolm. – Você deu sorte no palpite de ontem, não deu?

Teria sido fácil dizer sim, e tudo aquilo estaria acabado. Mas Galen se lembrou da imagem de Meg sobre viver atrás das grades. Pela primeira vez na vida, pediu orientação.

Malcolm interpretou seu silêncio da maneira errada.

– Achei que fosse isso – disse ele, afastando o café e se levantando. – Foi legal conhecer você.

– Se ficar, vai conseguir seu emprego de volta.

– Besteira.

– O que mais você tem a perder?

– Não sei, meu amor-próprio? – Malcolm hesitava, confuso, mas voltou a se sentar. – Qual é o plano?

Galen juntou as mãos debaixo da mesa para evitar que elas tremessem.

– Voltar para o jornal. Mas você tem que me levar com você.

– Agora?

– Sim. – Galen tentou dar o que esperava ser um sorriso confiante. – Saberei o que fazer quando chegar lá.

– Afinal, você conduziu sua vida tão espetacularmente desse jeito, certo? Jesus!

Malcolm não ocultava sua insolência. Sentia-se no direito de exercê-la, sendo jovem e empregado. Exceto que aquela segunda parte não era mais verdadeira. A distância entre os dois estava diminuindo. Cansado, ele se levantou e deixou Galen segui-lo para fora da cafeteria, sem olhar para trás.

Dirigiram em silêncio através do dia frio e cinzento. No estacionamento do jornal, Galen esperou que o rapaz amarelasse, mas ele o levou até a redação. A mesa do editor de cidade tinha vários repórteres reunidos em torno, bebendo café e tagarelando. Ninguém olhou para o lado de Malcolm.

Voltando a si, ele sacudiu a cabeça.

– Isso é ridículo. Por que escutei você?

Sem responder, Galen andou até a mesa.

– Sou o pai de Malcolm. Ele está cansado de ficar na seção de obituários, mas não quis dizer a você.

O editor de cidade tinha a idade de Galen, mas a compleição robusta e o rosto vermelho de um boxeador irlandês. Atrás dele, em um cabide, havia um sobretudo e um chapéu de feltro. Ele se via como um jornalista da velha guarda.

– Ele deveria ter tido a coragem de me procurar sozinho – falou.

– Teve medo de ser demitido – disse Galen.

– Demitido? – O editor apontou para o círculo de homens ao redor da mesa. – Esses picaretas iriam primeiro. – Ele sorriu maliciosamente para o repórter na extremidade da mesa. – Não é verdade, Nick? – O homem se levantou, fingindo um sorriso. Ninguém parecia feliz.

A essa altura, Malcolm tinha se aproximado. Ele não podia acreditar no que Galen tentava fazer.

– Isso não é minha culpa – disse, desculpando-se.

Seu editor pareceu irritado.

– Você ligou ontem dizendo que estava doente, e agora não vejo nenhuma matéria em meu computador. – Ele bateu na tela do computador na frente dele. – Seu velho tem razão. Esqueça o obituário. Outra pessoa pode fazer o trabalho. Quero a matéria sobre corrupção policial que me prometeu.

Ele parecia ter esquecido que demitira Malcolm mais cedo naquela manhã. Os repórteres ao redor da mesa tinham testemunhado a cena, olhando enquanto Malcolm limpava sua mesa. Sem dizer nada, voltaram às suas baias.

Para evitar que o rapaz abrisse a boca, Galen o arrastou para longe. Não foi fácil.

– Ele não se lembra de nada – sussurrou Malcolm. Parecia muito agitado.

– Você quer que ele se lembre? – sibilou Galen.

– Quero uma explicação.

Galen buscou uma em sua mente.

– Ele não se lembra porque nunca aconteceu.

– Você é louco.

– Devo ser. – Galen não fazia ideia de como uma explicação tão bizarra tinha saído de sua boca. – Continue andando e feche a boca. Você vai engolir mosca.

Malcolm poderia ter dito "É inverno, não há moscas". Mas estava perplexo. Galen o arrastou pela porta mais próxima, que se abria para uma escada. Ambos se sentiam fracos e afundaram nos degraus.

– Isso vai muito além do esquisito. De verdade. Acho que deveria lhe agradecer – disse Malcolm, com dificuldade.

Galen sacudiu a cabeça.

– Não fiz nada. Só estava lá.

– Então você não é, tipo, um xamã ou sei lá o quê? – Malcolm olhou atentamente Galen e riu. – Claro que não é. – Ele se levantou. – Eu disse isso na melhor das intenções.

Galen deu de ombros.

– Duvido.

Malcolm abriu a porta que dava para a redação, ansioso para voltar a trabalhar antes que seu emprego evaporasse de novo. Ele mordeu o lábio, tentando pensar em algo mais para dizer. Nada lhe ocorreu, então ele sorriu fracamente e saiu, deixando a porta da escadaria fechar com estrondo atrás de si.

Galen tirou a moeda de um centavo do bolso e a segurou contra a luz. Parecia completamente inocente, e a voz em sua cabeça disse: *Às vezes estar lá é tudo o que importa.*

CAPÍTULO 21

Na manhã seguinte à reunião, Frank acordou em sua cama e olhou para Mare, que ainda dormia. Eles passavam duas ou três noites por semana juntos agora, alternando entre a sua casa e a dela. Cada um tinha aberto um espaço para a escova de dente do outro e esvaziado meia gaveta. Não era a primeira vez para nenhum dos dois. Frank se levantou e foi preparar um bule de café na pequena cozinha. Um buquê de margaridas da semana passada, que ele tinha comprado pela metade do preço no supermercado, precisava ser jogado fora. A moeda de um centavo estava no balcão da cozinha onde ele a havia deixado, parecendo inofensiva. Mas a visão dela o perturbou.

– Você é esperta, não é? Oferecendo uma maneira de cair fora. E se eu fizer isso? Você não me controla.

Com quem ele estava falando – a apóstola, Deus, Meg? Ele não tinha uma boa razão para deixar a escola de mistério. Ver é crer, e Frank tinha visto coisas que não conseguia entender. Então, não tentou. Essa era a verdade. Ele seguia a corrente com o grupo, esperando uma notícia de Deus. Até onde sabia, não havia ninguém do outro lado.

Mare entrou bocejando e sonolenta na cozinha. Viu Frank encarando a moeda de um centavo.

– Um centavo por seus pensamentos – falou.

Sua agência de empregos temporários não tinha deixado mensagem em seu celular, então ela tinha o dia de folga. Podia ficar enrolada na cama depois que Frank fosse trabalhar.

– Não sei para onde vamos depois daqui – resmungou ele. A cafeteira apitou, e ele encheu duas xícaras sem olhar nos olhos de Mare. Se ele deixasse o grupo, tinha certeza de que Mare iria parar de vê-lo.

Ela não respondeu de imediato, prolongando o ato de misturar leite e açúcar ao seu café.

– Ninguém está pressionando você – falou ela, soando o mais razoável que podia.

Ele pegou a mão dela.

– Não se trata apenas de nós. É tudo. Estamos em uma montanha-russa com um para-brisa quebrado por um tijolo. Não conseguimos enxergar um centímetro adiante.

– Talvez não devamos enxergar.

– Então você não está nem um pouco preocupada?

Mare pegou a moeda.

– Não tome nenhuma decisão até dar a ela uma chance. Meg prometeu que não nos deixaria loucos.

Ela colocou o centavo na mão de Frank e fechou os dedos dele ao redor da moeda. Talvez ela também o tenha beijado no rosto, mas Frank não percebeu. Assim que a moeda tocou sua mão, imagens perturbadoras encheram sua cabeça, movendo-se tão rápido quanto um carretel de filme em um projetor frenético. A xícara de café quase escapou de sua mão. As imagens desapareceram em dois segundos; ele ficou tonto. Estendeu a mão e deixou a moeda cair de volta no balcão.

– Você tem razão. Escute, estou atrasado. Vou entrar no chuveiro. – As palavras saíram com dificuldade.

Por alguma razão, Mare, que tinha percebido tudo, não questionou seu comportamento. Ela já tinha se afastado e estava sentada à pequena mesa de café da manhã, que pegava o melhor sol matinal. Seus dedos tocavam com indiferença o buquê murcho, procurando flores que valessem ser poupadas.

Frank fugiu e entrou no chuveiro, deixando correr a água mais fria que pôde aguentar. As imagens vacilantes não voltaram. O frio cortante da água fez com que tremesse. Quando saiu, seu corpo estava dormente o suficiente para acalmar a mente. Ele não via mais os corpos mutilados das crianças, o sangue na estrada, as viaturas. O gemido das sirenes da ambulância era agora tão distante que mal conseguia ouvi-lo.

O deslocamento para o trabalho geralmente levava dez minutos, mas havia obras na pista e o trânsito foi direcionado para um desvio. Assim que entrou nele, Frank ficou ansioso, e quando voltou para a pista central suas mãos tremiam segurando o volante. Procurou no bolso da jaqueta onde guardava um cigarro para emergências. Mas tirou de lá a moeda de um centavo. Ele não a pusera ali. Sua intenção fora fingir que a tinha esquecido ao sair apressado para o trabalho. Só podia ser coisa de Mare.

Antes que pudesse raciocinar, uma buzina explodiu em seu ouvido. Frank tinha saído de sua pista e virou rapidamente a direção enquanto um caminhão de reboque passava à sua esquerda. À frente dele estava uma minivan cinza. Duas garotinhas no banco de trás se viraram e acenaram. Frank começou a suar. Ele viu que quem dirigia era uma mulher, talvez uma mãe levando as filhas para a escola. Frank buzinou.

– Encoste! – gritou, acenando com o braço em direção ao acostamento na estrada para mostrar à motorista o que queria. A mulher acelerou, ignorando-o. Frank aumentou a velocidade, se aproximando. As crianças ainda olhavam para ele, mas não sorriam mais.

– Encoste!

Dessa vez, a mulher escutou. Quando ela parou no acostamento, Frank parou atrás dela. Ele não saiu do carro. Não havia como saber se as duas garotas eram os corpos mutilados que ele tinha visto. A mulher saltou da minivan parecendo confusa. Ela andou até a parte traseira do veículo, checando os pneus e as luzes. O rosto dela tinha um olhar exasperado. Ela fez um gesto rude a Frank com o dedo médio, entrou no carro e partiu.

Que Deus a ajude, pensou Frank. Depois de alguns minutos ele se acalmou, mas ainda estava nauseado. Estava atrasado para o trabalho, mas não voltou para a estrada. Em trinta segundos, pensou, o fluxo de carros iria diminuir subitamente. Em um minuto e meio, a primeira viatura passaria voando, afastando os carros do caminho com suas sirenes. A ambulância viria logo atrás.

Na verdade, passaram-se quarenta segundos antes que o trânsito ficasse mais lento, mas o resto aconteceu exatamente como ele vira. A náusea de Frank piorou. Ele poderia ter saído e falado com ela, poderia ter dado à mulher sua explicação bizarra e não ter se preocupado se ela iria chamá-lo de lunático.

Se ele permanecesse ali no acostamento, um policial apareceria para ver o que estava acontecendo. Com relutância, Frank voltou para a pista. O tráfego andava de novo, lentamente. Depois de um quilômetro ele viu as luzes azuis e vermelhas das viaturas. Um policial acenava direcionando os carros para uma única pista. O reboque do caminhão tinha virado, bloqueando o resto da estrada. Frank queria fechar os olhos, mas continuou olhando, e enquanto a fila única de carros se arrastava pelo local do acidente, como um cortejo fúnebre improvisado, ele viu dois sedãs amassados. Um homem desnorteado estava ao lado de uma maca que era colocada em uma ambulância.

Mas era isso. Sem sangue no asfalto, sem crianças mutiladas. A minivan cinza não estava à vista.

O segurança que ficava na mesa da recepção sempre o cumprimentava com um aceno de cabeça quando Frank entrava. Dessa vez, ele disse:

– Você está bem, companheiro?

– Estou ótimo, acho – murmurou Frank.

O segurança, um policial aposentado, com o cabelo grisalho cortado rente, riu.

– Você é quem sabe – disse, um pouco intrigado.

Frank não parou para bater papo. Sentindo-se zonzo, chegou a sua mesa na redação e afundou na cadeira. *Que diabos?* Seus pensamentos giravam confusos enquanto ele tentava entender o que tinha acontecido. Era como estar em uma lavanderia olhando as roupas virarem dentro de uma secadora. Só que nesse caso ele estava virando junto com elas. O único pensamento que ele conseguiu captar foi *Eu te disse*. Frank sabia exatamente o que significava. No momento em que concordou em entrar na escola de mistério, algo bizarro iria destruí-lo, uma ocorrência estranha que arruinaria sua chance de ter uma vida normal.

Sentiu medo, mais medo do que tinha o direito de sentir. Não era algum tipo de herói? Tinha salvado duas garotinhas de uma morte horrível. Frank queria se sentir bem com isso, mas seu medo o impedia. Ele tirou a moeda do bolso e olhou para ela. Talvez se a jogasse fora ficasse seguro.

Naquele momento, o ruído de vozes na redação, que estava sempre lá como uma estática de fundo, desapareceu. Frank ouviu bem nitidamente dois repórteres conversando a vários metros de distância.

– Algo no escâner da polícia?

– Não. A carga de um caminhão caiu na pista.

– Algum morto?

– Não. Não há história.

– Que pena. Melhor sorte da próxima vez.

Os dois repórteres voltaram ao trabalho, e o ruído das vozes cresceu de novo. Frank ficou enojado. "Que pena. Melhor sorte da próxima vez." Poderia ter sido ele falando. Olhou a moeda de novo, dessa vez em dúvida. Os dois repórteres estavam errados. Havia uma história ali, mas Frank não podia contá-la.

Por trás dele, uma voz falou.

– Por que contar uma história quando se pode vivê-la?

Ele sabia que era Lilith antes mesmo de se virar. Ninguém mais fazia aquele truque irritante de ler mentes.

– Não jogue a moeda fora. Você está apenas pegando o jeito da coisa – disse ela.

Frank não tinha resposta. Estava estupefato com a aparência dela. No lugar do terno de tweed cinza que sempre a via usando, Lilith estava com um vestido rosa-shocking, um grande chapéu amarelo de abas largas e uma coisa de penas que ele achava se chamar boá.

Lilith riu e deu uma volta.

– Quem não gosta do circo? – falou.

Frank podia ver pelo canto do olho que as pessoas estavam observando. Algumas na extremidade da redação ficaram de pé em suas cadeiras para espiar melhor.

– Não deveríamos enlouquecer – lembrou, em voz baixa. – Você não é você.

– Graças a Deus. – Lilith riu de novo, um som cristalino que era tão estranho vindo dela quanto o traje diferente. Ela levantou a voz para que todos pudessem escutar. – Venha comigo, querido. Quando a coisa aperta, os fortes vão almoçar. Eu pago.

Ele a seguiu, impotente, enquanto ela vagava por entre as baias. Pelo menos estariam fora da vista em um minuto. Ele tinha que torcer para que seu editor estivesse ao telefone na sala dele e não vendo o espetáculo.

Na recepção, a menina de serviço disse:

– Como você entrou?

Lilith não parou, respondendo enquanto andava:

– Mágica, minha criança. Mágica.

Frank considerou seriamente ligar pedindo ajuda médica, mas, assim que saíram, Lilith parou com o fingimento.

– As coisas que faço por você – murmurou, em seu tom empertigado de sempre.

– Por mim? – Frank estava atônito.

– Você estava vacilando. Não queria perdê-lo. – Ela parecia se divertir com as dúvidas dele, o que o irritou.

– Posso decidir por conta própria. Já sou crescidinho.

– Bom para você. Rusty nunca conseguiu crescer, não é?

Essa pergunta enigmática teve um efeito assombroso em Frank. Seu rosto empalideceu, e um tremor atravessou seu corpo.

– Você não pode saber isso – falou, em uma voz estrangulada.

– Mas sei.

Ele se encostou na parede perto da saída, tentando recuperar o fôlego. Uma torrente de imagens semienterradas encheu sua cabeça. No verão em que completara 14 anos, seu pai levou Frank e o irmão caçula, Rusty, para pescar. Ele os acordou bem cedo, dizendo que a perca não iria esperar, e poucos minutos depois os irmãos estavam no banco de trás do jipe da família, ainda tentando despertar. Rusty, que tinha dez anos, choramingava. Ele encostou em Frank, tentando usar o ombro do irmão como travesseiro, mas Frank o empurrou rudemente.

O lago estava liso como vidro quando entraram na canoa, e Frank ficou orgulhoso por conseguir se equilibrar de pé enquanto empurrava o barco para longe da margem. Suas meias tinham ficado úmidas pela corrida na grama orvalhada – por que ele se lembrava disso? O frio matutino logo se tornou calor do meio-dia. Frank gostava de pescar com o pai, e Rusty tinha adormecido do outro lado da canoa.

Nenhum deles, Frank ou o pai, prestou atenção quando uma sombra passou pelo sol. Os peixes estavam mordendo bastante. Mas então a sombra não foi embora, e olhando para cima viram nuvens escuras se aproximando.

– Comece a remar – disse o pai. Eles estavam bem longe da margem; a doca ficava a pelo menos cinco minutos de distância. A tempestade não se importou. Não tardou a estar sobre eles, trazendo um vento forte que enrugava a superfície do lago.

Frank viu o maxilar do pai endurecer; eles começaram a remar com mais força. O primeiro trovão acordou Rusty, e Frank sabia que o irmão caçula tinha um medo desmedido de raios.

– Medroso – provocou.

Foi isso o que fez com que Rusty ficasse de pé? Foi uma coisa muito estranha e impulsiva. O menino perdeu o equilíbrio quando uma onda bateu no barco. Frank viu a boca do garotinho formar um "ah!" silencioso antes de Rusty cair por cima da borda. Seu pai, sentado bem à frente, não viu.

– Papai! – O grito de Frank cortou o vento, que começara a uivar. Ao virar e perceber a situação, seu pai largou o remo e pulou na água onde Rusty se debatia, os olhos enormes e aterrorizados. Frank poderia não ter sofrido a mesma descarga de adrenalina do pai, mas ele sentiu, e ambos mergulharam na água no mesmo instante. Seu pai chegou primeiro a Rusty, segurando a cabeça do menino acima das ondas.

– Apenas respire. Vai dar tudo certo – falou. O garotinho se agarrou a ele, engasgando e cuspindo água.

Frank não viu o destino se fechando. A coisa toda estava disfarçada de minúsculas coincidências. Ali, havia três. A canoa estava vazia, o que tornava difícil voltar a subir nela. O lago era alimentado pela montanha e estava gelado no começo de junho. Seu pai tinha engordado durante o inverno e estava fora de forma. Coincidências muito inocentes, na verdade, mas o resultado foi inexorável.

A primeira tentativa deles de subir na canoa fez com que a embarcação virasse. Não havia balde para esvaziá-la – tudo dentro do barco afundou e sumiu no minuto em que ele virou –, e, quando eles a endireitaram, a canoa estava baixa demais devido à água que tinha entrado.

O resto aconteceu em câmera lenta para Frank. Rusty começou a chorar, reclamando que estava com frio. Seu pai, que para começo de conversa não era um bom nadador, usou toda a força para segurar seu menino e se manter ao lado da canoa ao mesmo tempo, mas a água fria deixara suas mãos entorpecidas. Ele se soltou do filho na grande lufada de vento que se seguiu. Os olhos em pânico de Rusty pousaram em Frank, que estava agarrado ao outro lado do barco. Eles não o acusavam nem diziam adeus. Era apenas o olhar de uma criança assustada, que então escorregou, deixando uma última visão de seus cabelos nadando como algas na corrente antes de desaparecer.

Frank era o melhor nadador da família, e mergulhou repetidamente para encontrar o irmão, vezes e vezes seguidas, até ficar tão exausto que havia a chance de ele também se afogar. Àquela altura o sol tinha saído de novo, e a superfície do lago tinha se acalmado como se nada catastrófico tivesse acontecido.

– Volte – disse Lilith, com rispidez.

O som da voz dela tirou Frank das profundezas da memória.

– Por que isso está acontecendo? – perguntou ele. Tinha uma expressão dolorida, que Lilith ignorou.

– Se você vai embora, precisa ver do que se trata de fato sua escolha – disse ela.

– Trata-se de deixar o resto de vocês na mão – cortou Frank. Que direito tinha Lilith de provocar sua pior lembrança? – Fale a verdade. É por isso que você veio aqui.

Ela sacudiu a cabeça, prosseguindo.

– Você realmente acha que sobreviveu àquele dia? Você perdeu tudo. Pode ao menos lembrar quando teve fé ou esperança?

– Não preciso de fé – disse Frank, tentando parecer destemido.

– Tudo bem – disse Lilith. – Mas você precisa de algo além da culpa. Ela o levou na direção errada. Você se tornou um espectador de sua própria vida.

– Isso não é verdade. – As palavras dela eram cruéis, como se ela estivesse forçando a abertura de uma ostra enquanto ela se contorcia dentro da concha.

– Você aprendeu a usar uma máscara. Que outra escolha tinha um garoto da sua idade? Mas máscaras têm um modo estranho de enganar as pessoas que as usam, não têm?

Frank queria desesperadamente fugir, mas se sentia fraco e vacilante.

– Não faça isso – pediu. Bem no fundo, estava com medo de que pudesse desmoronar por completo.

– Sei que você se sente perdido – disse Lilith, observando-o de perto. – Estamos em uma rota rápida rumo à verdade, o grupo todo. Você acha mesmo que seria deixado de fora?

Frank deu um suspiro. Sua mente começava a clarear; ele não sentia mais como se o chão balançasse debaixo dele. Estaria sólido em um minuto, seguro para se levantar de novo.

– Quero ser deixado em paz. Por que não consegue ver isso? – perguntou.

– Porque não é o que Deus tem em mente – respondeu Lilith.

Frank virou a cabeça. Lilith sabia que ele não tinha lido a Bíblia, então não conheceria uma frase com a qual ela tinha crescido, em Malaquias 3,2: "Porque Ele será como o fogo do ourives." A chama divina tinha um longo alcance, e agora tinha tocado outra alma abandonada.

CAPÍTULO 22

Muito já tinha acontecido naquele dia antes de Lilith ir ao jornal atrás de Frank. Ela descera para o café da manhã usando o estranho traje rosa e amarelo. Ela o tinha desencavado de uma caixa no sótão onde ficavam guardadas as antigas fantasias de Halloween das meninas.

Herb ergueu o olhar do *Wall Street Journal* e levantou levemente uma sobrancelha.

– Bonito – falou. Ele era uma alma cautelosa.

Lilith passou a mão pelo boá de penas comido por traças ao redor do pescoço.

– Eu precisava de uma mudança.

Nada mais foi dito, o que era melhor.

Lilith tinha ido para a cama antecipando que algo fantástico iria acontecer. Em vez disso, acordou de mau humor. Não havia mágica no ar. Ela esperou, olhando para o teto. Nada. Ao se vestir, chegou a sentir algo incomum, mas trivial. Estava insatisfeita com as roupas em seu armário. Subir para o sótão foi quase involuntário. O que ela poderia encontrar ali? Mas foi direcionada a mexer na caixa de velhas fantasias de Halloween, e, assim que viu o boá, o vestido rosa e o chapéu amarelo, teve que experimentá-los, mesmo que esse impulso fosse totalmente desconcertante.

Enquanto se olhava no espelho, pensou: *Sou o cruzamento de uma drag queen e um desfile de Páscoa.* O fato de não tirar imediatamente o traje absurdo deve ter sido coisa da moeda de um centavo. Com a mesma sensação de estar sendo guiada, entrou no carro depois do café da manhã e deu a ignição. Ficou surpresa ao chegar ao estacionamento do hospital. Por pouco não saiu do carro. Uma voz interna a alertava de que estava prestes a fazer papel de boba.

– Chega – murmurou. – Vamos logo com isso.

Passou apressada pela entrada do pronto-socorro e entrou no prédio. A sala de espera já estava lotada, e não eram nem dez da manhã. Todos estavam concentrados em seus próprios problemas, então os únicos a reparar em seu traje foram crianças arrastadas por pais doentes. Uma garotinha de quatro ou cinco anos apontou para Lilith e começou a rir alto, uma risada penetrante e travessa que constrangeu a mãe.

– Não aponte – repreendeu ela. A mãe se virou para a mulher ao lado dela, que folheava preguiçosamente uma revista. – Parece que alguém deixou de tomar seus remédios. – As duas mulheres seguiram Lilith com o olhar enquanto ela encontrava uma cadeira vazia no canto.

Lilith ignorou os olhares. Sua atenção foi atraída pela opressão no aposento. O cheiro de doença se mesclava ao de apreensão. Todos estavam preparados para más notícias, e um número não muito pequeno a receberia quando seu nome fosse chamado. Lilith se sentou, achando difícil fazer contato visual. Resistiu ao impulso de consultar a moeda mágica em busca de pistas; ela estava segura dentro de sua bolsa, enrolada em um lenço.

Então, a sala de espera ficou muito silenciosa. Ninguém falava nem se movia. Antes que Lilith pudesse registrar como aquilo era estranho, o tempo parou. A mulher que estava lendo uma revista ficou congelada com a página sendo virada. A garotinha malcriada parou inclinada quando se preparava para pegar a boneca que tinha caído no chão. A enfermeira de plantão na recepção estava tirando o telefone do gancho, mas ele nunca chegou ao seu ouvido.

Lilith estava tão assustada que ficou de pé, o que provou duas coisas ao mesmo tempo. Ela podia se mexer, e, quando o fez, o quadro congelado permaneceu o mesmo. Ela olhou todos na sala como se suspeitasse que alguém pudesse estar fingindo. Mas eles permaneceram misteriosamente imóveis. Lilith não ficava abalada facilmente, e muito menos assustada. A cena a fascinava. Ela caminhou até a garotinha malcriada, levantou a boneca e a colocou ao lado dela na cadeira próxima. A criança não se mexeu. Lilith tocou seu cabelo, que era curto e loiro. O cabelo se moveu como seda ao toque de Lilith.

Ela retirou a mão depressa. Pareceu errado perturbar alguém. Naquele momento ouviu passos se aproximando no corredor. Alguém mais conseguia se mexer, e Lilith suspeitava que pudesse ser apenas uma pessoa. Portas duplas se abriram, e ela estava certa.

– Você fez isso? – perguntou Jimmy. Ele estava com o uniforme de trabalho, um avental azul amarrado na cintura.

– Simplesmente aconteceu – respondeu Lilith.

Jimmy assentiu. Aproximando-se dela no meio da sala, ele levantou sua moeda com um sorriso perplexo.

– E agora?

Lilith pensou por um momento.

– Vamos ver o que o resto do mundo está fazendo.

Eles foram até a janela mais próxima, que dava para o estacionamento. Ninguém estava visível. À distância, carros se moviam nas quatro pistas da rodovia que levava ao hospital.

– Então somos só nós. E se chegar alguém? – disse Jimmy.

– Não vai chegar. Não por enquanto. – Lilith olhou ao redor da sala mais uma vez. – Estamos nisso sozinhos, dure o tempo que durar.

– Certo. – Essa não pareceu uma reação satisfatória, então Jimmy acrescentou: – Deve haver algo que precisamos ver. O que estamos deixando de ver aqui?

– Deixando de ver? – Tudo o que Lilith via era uma sala lotada de manequins de lojas de departamento.

– Algo como aquilo – disse Jimmy. Ele se aproximou do grupinho composto pela garota malcriada, a mãe dela e a mulher que folheava a revista.

– Vê? Não são todas iguais. Olhe com mais atenção.

Lilith levou um segundo, então viu. A menina era mais brilhante do que as duas mulheres, como uma fotografia que tivesse sido impressa dois tons mais claros. O efeito era imperceptível, a menos que alguém procurasse. Mas assim que era percebido via-se que as duas mulheres eram levemente mais cinzentas e apagadas.

– Isso é estranho – murmurou Lilith. Ela tinha testemunhado uma luz quando o espírito deixava o corpo. Da mesma forma que Jimmy, mas não aquilo.

Jimmy olhou ao redor da sala.

– Eles são todos bem apagados, exceto as crianças. – Ele estava certo. As crianças na sala de espera não eram tão esmaecidas quanto os adultos. Elas brilhavam por dentro.

De repente, a cena congelada não parecia mais assustadora. Aquelas eram almas em exposição, e a razão para parar o tempo era que isso facilitava essa percepção, assim como uma pessoa adormecida parece em paz quando as preocupações do dia são suspensas.

Jimmy se aproximou da mãe e manteve suas mãos acima da cabeça dela.

– O que você está fazendo? – perguntou Lilith.

– Não sei. Só senti esse impulso.

Ele não tocou a mulher, mas passou suas mãos por seu corpo em um movimento de cima para baixo, começando na cabeça e terminando nos pés.

– Aí está – disse ele. – Melhor.

Tufos de cinza, como fios emaranhados, juntavam-se agora ao redor dos pés dela, e a mulher parecia uma fração mais clara. Jimmy chutou para longe os fios cinza, que se dissolveram como pó. Depois fez o mesmo gesto de varredura na mulher que segurava a revista, com o mesmo efeito. Cinza se juntou aos pés dela, e sua imagem congelada se tornou mais clara.

Lilith não tinha se movido.

– Vá em frente – disse ele. – Tente você.

Ela se inclinou para perto da mulher, examinando seu pescoço, onde se via um sinal escuro e irregular.

– Foi por isso que vieram ao pronto-socorro – murmurou Lilith. – Câncer?

Jimmy assentiu.

– Pobre mulher.

Lilith mordeu o lábio, sentindo um instante de indecisão. Então, com a ponta do dedo, esfregou o sinal escuro. Quando afastou o dedo o sinal tinha sumido, como uma mancha apagada de uma folha de papel.

– Uau – exclamou Jimmy, baixinho.

Lilith viu um homem idoso do outro lado da sala, inclinado em sua cadeira, apoiado em uma bengala. Ela se aproximou e viu que seus dedos eram rugosos e vermelhos.

– Artrite – disse. Ela começou a esfregar os dedos dele, como se estivesse modelando argila. Jimmy olhou até cada protuberância inflamada desaparecer.

– Isso é inacreditável – falou ele.

Lilith deu um passo para trás e examinou sua obra.

– Realmente.

Jimmy fez uma conta de cabeça.

– Deve haver umas sessenta pessoas aqui. Devemos mexer em todas?

Lilith poderia ter dito sim, mas não teve chance. Sem aviso, a cena congelada terminou. A sala de espera voltou a ficar animada. O idoso apoiado na bengala levantou o olhar para Lilith com surpresa.

– Já é a minha vez? – perguntou, confundindo-a com uma enfermeira.

– Você já teve sua vez – respondeu Lilith, afastando-se rapidamente.

O idoso não prestou atenção. Com um olhar confuso no rosto, esfregava os dedos. Eles estavam lisos, como ela os havia deixado.

Jimmy seguiu Lilith até a saída. Eles se encararam na clara manhã de inverno.

– Por que não terminamos? – perguntou ele.

Ela sacudiu a cabeça.

– Não tenho certeza. Talvez fosse apenas uma demonstração.

– De quê?

Ela ergueu a mão.

– Não fale. Deixe que entre em sua cabeça.

Sentaram-se no banco do ponto de táxi. O uniforme azul de algodão fino de Jimmy não o protegia contra o frio, mas ele não tremia. Um carro se aproximou da entrada, e uma mulher idosa foi ajudada a sair do banco da frente e colocada em uma cadeira de rodas. Ela usava um gorro de lã puxado até as orelhas; seus olhos estavam avermelhados.

Isso era algo que Jimmy via todos os dias, mas agora parecia irreal.

Lilith leu seus pensamentos.

– Fomos enviados para a zona de milagres – disse ela. – Só por um instante.

– Para ver se queremos ficar?

– Algo assim.

Lilith se levantou.

– Tenho que ir. Frank está vacilando. Ele não consegue suportar tanta verdade. Vou tentar algo drástico.

Jimmy assentiu.

– É por isso que você está vestida como algodão-doce com cobertura de banana?

Lilith sorriu.

– Talvez eu quisesse que eles me vissem chegar.

– Ou Deus quis – disse Jimmy.

No entanto, Lilith já se apressava pelo estacionamento até o carro. De repente, ele percebeu como estava frio lá fora. As portas elétricas do PS fizeram um barulho ao abrir, e ele entrou correndo para voltar ao trabalho. Tudo tinha voltado ao normal. As pessoas se sentavam esperando, olhando seus relógios ou atazanando a enfermeira na recepção. Não havia sinais de que a zona de milagre tivesse existido, à exceção do tom cinzento que cobria todos por quem ele passava.

CAPÍTULO 23

Depois que a porta fechou atrás de Frank, Mare voltou para a cama, mas não conseguiu pegar no sono de novo. Estava inquieta demais. O sol nascente lançava uma sombra da vidraça na coberta. O piso do apartamento de Frank rangia e a pintura era descascada como a de um veterano no mercado imobiliário, mas Mare adorava o trabalho elaborado da sanca de gesso no teto. Com imaginação, podia-se fingir que se estava em um hotel em Paris.

Ela olhava para o teto agora, refletindo. A moeda mágica iria mudar a vida de Frank. Mare previra isso, e foi esse o motivo para ter colocado sem pensar a moeda no bolso dele. Ela revelaria coisas que o abalariam muito. Ela também sabia disso, porque saber vinha facilmente para Mare, fora assim durante toda a vida. Certa noite, quando garota, ela dera uma gargalhada ao ver o título de um filme na tela da televisão: *Eu sei o que vocês fizeram no verão passado. Eu sei o que vocês fizeram no verão seguinte,* pensou ela. É um título bem melhor.

Ela abriu a gaveta do criado-mudo onde tinha colocado a sua moeda. Não conseguiu evitar desviar o olhar. Ela tinha medo da mágica da moeda porque significava o fim de seu segredo. Mare tinha mantido seu segredo habilidosamente escondido mesmo quando tantos outros estavam vindo à tona. Ela só dera um passo em falso uma vez, quando estava no ponto de ônibus vendo a luz em cada passageiro que entrava no ônibus. "Encontrei minha vocação", tinha dito antes que Meg a silenciasse.

O tempo dos segredos tinha acabado, mas e quanto a Frank? Isso era mais complicado. Tinha sido fácil esconder coisas dos dois ou três namorados sérios que tinham entrado e saído de sua vida. Como eles, Frank se sentira um intruso no início, mas Mare tinha começado a amá-lo. Ele ficava confuso e magoado sempre que ela mantinha distância.

– Nós passamos a noite juntos e então você não liga há dias – reclamou ele. – Por quê?

Porque eu não podia, pensou ela.

Se ela se casasse com Frank, seu dom se tornaria uma ameaça, e não apenas para ele. Ela não tinha controle sobre suas previsões. E se ela visse que ele iria traí-la? Isso renderia votos estranhos no altar: "Eu o aceito, para o melhor e para o pior, na saúde e na doença, até que você saia com a Debbie da academia."

Mare expulsou o pensamento de sua mente. Tirou a moeda mágica da gaveta e a apertou na palma da mão. Ela poderia muito bem enfrentar o que a moeda quisesse mostrar ou dizer. Havia uma mensagem, mas não era mágica: *Jogue-me fora.* Com um suspiro de alívio, ela saiu da cama e jogou a moeda na lata de lixo. Foi como uma prorrogação de último minuto.

Mas quase que de imediato uma voz em sua cabeça disse: *Esse é o seu teste.* O que isso significava? Mare esperou ansiosamente por mais, só que nada veio. De repente, ela soube que tinha que agir. Seu teste iria significar algo crucial para todo o grupo.

Vestiu depressa a roupa e saiu para a manhã de inverno clara e refrescante. Parou, olhando para os dois lados da rua. Para onde deveria ir? A escolha era inteiramente sua, mas o teste consistia em fazer a escolha certa. Ela fechou os olhos. Nada apareceu. Ela não podia caminhar ao acaso.

Como se encontra o caminho para um destino desconhecido?

Mare esperou a resposta. Nada.

Tudo bem. Uma pista, então?

Nada de novo, nenhum sopro de vento, nenhum brilho da luz do sol no para-brisa de um carro, nenhum comentário aleatório de um estranho passando. Esses eram sinais que ela seguira a vida toda. O mundo falava com ela, e era hora de Mare perceber que não falava com todo mundo. Para uma pessoa comum, buscar sinais era como acreditar em presságios – não era algo que se fazia se o objetivo era parecer são.

Ela teria que criar as próprias pistas. Mare olhou para dentro de si, dessa vez sem esperar nada. E uma imagem fraca surgiu. Ela viu um fio de prata brilhando na palma de sua mão. Ela deu um passo para a direita e o brilho diminuiu. Ela deu um passo para a esquerda e ele ficou mais intenso. Então era esquerda. Ela parava a cada esquina para checar para onde deveria ir. Era um começo.

Quando tinha quatro anos, sentada no banco do passageiro do carro, sua mãe parou de repente ao ser cortada por outro motorista. Instintivamente, ela estendeu o braço direito para proteger Mare em seu banco, esquecendo-se que a menina usava o cinto de segurança. Alguns dias depois, quando o carro parou de maneira brusca mais uma vez, Mare se ergueu do banco do passageiro para segurar sua mãe.

– O que você está fazendo, querida? – perguntou sua mãe.

– Mantendo a mamãe segura.

Sua mãe dera risada, estranhamente comovida. Proteger mamãe virou um joguinho entre elas. Sua mãe não tinha percebido que Mare fizera o gesto antes de ela pisar nos freios. Ela tinha antecipado o que estava prestes a acontecer. A única que viu isso foi tia Meg, quando seu carro não funcionou certa manhã e ela precisou de uma carona para o trabalho, mas ela não disse nada.

Perdida em lembranças, Mare estava se esquecendo de consultar o fio prateado. Ela olhou para a palma, e o fio tinha ficado cinza. Ela teve que refazer seus passos alguns quarteirões até que ele começasse a brilhar de novo. Ele indicava uma rua larga que levava a uma das partes mais chiques da cidade. Tensa, ela acelerou o passo. Mas por algum motivo sua memória não a deixava. Continuava levando-a de volta ao passado.

Em algum momento durante sua infância, o dom de Mare começou a traí-la. Ela não conseguia recordar o que a levara finalmente a enterrá-lo. Talvez ela tivesse dito algo muito inapropriado, como contar a uma das amigas de sua mãe que ela nunca teria filhos. Presos na memória, porém, estavam os olhares penetrantes dirigidos a ela. Ela se sentia diferente, mas não especial, a garota que caía na gargalhada antes que a piada chegasse ao fim.

Ela ficou secretamente aliviada quando cresceu e se tornou bela. Era o melhor dos disfarces. Ela poderia sair em um encontro com um jogador de futebol da escola e torcer por ele mesmo quando sabia que ele perderia o jogo. Por trás de uma fachada tímida, Mare aprendeu sobre a natureza humana em toda a sua imprevisibilidade, o que para ela era totalmente previsível.

Ela escutou a palavra "sensitiva" pela primeira vez em uma aula de psicologia na faculdade, na qual o professor disse que o paranormal não existia. Era uma ficção para mascarar a neurose. "Dada a escolha entre se sentir mágico e se sentir louco", disse ele, "a maioria das pessoas escolhe o mágico". Àquela altura, Mare tinha deixado seu dom definhar, então não se importou que fosse imaginário. O importante é que tinha ido embora – até o dia em que foi ao convento atrás da tia morta.

Mare voltou ao seu teste. Uma hora se passou enquanto ela seguia a linha de prata. Mare não conhecia muito bem essa parte da cidade; a maioria das casas tinha sido construída por famílias ricas antigas. Onde o dinheiro permaneceu, as mansões de três andares eram mantidas a altos custos. Onde o dinheiro tinha voado para longe, os idosos persistiam em uma nobreza esfarrapada e garrafas de gim escondidas. Dentro desse território coberto de musgo, que parecia vagamente com uma floresta úmida, Mare sentiu algo novo. O fio de prata queimou, e seu brilho ficou quase incandescente.

Queria que ela parasse. Ela olhou ao redor, mas nada incomum se destacava. O bairro estava vazio, tranquilo e decadente. Então, um adolescente de capuz e bermuda veio rua acima em uma bicicleta com um saco de produtos na cesta da frente. Ele parou na esquina em frente a Mare, sem olhar em sua direção, e tocou a campainha ao lado de um portão de ferro forjado entre colunas de tijolos grandes como cabines telefônicas. Depois de alguns segundos alguém acionou a abertura do portão, e o entregador o escancarou.

Vá. Agora!

A voz em sua cabeça era urgente. Mare se pôs em movimento. Cinco segundos e ela chegaria tarde demais. Ela pegou o portão justamente quando estava prestes a se fechar em um clique. O entregador se virou, assustado.

– Isso é para mim – disse Mare, aproximando-se para pegar dele a sacola de papel marrom. Talos de aipo e uma baguete de pão podiam ser vistos no topo da sacola.

– Você mora aqui? – O entregador parecia mais confuso que desconfiado.

– Sim. Não quis procurar minha chave. Está tudo bem.

Ele não iria dar as compras.

– Eu sempre entrego a sacola para ela, a senhora mais velha.

– Minha tia – disse Mare, pegando apressadamente sua bolsa. Ela precisava se livrar dele antes que Meg atendesse a porta.

– Tome. – Ela tirou uma nota de vinte dólares da carteira.

O entregador lhe deu o saco de compras exatamente quando Mare via, por sobre o ombro dele, a pesada porta de carvalho da entrada começar a se abrir.

– Executado com perfeição – disse Meg. Ela estava na porta vestindo um tailleur como se fosse para o emprego no banco. Ela não parecia nem um pouco surpresa em ver Mare. – Essa era a única vez hoje que eu teria atendido a campainha. – Deu um leve sorriso. – Uma pessoa tem que comer.

Meg se voltou para a casa parcamente iluminada, deixando que Mare fechasse a porta atrás de si e a seguisse. A sala de estar era imensa e lúgubre, a mobília envolta em lençóis empoeirados. A mesa da sala de jantar estava descoberta e posta para um. Um enorme candelabro de prata fora colocado no centro. Mare estava pasma.

– Você se acostuma – disse Meg.

A cozinha tinha armários, uma copa e pias de aço galvanizado grandes o bastante para banhar um pastor-alemão. Meg colocou as compras em um balcão de madeira maciça.

– Você quer almoçar? Está andando por horas.

Mare sacudiu a cabeça.

– Estou nervosa demais.

– E eu não sei? Quando era nova no convento, as refeições eram o pior. Uma irmã dizia "passe o ketchup" e eu ouvia "todas nós sabemos que você é uma fraude". Tive sorte em manter isso sob controle.

Ela captou o olhar no rosto de Mare.

– Não tenha pena de mim. Eu era meio que uma vigarista espiritual, fingindo ser uma boa católica.

– Você chegou a se encaixar no lugar?

– Não. Uma freira pode ser muitas coisas. Desobediente não é uma delas. Fiz todas as coisas certas. Minha desobediência era do coração.

Meg começou a tirar as compras da sacola, falando casualmente, como se a situação toda não fosse extraordinária.

– Eu realmente não sabia o que esperar, mas tinha que estar lá, sabe.

Mare se pôs a colocar as verduras na geladeira e os enlatados no armário. Parecia sem sentido perguntar como sua tia tinha adquirido a enorme mansão.

– Por que você tinha que estar lá?

Meg pareceu perplexa.

– Por um longo tempo eu não fazia ideia. Mas agora entendo. Tudo levou a esse momento. Você entende? Não, como poderia?

Subitamente, Mare sentiu uma onda de ressentimento.

– Nós somos sua família. Por que você se escondeu de nós? Minha mãe está doente de tanta preocupação. Não posso lhe dizer que você não está morta sem mostrar você.

– Ela não está tão preocupada assim. Ela só não gosta de surpresas.

Meg se sentou no balcão de madeira e esperou que Mare a imitasse.

– Fiquei escondida para que você pudesse passar por esse teste. Se você já soubesse onde eu morava, não haveria teste.

Ela fez uma pausa.

– Tem certeza de que não vai comer nada? Aqui. – Meg empurrou uma tigela de maçãs pela mesa.

– Daqui a pouco – respondeu Mare. Ela não estava satisfeita com as respostas que ouvia. – Você não tem o direito de fazer todas essas coisas conosco. Não apenas comigo, com o grupo todo. Somos como ratos em um labirinto. – Ela se conteve. – Isso não saiu direito. Não quero que você se sinta culpada.

Meg deu uma risada curta.

– Culpada? Foi só o que senti quando isso começou. Vi pessoas comuns serem lançadas em uma excursão mágica de mistério, sem ideia de para onde iam. Foi vergonhoso.

– Talvez tenha sido um exercício de poder para você.

Pela primeira vez desde que tinha reaparecido, Meg se sentiu ofendida.

– Cuidado – disse, ríspida. – E coma. Você está cansada e irritada.

Com relutância, Mare pegou uma maçã e a mordeu, enquanto Meg ia até o armário e voltava com um saco de batatas fritas.

Ela olhou sua sobrinha pegá-las sem entusiasmo. Na extremidade da mesa havia um vaso de cristal com rosas brancas colhidas do jardim. Meg lhes lançou um olhar de soslaio. Esperou para ver se Mare seguiria o olhar. Ela o fez. As rosas começaram a brilhar, como tinha acontecido com o santuário dourado. Uma radiação suave as cercava. Mare olhava, sua boca formando um silencioso "Oh".

– Você pode fazer isso?

– Quem mais? Não sou quem você acha que sou.

O brilho diminuiu, e as rosas voltaram ao normal. Mare se sentou de novo, perplexa. Uma imagem surreal apareceu para ela. Ela viu a tia Meg irradiando a mesma luz branca, então desaparecendo no nada.

– Durante todo o tempo, achei...

– Que um talismã mágico tinha caído do céu? Eu já lhe disse antes, a todos vocês, o santuário é apenas uma distração.

– Mas não nos disse que era uma distração de você.

Meg riu.

– O santuário não é realmente antigo, provavelmente é da época vitoriana. Alguém a quem amei muito, um velho padre, comprou-o em um antiquário e o mandou folhear a ouro. Provavelmente, arruinou seu valor. – Enquanto revelava isso, Meg observava atentamente a expressão de Mare. – Você se sente traída, não é? Você queria milagres, e agora pensa que sou algum tipo de ilusionista.

– Não sei o que pensar.

– Se for de alguma ajuda, vou lhe dizer o que um velho padre me disse. "Ou nada é um milagre ou tudo é." Entende?

Mare fez que não com a cabeça.

Meg foi até a extremidade da mesa e pegou uma rosa branca do vaso.

– Esta flor é feita de luz. Se não fosse, não poderia fazê-la brilhar. Um milagre expõe a luz dentro de todas as coisas.

Ela não esperou a resposta de Mare.

– Não estou lhe contando algo que ainda não saiba. Você é uma vidente. Empurrar isso para fora da vista como poeira para debaixo do tapete não muda o fato.

Mare sentiu um tremor de medo percorrê-la.

– Não quero ser uma vidente.

– Mesmo? Depois de tudo isso? Francamente, estou desapontada.

Meg se levantou, jogando a rosa na mesa.

– Na próxima reunião, diga aos outros que acabou.

– Você não está falando sério! – exclamou Mare.

O rosto de Meg era severo.

– E você se importa? A excursão mágica de mistério para aqui. Todos os passageiros saltem do ônibus, por favor.

Mare estava aturdida.

– Por quê?

– Porque há um lugar onde preciso estar.

Sua tia estava prestes a executar um terceiro ato de desaparecimento? Mare já ia ficar zangada, quando Meg pareceu ceder.

– Deixarei que venha comigo. Quando voltar, pode decidir sobre o grupo.

Ela saiu da cozinha de modo abrupto, e quando voltou tinha um maço de papéis na mão.

– Assine isso primeiro. Estou lhe passando a casa e o dinheiro que vem com ela. – Meg estendeu uma caneta. – Para onde vou não precisarei deles.

Mare sentiu uma nova onda de ansiedade.

– Você está me deixando tonta. – Ela queria se levantar da cadeira, mas seus joelhos pareciam moles. – Deixe-me voltar amanhã. Assim que pensar nisso...

Meg não a deixou terminar.

– Não há necessidade. Você passou pelo teste. Se pôde seguir a trilha invisível que trazia até aqui, você é a proprietária de direito.

Ela indicou os lugares que Mare precisava assinar. Sentindo-se impotente, Mare pegou a caneta e rabiscou sua assinatura.

Quando a sobrinha acabou de assinar, Meg pareceu satisfeita.

– Agora, então, podemos ir? – Ela estendeu os braços pela mesa e pegou as mãos de Mare entre as suas. – A essa altura você já sabe como.

Mare não hesitou. Se tudo tinha a ver com Meg, ela tinha que ser confiável.

– Uma coisa será diferente – disse Meg, ao apertar firmemente suas mãos. – Dessa vez poderemos conversar.

A cozinha desapareceu e foi substituída por uma cena de muito tempo atrás. Elas estavam em uma rua movimentada de Jerusalém, e Meg tinha razão. Mare podia vê-la ali de pé. Mas a multidão que passava não tomou conhecimento de nenhuma das duas. Elas eram invisíveis, como antes.

– Percebe algo? – perguntou Meg. – Olhe nos olhos deles.

Mare olhou primeiro para um vendedor de frutas a alguns metros de distância e para seu freguês, apressadamente colocando figos em um saco. Ela olhou para uma mãe que arrastava seus dois filhos pequenos para uma rua lateral, e depois para um rabino barbado com uma corrente de prata ao redor do pescoço.

– Eles estão com medo – disse ela.

– Todos menos um.

Meg seguia na frente, avançando pela multidão. Ela andava muito rápido; Mare tinha que se esforçar para acompanhar seu ritmo.

– Por que estão todos tão assustados?

– São como cães assustados pouco antes de um terremoto. Eles podem sentir a chegada da destruição.

No fim da rua, onde ela se abria para uma pequena praça com um poço de pedras no centro, não havia mulheres buscando água. Em vez disso, um esquadrão de soldados romanos guardava o poço, olhando com cara feia quem se aproximava.

Meg fez um gesto com a cabeça indicando os soldados, sem parar de andar.

– Há rumores de judeus envenenando o abastecimento de água da cidade.

Agora Mare estava começando a ver imagens em sua cabeça. Um soldado romano cometendo sacrilégio no templo. Judeus em tumulto, a cidade em agitação. Um véu de sangue cobria essas imagens.

– Nós estamos aqui para impedir isso? – perguntou ela.

– Não, Jerusalém cairá.

Meg parou diante de uma imponente casa de esquina de dois andares, cercada por um muro de pedra com oliveiras bem cuidadas por trás.

– Estou quase com medo de entrar – murmurou ela.

– Por quê? Quem mora aí?

– Quem você acha?

O portão de ferro na frente da casa estava entreaberto, o que não fazia sentido em meio ao medo agitado das ruas. Meg passou por ele e esperou Mare entrar antes de trancar o portão atrás delas. O pátio continha um jardim luxuriante, com uma fonte e flores plantadas em canteiros quadrados. *Um jardim do paraíso*, pensou Mare, tirando do fundo da memória o nome de alguma lembrança distante.

Sem olhar o jardim, Meg correu até a porta da frente. Ela também estava entreaberta. Mare e ela entraram e foram recebidas por uma onda de ar perfumado. À frente delas havia um pátio interno menor banhado pela luz do sol e cercado por uma galeria de mármore ornado com gregas.

– Que lindo – sussurrou Mare.

– É a casa dela. – Meg apontou para uma alcova ali perto onde a apóstola estava sentada, em contemplação. A garota que elas conheciam estava totalmente diferente. Ela parecia mais velha agora, de meia-idade; mas era ela, e o modo como levantou a cabeça fez Mare acreditar que ela sabia que elas estavam ali.

Se falarmos com ela, ela vai poder nos escutar, pensou Mare. Imediatamente, uma voz de advertência em sua cabeça disse: *Não.*

Meg mal olhou para a apóstola antes de dar meia-volta. Ela foi até um canto escuro no fim da galeria. Depois de um segundo, a apóstola deu um suspiro profundo, levantou-se e saiu, as saias de seda púrpura farfalhando conforme andava.

Assim que foi seguro falar, Mare disse:

– Você estava certa. Ela não parece ter medo.

– Ela pode ver adiante, além do perigo.

– Então ela vai se salvar a tempo?

Meg deu de ombros.

– Ela não está preocupada. Está além de tudo isso.

– Quero falar com ela. – Impulsivamente, Mare começou a seguir os passos da apóstola até os fundos da casa. Meg a deteve.

– Você vem falando com ela o tempo todo – disse ela.

– O quê?

Meg levantou a mão, pedindo silêncio. A voz dela já estava distante e tão ofuscada quanto as sombras na galeria fria e protegida. Mare viu dúvida em seu rosto. Sua tia tinha chegado a uma encruzilhada, e não conseguia decidir que caminho seguir.

O silêncio não durou muito.

– Nós nos despedimos aqui– disse Meg, com firmeza. – Você pode me abraçar. Acredito que esse seja o costume.

A estranheza dessas palavras fez Mare sentir frio.

– Você está me deixando?

– Eu estou ficando aqui. Não é a mesma coisa.

O sangue se esvaiu do corpo de Mare.

– Você não pode! – gritou.

Por mais fraca que se sentisse, sua voz saiu alta, ecoando pelos corredores de mármore da galeria.

– Isso mesmo, grite mais – sussurrou Meg. – Grite o quanto quiser.

Mare poderia ter feito isso, mas estava congelada, ouvindo a aproximação de pés correndo. Da curva do corredor chegou a apóstola. Alguém a seguia – um servo? –, mas ela o afastou com um aceno. Agora ela definitivamente podia vê-las, e a visão fez com que parasse.

– Está feito – disse Meg.

A apóstola assentiu e começou a se aproximar.

– Veja você – disse Meg –, enviei a mim mesma em uma missão. – Ela esperou que a apóstola chegasse mais perto. – Foram necessários dez anos no convento para perceber isso. Você não poderia esperar que eu acreditasse, não por um longo tempo.

– Por favor – implorou Mare –, só me diga o que é isso tudo. – Ela foi de repente tomada por uma sensação de perda.

Meg apontou para a apóstola.

– Eu sou ela. Agora você compreende?

Então deu um passo para a frente, rapidamente cobrindo a curta distância entre ela e a apóstola, que permaneceu imóvel, à espera. Pouco antes de uma colisão, o corpo de Meg foi transformado. Virou luz pura, como a imagem de um filme sendo substituída pela luz do projetor. Isso mal levou um segundo, e então havia apenas a apóstola. Ela tremia levemente, sem emitir som.

– Você – disse Mare, baixinho.

A apóstola não tinha se dado conta de que ela estava ali, e mesmo agora não fez mais do que levantar a mão. Um gesto de adeus? Uma bênção? Mare não poderia dizer, com a visão que tinha dela embaçada pelas lágrimas. De repente ouviu vozes se aproximando.

Elas pareciam alarmadas. A apóstola falou bruscamente em hebraico (supôs Mare) e caminhou em direção a elas. Ela desapareceu em meio a um punhado de empregados que vinha de dentro da casa.

Agora as lágrimas de Mare corriam livremente. Meg tinha sido como uma aparição, equilibrada entre duas vidas. Não havia maneira de explicar como tal coisa pudera ocorrer. Uma brisa soprou pelo rosto de Mare vinda do pátio interno. Ela piscou para limpar os olhos. Um retângulo perfeito de rosas brancas estava perto, e começou a brilhar.

Antes que pudesse piscar novamente, Mare estava de volta ao balcão de madeira da cozinha. Olhou para baixo. Uma maçã meio comida começava a ficar marrom ao lado de uma rosa branca murcha. O tempo tinha passado, mas quanto? Horas? Dias? Ela não podia dizer. Só podia dizer que tinha voltado uma pessoa diferente. Seu dom secreto, toda a ocultação, sua tia morta que não estava morta mas era uma condutora de maravilhas – nada disso importava mais. Uma coisa importava, porém, a única verdade com a qual Mare poderia viver sem medo ou dúvida.

Ou nada é um milagre ou tudo é.

CAPÍTULO 24

Quando Frank chegou para a reunião seguinte, encontrou a porta entreaberta. Lá dentro, a sala estava escura e vazia. Antes que pudesse acender a luz, uma voz falou:

– Por favor, não.

– Mare?

O som da voz dela o agitou.

– Onde você estava?

Ela não estava no apartamento dele quando Frank voltou para casa. Isso tinha sido há dois dias. Ela não atendeu suas ligações nem retornou nenhuma de suas mensagens. Ele estava ficando cada vez mais preocupado.

– Você não queria falar comigo?

– Precisava ficar sozinha.

– Achei que estava tudo bem com a gente.

– É mais do que nós.

Essa resposta enigmática não lhe disse nada.

– Escute, conversar no escuro está me deixando assustado. Vou acender a luz.

Frank apertou o interruptor na parede e as luminárias de lâmpadas fluorescentes acenderam, lançando uma palidez esverdeada sobre tudo. Ele viu Mare sentada à cabeceira da mesa, onde Meg sempre se sentava. O santuário dourado estava na frente dela.

– Meg pediu que você o trouxesse? – perguntou ele.

– De certo modo. Ela não vai voltar.

Mare não quis esperar para ver se a notícia iria aborrecê-lo. Ela já sabia que não iria.

– Você também não vai voltar, vai? Nenhum de vocês vai. Você só quer sair.

Frank estava confuso.

– Como descobriu? Você tem falado com o resto do grupo? – Uma nota de suspeita se insinuou em sua voz. – Não gosto disso, nem um pouquinho.

Mare falou com insistência.

– Isso importa? Em uma hora não haverá uma escola de mistério.

– Jesus. – Isso não era nem de longe o que Frank esperava.

– Não vai demorar agora – disse Mare. – Tente ficar calmo.

Ela pedia o impossível. Depois de sua experiência com a moeda mágica, que trouxera de volta o acidente com o barco que havia arruinado sua vida, a mente de Frank estava vacilando. Ele não podia encarar nada, nem seu trabalho, nem Mare, nem o passado. Toda noite, quando tentava dormir, via o rosto pálido e aterrorizado de Rusty afundando e desaparecendo. Frank se sentia preso, e a mulher que ele precisava que estivesse ali não estava. Seu humor sombrio atraíra comentários na redação, mas não tinha melhorado. Todos lhe davam espaço, até mesmo Malcolm.

A única solução, ele finalmente decidiu, era se afastar da escola de mistério. Ela levava a muitos lugares estranhos e dolorosos demais. Talvez ele ainda tivesse a chance de ter uma vida normal.

– Você não podia nem mesmo responder minhas mensagens? – perguntou Frank.

Mare ergueu a mão em um sinal para evitar que ele fizesse mais perguntas.

– Tudo estará acertado assim que os outros estiverem aqui.

Seu tom calmo era assustador. *Você não é você mesma,* pensou ele, olhando para a mulher que compartilhara sua cama três noites atrás. Só em pensar nela, ele sentiu o calor da sua pele.

– Por que você está agindo assim? Você está me tratando como se eu fosse um estranho.

– Eu gosto de você, mas esse não é o momento.

Mare olhou fundo nos olhos de Frank, tentando comunicar que não havia nada a temer. Não funcionou. Ele se jogou em uma cadeira e deu um soco na mesa.

– Você está me deixando. Eu sabia! – Sua mágoa se transformou em raiva. – E não tente me dizer alguma besteira de que é mais do que nós. – Ele já estava exausto, e essa explosão consumiu o que lhe restava de energia. Com um suspiro irritado, ele abaixou, triste, a cabeça.

Talvez nenhum deles entenda, pensou Mare. *Mesmo depois de tudo o que aconteceu.*

Ela se lembrou de que quase tinha desistido também. Ela não queria ser vidente. Meg tinha respondido "Francamente, estou desapontada", mas Mare não iria mostrar que Frank a tinha desapontado. Uma força invisível tinha assumido o controle, imensa, poderosa e além da emoção. *Como deve ser quando se está sozinho no oceano,* pensou Mare, *quando o vento morre e o céu sem luz segue até o infinito.* Puro assombro a afastava dos outros.

– Vocês dois não parecem felizes.

Afundados em seus próprios pensamentos, eles não tinham notado Galen surgir na porta. Ele sorria, mas não continuou seu comentário zombeteiro.

Não que isso interessasse. Frank estava além de se importar. Em uma voz neutra, ele falou:

– Pegue uma cadeira, rapazinho. Mare nos preparou a última ceia.

Cautelosamente, Galen deu a volta na mesa e se sentou longe de Frank.

– Não entendi a piada.

– Não é uma piada – disse Mare. – Este é o nosso último encontro. Você não veio até aqui para dizer que já estava cheio?

Galen não perguntou como ela sabia.

– Eu ainda não decidi.

Ela sorriu.

– Você já decidiu, mas queria chocar o grupo. Eles não vão se chocar.

Agora eles ouviam sons de passos no corredor, e depois de um momento Lilith e Jimmy apareceram. Se estavam prestes a dizer alguma coisa, a tensão na sala os interrompeu. Os dois recém-chegados trocaram olhares e se sentaram na extremidade da mesa perto de Mare.

– Todos vocês tiveram uma semana mágica – disse Mare –, assim como eu. Fui aonde nunca imaginei que pudesse ir. Voltar tem sido um ajuste difícil. Não sei mais como viver novamente no mundo normal.

Ela estava falando das viagens que eles tinham feito com o santuário dourado? Por que só ela? O mero fato de Mare ter usurpado o lugar de Meg era desconcertante.

– Preciso de detalhes – falou Lilith. – Tudo isso aconteceu por causa do centavo mágico?

Antes que Mare pudesse responder, Galen interrompeu.

– Esperem, fui trapaceado. – Ele mexeu em seu bolso e tirou de lá sua moeda. – O meu só funcionou uma vez.

– Pare – disse Lilith, com irritação. – A sua situação não está sendo discutida agora.

Frank entrou na conversa.

– Estou com Galen. O meu também perdeu sua força. – Não que ele o lamentasse.

– Parem! – repetiu Lilith, mais alto dessa vez.

– Está tudo bem – disse Mare. – Era para a moeda funcionar apenas uma vez.

– Como você sabe? – perguntou Jimmy. Ele estava chateado, e fez a pergunta que incomodava a todos. – Aliás, onde está Meg?

– Mare não quer dizer – resmungou Frank. – Ela é o novo capitão do time, e é isso.

Ninguém estava pronto para acreditar nisso.

– Você realmente deve nos dizer o que aconteceu – disse Lilith, tentando parecer razoável. Ela pegou a mão de Jimmy para tranquilizá-lo, mas estava ocultando sua própria insegurança. Parecia que a situação toda poderia se deslindar.

Mare inspecionou os rostos ansiosos. Abaixando-se, encontrou a sacola de lona que descansava aos seus pés. Tirou de lá um martelo e ficou de pé. Mal houve tempo para alguém adivinhar o que ela ia fazer. Com um movimento rápido e decidido, ela levantou o braço e bateu o martelo com força. Ele atingiu o santuário dourado no centro do telhado, entre as quatro torres. Com um barulho de agonia, entre um ruído metálico e um gemido, o telhado implodiu, e as paredes da igreja em miniatura desabaram.

– Ah, meu Deus – sussurrou Lilith, horrorizada. Os outros estavam abalados demais para falar. O santuário era a única ligação deles com outra realidade.

– Todos vocês queriam cair fora – declarou Mare. – Agora estão livres.

– Do que você está falando? – exclamou Jimmy. Nenhum deles percebera que todos tinham chegado à mesma decisão. Eles foram tocados por uma magia poderosa, e os abalos posteriores tinham sido demais para suportar.

– Era nossa escolha – protestou Lilith. – Quem lhe deu o direito de destruir o santuário?

Eles esperaram para ouvir o que Mare diria a seguir.

– Encontrei Meg em seu esconderijo – começou ela. – Ela tem uma mansão do outro lado da cidade. Conversamos e depois ela me levou em uma jornada, de volta à apóstola. – Ela fez uma pausa com uma expressão indecisa.

– E então o quê? – disse Galen, impaciente.

– Eu a deixei lá.

Era uma resposta que lhes dizia algo e nada ao mesmo tempo. Antes que a sala se enchesse de perguntas, Mare continuou.

– É possível alguém desaparecer no passado? É isso o que estou lhes dizendo. Meg não está morta; ela não fugiu.

Frank interrompeu antes que ela pudesse explicar mais.

– Nada faz sentido. Meg começou algo, e agora não está aqui para ver tudo ser resolvido. É isso o que você está nos dizendo. – Ele se levantou dando de ombros com uma exagerada indiferença. – Quem quiser me acompanhar em uma cerveja, é por minha conta.

– Esperem, há outra maneira – disse Mare. – Não precisa acabar assim.

– O que quer dizer? – exigiu Frank, à beira de começar uma briga. Ele não deu sinal de que se sentaria de novo.

– Meg não acabou com a escola de mistério – esclareceu ela. – Destruir o santuário também não o fez.

Jimmy parecia perdido.

– Fomos nós. Nós é que acabamos com ela.

– Não, também não foram vocês – respondeu Mare.

Todos estavam quietos, esperando, tensos. Em vez de mais explicações, Mare disse:

– É tempo de uma última jornada. Vocês não precisam ir. Podem sair pela porta neste minuto, mas se o fizerem a escola de mistério terá acabado para vocês.

Jimmy apontou para o santuário destruído.

– Como podemos ir para qualquer lugar? Você deixou a apóstola sair.

– Não acho que seja como a lâmpada de Aladdin – disse Frank, friamente.

– Talvez seja. Você não sabe – respondeu Jimmy, desafiadoramente.

– Podemos fazer essa jornada sozinhos, sem o santuário – disse Mare. – Confiem em mim.

O grupo estava confuso. Como poderiam confiar em alguém que mal tinha participado no passado, que parecia cooperar mansamente com qualquer coisa que Meg dizia? Mare não tinha explicado sua súbita mudança. Eles tinham a sensação de que mal a conheciam.

Poderia ter havido uma discussão, mas Lilith, que estava sentada mais perto de Mare à cabeceira da mesa, pegou a mão dela.

– Estou pronta. – Ela fez um gesto em direção aos outros. – Uma última vez? É justo.

Todos sabiam o que ela queria dizer. Viajar para o tempo da apóstola era o que os unia. Depois de um momento, um círculo se formou, com todos dando as mãos. No meio estava o santuário dourado, amassado como um brinquedo nas mãos de uma criança mimada fazendo birra. Não emitia nenhum brilho, mas, como Mare tinha prometido, não era preciso.

Primeiro ouviram o grito estridente de gaivotas, seguido instantaneamente pelo brilho da luz do sol na água. Eles estavam no cume de uma colina, com o mar um quilômetro abaixo. Essa era a costa de uma ilha ou estavam no continente? Impossível dizer. A colina era atravessada por um caminho estreito. Um casal de gaivotas estava pousado em postes inclinados que já tinham sido parte de uma cerca. Elas não voaram quando o grupo apareceu, nem mesmo olharam para eles de forma inquisitiva.

– Estamos invisíveis – disse Galen.

Era algo com o qual estavam acostumados, mas a ausência de vida humana era desconcertante. Passou um tempo antes de haver sinal de pessoas no caminho, e quando esse sinal apareceu não eram viajantes a pé, mas uma liteira sendo carregada por dois servos ofegantes. O que era um ponto pequeno foi crescendo conforme se aproximavam. Os servos suavam; as faixas que usavam na cabeça não conseguiam impedir que o suor lavasse seus rostos enquanto empurravam a liteira colina acima.

A liteira era pintada de cores vivas, a madeira finamente trabalhada com veados e raposas e outros animais entalhados. Quem estava dentro ficava oculto pelas cortinas. Uma voz de mulher falou em hebraico, parecendo angustiada.

– Ela está dizendo para eles se apressarem. Resta pouco tempo – disse Mare.

– Como você sabe o que ela disse? – perguntou Frank.

– Simplesmente sei. – Mare não podia explicar por que de repente era capaz de entender uma língua estrangeira, mas não havia tempo para discussão. – Temos que segui-los.

Assim que a liteira chegou ao topo da colina, os carregadores se puseram a levar sua senhora mais rápido. O grupo os seguia sob o sol forte e quente. Mesmo sem carregar peso eles começaram a suar e a ofegar.

Os membros da escola de mistério seguiram por mais de meia hora sem dizer uma palavra. Perto de uma curva bloqueada por um espesso arvoredo, eles subitamente viram seu destino, um amontoado de docas usadas pelos pescadores locais.

A mulher na liteira abriu a cortina e espiou. Ela tinha cabelos grisalhos e uma aparência aristocrática, embora a maior parte de seu rosto estivesse oculta por um xale de linho branco que lhe envolvia a cabeça. O xale estava coberto por uma fina camada de poeira, indicando que eles estavam viajando desde a manhã. Ela gritou uma ordem, e a mensagem ficou clara para todos:

– Mais rápido!

Os carregadores assentiram, mas estavam exaustos demais para acelerar o passo. Um homem era bem mais velho que o outro. Talvez fossem pai e filho. Galen afundou na terra à sombra das árvores. Frank olhou para ele por cima do ombro.

– Não nos abandone – disse.

Na sala de reuniões, ele estava pronto para ir embora, mas agora tinha sido atraído pela aventura.

– Perdoe-me por não ser jovem. Erro meu – disse Galen. Ele fez um gesto com a mão indicando a liteira à frente. – Deixem que vá. Estão exaustos. Nós conseguiremos alcançá-los.

Frank poderia ter tentado levantar Galen à força, mas Mare disse:

– Está tudo bem. Estamos todos cansados. Vamos descansar um minuto.

Eles se juntaram, alguns sentados no chão, outros recostados a troncos de árvores. Era um alívio não estar mais sob o sol.

– Já que estamos invisíveis – disse Jimmy –, queria ter trazido um pouco de água invisível.

– Eu sei – disse Mare, mas sua cabeça estava em outra coisa. – Você viu quem era a mulher idosa, não viu?

– A apóstola – disse Lilith. Não que isso fosse surpresa. – O que ela vem fazendo todos estes anos?

Lilith tinha estudado os primeiros cristãos, e sabia que no início as mulheres podiam pregar nas igrejas junto com os homens. A apóstola fazia isso? Ou ela tinha fugido de Jerusalém em uma jornada infindável para escapar da perseguição que condenara os outros apóstolos a mortes violentas?

– Pensem um pouco – disse Jimmy. – Se estamos aqui, alguém tinha que começar a escola de mistério. Deve ter sido ela.

Mare assentiu com um gesto de cabeça. O raciocínio de Jimmy era lógico, mas ele tinha deixado passar algo. Ela disse:

– Há uma crise. Ela está correndo para encontrar alguém antes que ele saia navegando. Tudo está em risco, para ela e para nós.

O grupo se entreolhou. Aparentemente, isso era uma outra coisa que Mare simplesmente sabia. Para evitar ser interrogada, ela ficou de pé e começou a descer o caminho rapidamente. Todos a seguiram. Galen, que gostaria de ter tido mais dez minutos sob a sombra, fechava o grupo. Caminhavam na descida, mas estavam ensopados de suor quando alcançaram a liteira, que agora estava a menos de cem metros da água.

Os dois carregadores apresentavam sinais de exaustão, com o mais jovem murmurando palavras de encorajamento ao mais velho. A apóstola de repente bateu no teto da liteira e saltou quase antes de os carregadores pararem. Ela correu o resto do caminho até a água, espalhando pó com suas finas sandálias de pele de carneiro.

– Jonas, Jonas! – chamou ela.

– O filho dela – explicou Mare, correndo atrás da mulher.

Na doca, vários barcos pesqueiros estavam atracados, mas apenas o maior, cujas velas redondas estavam sendo levantadas por dois pescadores queimados de sol, se preparava para partir. A princípio não havia mais ninguém à vista, e então, da beirada da vela que se levantava, uma cabeça apareceu. O homem era de meia-idade, e, à medida que dava um passo adiante, fechava a cara.

– Ele queria fugir sem ter de enfrentá-la – disse Mare.

A apóstola parou, seu caminho bloqueado pelas grandes rochas espalhadas pela costa. Mãe e filho se encararam em silêncio por um momento antes que ele gritasse uma ordem para os pescadores, que pararam de levantar as velas. Parecendo zangado, Jonas pulou da proa na água, sem se importar com a doca frágil.

Ele se arrastou com água até o joelho até chegar à areia, então caminhou até a apóstola. Quando estava próximo, ela começou a falar, sem levantar a voz, mas parecendo bastante emocionada.

Uma brisa carregava suas palavras para o mar; apenas uma ou outra chegavam até onde estava o grupo.

– Ela está implorando para ele não partir – disse Mare.

– Isso é bem óbvio – cortou Frank. – Qual é o sentido? Não é como se pudéssemos impedi-lo.

Mare o ignorou.

– Preciso me aproximar mais. Vocês não precisam vir se não quiserem.

Com alguma relutância, eles foram atrás dela. Andavam lentamente. As pedras estavam bem juntas, um convite para um tornozelo torcido se o passo fosse dado de mau jeito. Mas eles podiam ver que a conversa estava ficando mais acalorada. O filho da apóstola estava com o rosto vermelho.

De dentro de sua túnica, que era arrepanhada na cintura, ele tirou um pergaminho enrolado. Dava para ver que ele não era jovem, com os cabelos já rareando, pés de galinha aparecendo ao redor dos olhos sempre que ele os apertava contra o brilho do sol. Ele desenrolou o pergaminho e o leu em voz alta. Do modo como mal olhava para a escrita, devia tê-la memorizado.

Mare não estava perto o bastante para captar o que ele dizia. O vento engolia suas palavras. Mas uma voz em sua cabeça começou a recitar com ele. Inacreditavelmente, ela sabia o texto, lembrança da sua infância.

> E eis um cavalo amarelo, e o que estava montado nele chamava-se Morte; e o inferno o seguia. E foi-lhe dada autoridade sobre a quarta parte da Terra.

A 13ª apóstola parecia aflita, e tentou tirar o pergaminho das mãos dele. Seu filho o pegou de volta, virou-se e caminhou para o mar. Era raso ao longo da praia. Ele se arrastou pela água até alcançar o barco. Os dois pescadores se inclinaram sobre a proa e o puxaram para o interior da embarcação. O rosto da apóstola estava coberto de lágrimas. Ela não esperou a vela ser içada, mas pegou de volta o caminho para sua liteira. Os dois carregadores, que estavam ao lado dela, a ajudaram a passar pelas pedras. Eles tropeçaram várias vezes antes de chegar a campo aberto.

Mare ficou ali e os olhou por um momento.

Por mais vigorosa que parecesse antes, a apóstola de repente deu a impressão de ser muito frágil. Ela parou, como se sentisse uma presença. Seu olhar encontrou o de Mare. Ela a reconheceu? Era impossível dizer, pois um segundo depois a idosa desviou o olhar.

Meg não está lá, pensou Mare. Ela sentiu uma pontada no coração. Pelo menos era bom saber; Mare não tinha mais motivo para recordar.

Os dois carregadores trocaram olhares preocupados quando a apóstola caiu sobre o assento acolchoado da liteira. Ela ofegava, e não teve forças para puxar as cortinas. Eles fizeram isso por ela, depois assumiram seus lugares na frente e atrás entre as estacas. A liteira foi erguida, e os carregadores refizeram o caminho pela trilha poeirenta.

Mare olhou o barco de pesca, que estava pronto. Um pescador lidava com a corda que prendia o barco à doca, e outro se sentava no leme. O filho da apóstola, ainda com o cenho fechado, nada dizia. Ele se segurou no mastro quando algumas vagas fortes balançaram a embarcação. Por um momento pareceu hesitar, mas sua resolução rapidamente voltou. Ele assentiu, a amarra foi afrouxada e o pescador na doca empurrou a ponta do barco antes de saltar a bordo.

Isso era tudo o que Mare precisava ver.

– A apóstola nunca vai convencê-lo – contou aos outros. – Ele acha que Deus tem uma mensagem para ele. Há uma nova causa, e ele mal pode esperar para se unir a ela. – Seu instinto a deixava certa disso, mesmo que não pudesse explicar o motivo.

Agora que a excitação tinha acabado, a dúvida de Galen não seria silenciada. Ele varreu a paisagem com o braço.

– Não pertencemos a este lugar. Nada disso se encaixa em nada.

– Se encaixaria se esta fosse a ilha de Patmos? – perguntou Mare, calmamente.

Uma centelha de reconhecimento brilhou no rosto de Lilith.

– Foi onde são João escreveu o Livro das Revelações.

– E daí? – perguntou Frank. – Isso é apenas uma lenda. Provavelmente não houve um são João. A Igreja precisava de uma tática de intimidação para manter seu rebanho na linha.

Mare apontou para o barco de partida, que tinha pegado o vento e se movia rapidamente com a vela inflada.

– Ele está certo de que os últimos dias estão próximos. Isso faz com que se sinta incrivelmente forte. Ele será um dos que serão salvos, e está furioso porque sua mãe não acredita nele.

Naquele momento escutaram o zumbido inconfundível de luzes fluorescentes, e instantaneamente estavam de volta à sala de reuniões, sentados em círculo com as mãos unidas. Levou um momento para entender onde estavam. Galen tinha o mesmo olhar insatisfeito de quando estava à beira-mar.

– O filho dela pode ser um idiota e um fanático – declarou. – Mas o lado dele venceu.

Frank entrou na conversa.

– Com certeza. Os malucos surgiram com um mito bizarro sobre o fim do mundo. Ele foi atraído para ouvir a última trombeta, e sua espécie ainda está reunida e pronta para o dia do Juízo Final. O Apocalipse os deixou excitados.

Era uma acusação dura, mas ninguém a contradisse. Depois de um momento, Jimmy falou, cansado:

– Eu ainda acredito.

– Acabou – atalhou Galen. – A apóstola falhou. Seu próprio filho não a seguiria. Estávamos lá, nós vimos.

– Nós realmente vimos – reconheceu Mare. – Agora você tem um discurso de despedida. Era o que queria, não era?

Seu tom era mordaz, algo inédito vindo dela. Eles ficaram olhando enquanto Mare se levantava em frente ao santuário destruído.

– Contos de fada nem sempre têm finais felizes. Então partam. Se alguém quiser ficar para trás, eu conheço o verdadeiro final.

– Não somos burros – resmungou Galen. – Você está preparando a isca. – Havia uma insatisfação geral, mas ninguém foi para a porta.

Mare esperou para ver se todos realmente pretendiam ficar.

– A apóstola não fracassou naquele dia. O que realmente vimos, uma mulher contra a força da história? As chances contra uma mulher seriam impossíveis.

Lilith foi a primeira a compreender.

– Então, ela teve que encontrar outra maneira. Teve que contornar a história se queria aumentar suas chances.

Com um sorriso beatífico, Mare abriu os braços.

– Ela encontrou uma maneira. Nós.

Eles nunca a tinham visto ser sarcástica; era ainda mais estranho vê-la sendo sublime.

– Cuidado – murmurou Lilith.

Mas Mare tinha guardado seu segredo tempo demais; ela estava ansiosa para revelar tudo.

– Levou uma eternidade, mas juntei todas as peças. Vocês não veem? Cada peça do quebra-cabeça se encaixa.

Galen se recostou em sua cadeira, os braços cruzados sobre o peito.

– Devo ser estúpido, porque não vejo nada.

– É bem impressionante – disse Mare. – Deus estava enviando revelações, mas os apóstolos ficaram confusos. Eles brigavam constantemente sobre o significado das mensagens. Mas a 13ª apóstola entendeu. Tratava-se da luz. Quando surgiu uma visão do Apocalipse, ela veio do medo. A luz nunca promove medo. Assim que a coisa toda me foi revelada, fiquei incrivelmente agitada. Tudo realmente se resumia a nós cinco? Não há outra explicação de por que fomos chamados. Fiquei em choque. Foi por isso que nenhum de vocês me viu. – Ela deu a Frank um olhar expressivo.

Ele devolveu o olhar com hostilidade.

– Sinto muito, mas se é sua revelação contra a deles, você pode ficar com as duas. – Ele ficou de pé e seguiu em direção à porta. Na soleira se virou para trás, esperando um sinal de Mare. Ela queria que ele fosse ou que ficasse? Mas ela não deu nenhum sinal. Os olhos dela brilhavam com o conhecimento secreto que queria ser revelado.

Frank sacudiu a cabeça em desgosto.

– Se quiser ligar para mim, tudo bem. Só não espere que eu venha correndo. – Seus passos ecoaram raivosos no corredor antes de sumirem.

– E então sobraram quatro – disse Galen, de forma zombeteira.

Mare se virou para ele.

– Você quer ser o próximo? – Ela fez a pergunta com desdém.

Ele ficou envergonhado.

– Não. Quem disse que eu queria?

Ela não cedeu.

– Pare de criticar. Ou vai ou fica.

– Certo, certo. – Galen respirou fundo. – Se eu ficar para ouvir você, ainda posso ir embora?

Mare assentiu.

– Então tudo bem – disse ele, começando a se sentir seguro de novo. – Manda bala.

O ar agora vibrava com o suspense. Tranquilamente, Mare disse:

– Tudo girava em torno de Meg. Fui a última a vê-la. Todos vocês merecem saber o que aconteceu.

Ela contou a história do último dia de Meg, inclusive a jornada que fizeram juntas e a cena fatídica enquanto Jerusalém estava prestes a ser destruída. Ninguém a interrompeu. Quando Mare terminou, porém, cada um tinha uma interpretação diferente.

– Você não pode provar que Meg seja a apóstola – objetou Galen. – A casa estava vazia quando você voltou a si. Ela poderia ser apenas uma tia solteirona que não consegue parar em um lugar só.

– Talvez ela fosse um espírito – disse Jimmy.

– Ou uma santa – acrescentou Lilith.

Mare não tentou convencê-los do contrário. Por dois dias ela tinha se sentido agitada – não mentiu quando contou isso aos outros –, mas não era a agitação do luto. Quando se viu sozinha na mansão escura, foi de aposento a aposento acendendo as luzes. Não chamou o nome de Meg nem esperou encontrá-la debaixo de uma cama. Dessa vez seu ato de sumiço, Mare sabia, era o último. Mare sentiu vontade de abrir as cortinas e de arrancar os lençóis que cobriam a mobília e os quadros. A casa precisava se encher de luz, porque ela estava cheia de luz.

A luz dentro dela não queimava, mas era incrivelmente poderosa e impossível de manter por mais do que alguns minutos. Quando Mare chegou ao quarto principal, sua energia tinha se esvaído. Ela desabou na cama e caiu no sono imediatamente, apesar de as cortinas terem sido abertas e o brilho do sol entrar no quarto. Quando acordou, já era noite. Começaram as reações normais. Dúvida sobre o que tinha realmente acontecido. Ansiedade sobre Meg e seu estranho destino. Descrença de que ela deixaria a casa e uma grande soma em dinheiro para Mare. Mas quando voltou apressada para a cozinha, os documentos estavam ali no balcão de madeira, exatamente onde Meg os havia deixado.

Agora Mare olhava para cada rosto no grupo. Todos os segredos tinham sido revelados, e ela se sentia calma.

– Não vou tentar provar nada. Nós compartilhamos as mesmas jornadas. Vocês formaram suas próprias versões dos eventos. Cada versão pode ser a verdadeira, se for verdade para vocês.

– Não, não pode – protestou Galen. – Há fatos e há fantasias.

– Você está se esquecendo da fé – disse Jimmy.

Lilith nada tinha a dizer. Fora a partir de seu sonho que tudo tinha sido posto em movimento. Fatos, fantasias, fé – quem sabe como eles se entrelaçam na tapeçaria da realidade? No fim, ela não fazia ideia.

Ela bateu as mãos na mesa com um grande estalo e se levantou.

– Fim da reunião. Tenho certeza de que todos nós temos lugares para ir.

Ninguém contestou. Fizeram menção de partir.

– Todos vocês são bem-vindos na casa de Meg quando quiserem – disse Mare. – Mesmo que a escola tenha acabado, precisamos manter contato.

– Por quê? – perguntou Galen.

Ela sorriu.

– Porque somos o mesmo agora.

– Como é que você pode dizer isso? Discutimos o tempo todo. Ainda estamos discutindo.

– Eu sei. Mas você acha que alguém lá fora no mundo real iria acreditar em uma palavra disso? Nós somos os únicos que entendemos.

– Por enquanto – disse Jimmy, sempre o otimista.

De alguma forma, um abraço de grupo não foi cogitado. Eles se afastaram separadamente em direção ao estacionamento do hospital, iluminado pelos halos amarelados das lâmpadas de sódio dos postes de luz. Ficar debaixo de um deles fazia a pele de uma pessoa parecer a de um zumbi.

Mare esperava sob o poste mais perto de seu carro. Ela sabia que Lilith ia querer falar com ela. Levou dez minutos para ela aparecer. Ela devia ter analisado tudo em sua cabeça.

– Então era para ser você o tempo todo. Quem poderia ter imaginado? – falou Lilith.

– Lamento por Meg não ter se despedido de você – respondeu Mare.

Lilith deu de ombros.

– É bem ela. É o seu modo de me fazer encontrá-la de novo. E eu o farei, não importa o tempo que leve. Entenda, eu percebo agora.

– Percebe o quê?

– O que Meg descobriu anos atrás. Tudo acontece na mente de Deus. O mundo, você e eu, a marcha da história. Está tudo na mente de Deus. Uma vez que se entenda isso, nada pode pará-lo. Nunca.

Uma onda de emoção tomou conta das duas, e, pela primeira vez desde que sua tia desapareceu, Mare começou a chorar. Ela secou as lágrimas com o dorso da mão.

– Essa luz não nos deixa horríveis?

– Medonhas – disse Lilith, conseguindo rir. Ela se virou para voltar para o seu carro, e Mare foi para o dela.

A viagem para casa foi solitária. Em sua imaginação, Mare andava ao redor da mesa, destacando um de cada vez. A luz os havia transformado em algo que nunca poderiam ter imaginado, nas almas que realmente eram. Galen era um mago mental. Ele podia fechar os olhos, fazer um pedido, e a realidade obedecia ao seu desejo. Jimmy era um curandeiro que podia derrotar a morte. Lilith havia se tornado aquela que tudo sabe, enxergando através da defesa das pessoas como se fosse através de vidro. E Frank? Ele era um contador de verdades, embora sua visão estivesse mais obscurecida que a dos outros. A luz só poderia lhes mostrar o que eram; não poderia forçá-los a aceitá-la.

Levaria um tempo antes que qualquer um deles batesse na pesada porta de carvalho da mansão de padre Aloysius. Frank seria o último. Mare não conseguia ver para onde seguia a relação deles, mas sabia que sua saída tinha sido errada. Ele quis voltar correndo. Seu orgulho ferido não o deixou. Estava tudo bem. Frank era mais do que seu orgulho.

A mansão vazia estava exatamente como no dia em que Meg partira. Todas as luzes estavam acesas, e as cortinas, abertas. Mare tinha parado no supermercado. Uma pessoa tinha que comer, como Meg a havia lembrado.

– Certíssimo – disse Mare, para ninguém em particular.

Ela terminou de guardar os alimentos. Tinha comprado rosas – vermelhas dessa vez –, que precisavam ser colocadas na água. Subiu as escadas até os dormitórios dos empregados no último andar da casa. Preferia dormir ali do que no enorme quarto principal com o tique-taque do relógio francês envolto por querubins dourados. Assim que o relógio parasse, ela não iria dar corda nele de novo.

Padre Aloysius tinha mantido uma empregada na casa pelos longos períodos em que estivera ausente. Ela tinha deixado um quarto limpo e bem-arrumado sob o teto de mansarda. Mare entrou e começou a se despir.

Quando puxou os lençóis, viu um pequeno envelope. *Sem pacotes dessa vez,* pensou. Não ficou surpresa, mas suas mãos tremiam levemente enquanto abria o envelope e desdobrava o bilhete que havia dentro dele.

Querida Mare,

Não duvide. Seja forte. Existe apenas uma coisa pela qual viver, e agora você a conhece. "Eu sou o caminho e a luz e a vida."

Lembre-se de mim.

Sua em Cristo,

Meg

Enquanto Mare cochilava, o vento ganhava força lá fora e as folhas de um antigo plátano roçavam de leve a vidraça. O som era macio e gentil, como o anjo da misericórdia passando sobre a face da Terra.

EPÍLOGO

O MISTÉRIO E VOCÊ

Se criei qualquer mágica em torno da escola de mistério nesta história, espero que os leitores estejam pensando: "Posso entrar nela?" Antes de escrever o livro, ouvira falar sobre escolas de mistério que ainda existiam. Havia rumores com o seguinte perfil: o amigo de um amigo (geralmente nunca identificado) andava pela rua de uma grande cidade (Los Angeles, Nova York, São Francisco) quando um completo estranho apareceu e disse: "Você deveria estar em uma escola de mistério. Posso dizer só de olhar sua aura. Aceite agora ou vou embora."

Esse fragmento de rumor se tornou o ponto de partida de uma fábula sobre pessoas comuns que são introduzidas a mistérios espirituais com o poder de mudar vidas. Achei que esse era um símbolo perfeito de nosso tempo. Vivemos em uma sociedade secular em que o mistério foi empurrado para as margens. Não faz parte da cultura oficial. Mesmo a expressão "mistério espiritual" vai aborrecer um amplo espectro de pessoas – céticos, racionalistas, cientistas e muitos religiosos que frequentam a igreja. Mas a desaprovação deles só torna o mistério mais atraente.

Minha fábula é ficcional, mas escolas de mistério não o são. Seja na antiga Grécia ou na Idade Média cristã, escolas de mistério compartilharam o mesmo propósito: conhecer a realidade de Deus. Sendo ela invisível, não é fácil de adentrar.

O que é preciso? Nesse ponto a maioria das religiões (se não todas) concorda. É preciso obediência às regras daquela determinada religião. Faça o que lhe mandam e uma realidade mais elevada e divina lhe abrirá os portões. Você verá Deus. Não faça o que o mandam e o acesso a Deus lhe será fechado. (Se a sua fé inclui um Deus vingativo, você também pode esperar castigos severos por sua desobediência.)

O declínio da fé em nosso tempo indica que a obediência está fora de moda. Mas a ânsia espiritual não está. Vamos imaginar, então, que você seja aquele amigo do amigo que foi abordado por um completo estranho e convidado a se juntar a uma escola de mistério. O que acontece a seguir? Como você vai de uma esquina de Los Angeles ou de Nova York para a realidade de Deus? Claramente, um caminho está implícito, o que significa um processo. Assim que se começa o processo, há obstáculos e desafios. Algumas pessoas vão se recusar a ir adiante – como diz o Novo Testamento, muitos são chamados, mas poucos escolhidos (Mateus 22,14). Os que sobrevivem aos desafios e superam os obstáculos atingem o objetivo. Estão com Deus; vivem em sua luz.

Não posso bater no seu ombro e convidá-lo a entrar na escola do 13º apóstolo, mas o caminho seguido por Meg, Mare, Lilith, Galen, Frank e Jimmy neste romance está aberto a você também. O processo ao qual eles foram submetidos os transformou, e esse método foi totalmente mapeado nas tradições de sabedoria do mundo. Em linhas gerais, o proceso é, na verdade, bastante simples. O caminho daqui até Deus é uma espécie de "sanduíche de realidade", como mostrado no diagrama abaixo:

Realidade de Deus = a Luz

Zona de Transição

Realidade Comum = a Ilusão

A base do sanduíche é a realidade diária que todos habitamos, o mundo dos cinco sentidos, objetos físicos e eventos diários. Sendo invisível, Deus não aparece nessa realidade (milagres, se existem, são exceção). A camada superior é a realidade de Deus, a esfera da luz, em que "luz" significa muitas coisas: verdade, beleza, liberdade da escuridão, da dor e da ignorância, e o amor perfeito.

Entre as duas está algum tipo de zona de transição. Ela se parece com o quê? As personagens em nossa história se encontram em transição assim que entram na escola de mistério e tocam o santuário dourado. Elas se sentem confusas, mas também seduzidas e intrigadas. Galen, o racionalista, é despertado pelo amor. Frank, o cínico, encontra algo de maior valor em que acreditar. Jimmy, um dos socialmente oprimidos, encontra em si a centelha de um curador. Cada um, a sua própria maneira, obtém um vislumbre da luz, ao mesmo tempo que também sente o impulso de voltar para sua vida normal. Esse movimento de puxa-empurra é normal na zona de transição; o crescimento espiritual vem com atordoamento.

Sri Aurobindo foi um dos gurus mais cultos na Índia no século XX. Ele dizia que a iluminação seria fácil se para alcançá-la tudo que se precisasse fosse ser inspirado. A verdade não é difícil de ser aceita. As crianças que ouvem sobre Jesus nas escolas dominicais são inspiradas por uma visão de paraíso e do bom pastor reunindo seu rebanho. Embora as histórias difiram de cultura para cultura, com Krishna, Buda ou Maomé substituindo Jesus como o ideal espiritual, há uma ânsia universal em acreditar em uma realidade mais elevada, e é disso que trata a verdade espiritual.

O problema surge, como também destacou Aurobindo, nos níveis mais baixos da vida, onde duras realidades entram em confronto com a inspiração. A paz é inspiradora; a violência, não. Olhar para o céu é inspirador; arrastar-se na lama, não. Porque o mundo é um lugar onde devemos confrontar a violência e onde o arrastar-se na lama ocupa uma parte grande demais da existência diária, a zona de transição entre o aqui e Deus é perturbadora. Tendo entrado nessa zona de transição, as personagens deste livro encontraram medo, ansiedade, raiva, confusão, sexo, ambição, ego – as mesmas coisas que todo mundo encontra regularmente na vida real.

Entrar em uma escola de mistério, então, é apenas o primeiro passo, uma batida na porta. À distância está o objetivo, que Meg expõe em seu bilhete de despedida a Mare: "Eu sou o caminho e a luz e a vida." Essa é uma fusão intencional de dois dos enunciados mais permanentes de Jesus – "Eu sou o caminho, a verdade e a vida" (João, 14,6) e "Eu sou a luz do mundo" (8,12). Em outras palavras, o objetivo é um modo de vida que existe na luz de Deus.

Traduzindo essas palavras em um processo, podemos dividi-lo em três componentes:

1. O caminho
2. A luz
3. A vida

Com o caminho você encontra uma via que leva a Deus.

Com a luz você começa a ver a luz de Deus.

Com a vida você une sua vida presente à vida de Deus.

Todos os três passos podem ser realizados, e, já que "o caminho, a luz e a vida" são termos cristãos familiares no Ocidente, podemos tê-los em mente enquanto introduzimos alguns termos explanatórios de outras tradições de sabedoria.

O CAMINHO

Atualmente, encontrar o caminho até Deus é um projeto de faça-você-mesmo. Essa é uma mudança radical em relação às crenças do passado, quando a via até o céu era muito mais organizada e coletiva, embora um pequeno grupo de intrusos – sábios, santos, místicos e visionários – seguisse o próprio caminho. Hoje a situação é inversa. Milhões de pessoas – investigadores modernos – anseiam pelo crescimento espiritual de acordo com os próprios termos, o que faz com que sigam em muitas direções. Isso é desconcertante, mas todos os caminhos se resumem a uma coisa: experiência. Permitir-se chegar mais perto do objetivo é a única medida do sucesso.

Imagino uma escola de culinária criada para pessoas que, por não terem papilas gustativas, não conseguem sentir o gosto de nada – duvido que o lugar fique aberto muito tempo. Acreditar que o que você cozinha é delicioso é diferente de você realmente experimentar o que cozinhou. O que significa testar a realidade de Deus? Tal experiência é, na verdade, extremamente comum. Deus é definido como infinita alegria, amor, compaixão e paz. Todo mundo já experimentou essas coisas. Mas ninguém nos disse que essas mesmas experiências poderiam ser os primeiros passos no caminho que leva a Deus.

O problema de qualquer experiência única, por mais bela que seja, é que ela desaparece gradualmente e se perde. É como se Jesus dissesse: "Bata e a porta será aberta – por alguns minutos." O motivo de as pessoas buscarem o amor incondicional, a paz eterna ou a felicidade duradoura está enraizado na frustração com a forma aparentemente temporária e inconstante do amor, da paz e da felicidade. A razão de mesmo as mais belas experiências durarem pouco – talvez segundos, talvez dias ou meses – não é misteriosa. Nós seguimos em frente. Somos puxados para a realidade por existências cotidianas: famílias a criar, empregos a procurar, alimentos a comprar. Alguém certa vez disse que "o êxtase é ótimo, mas não iria querê-lo o tempo todo a minha volta". Os aspectos práticos da vida não são compatíveis com uma realidade mais elevada.

É por isso que é necessário um caminho para ir daqui até ali. Tentar marcar uma reunião com Deus quando se tem um momento livre não funciona. Lembrar-se da última vez que você sentiu amor, paz e felicidade também não funciona. A experiência de Deus deve acontecer no presente, e então, como pérolas, esses momentos serão reunidos em um colar. Um dia, as pérolas se transformarão em uma corda contínua e sem fim. Em vez de Deus aqui ou ali, Deus estará em toda parte.

O que torna esse processo, que é o verdadeiro crescimento espiritual, possível? Para começar, o seu cérebro. Nenhuma experiência existe sem um cérebro para processá-la. Um santo que enxerga Deus em cada grão de areia existe nas mesmas circunstâncias que você ou eu quando se trata de cérebro. A diferença é a mesma entre um rádio perfeitamente sintonizado que capta os sinais mais fracos e um rádio cheio de estática que recebe apenas os sinais mais fortes. Quanto melhor o receptor, mais nítida a música.

Quando o Velho Testamento diz "Aquietai-vos e sabei que Eu sou Deus" (Salmos 46,10), está se referindo ao estado mental. Uma mente inquieta, excitada, distraída pelo mundo exterior, preocupada com o trabalho, entre muitas outras coisas – o que descreve bem o cérebro que eu e você usamos na vida diária – não consegue se aquietar. Não importa quanta fé se tenha de que uma estação FM está transmitindo lindas músicas de Mozart: se o seu rádio não consegue captar o sinal, a fé será de pouco uso.

O que isso significa, em termos práticos, é que o caminho espiritual é uma escolha de estilo de vida positivo. O tipo de estilo de vida que sintoniza o cérebro está longe do místico. Ele tem cinco elementos básicos:

- Sono
- Meditação
- Movimento
- Alimento, ar e água
- Emoções

Esses cinco pilares são fundamentais para um estado mental e físico equilibrado; portanto, são fundamentais para a experiência espiritual. Por isso, quem busca o espiritual deve primeiro prestar atenção ao seu bem-estar, principalmente ao bem-estar do cérebro.

Um bom sono mantém o cérebro alerta e permite que ele equilibre todo o sistema mente-corpo.

A meditação aquieta a mente e treina o cérebro para operar em um nível muito sutil.

O movimento mantém o sistema flexível e dinâmico.

Alimento, ar e água puros nutrem o sistema sem impurezas e toxinas.

As emoções registram alegria, amor e felicidade como experiências pessoais.

À medida que você melhora em cada uma dessas áreas, seu cérebro muda, porque você está dando a ele a melhor informação com a qual trabalhar. Sua experiência, inclusive a espiritual, vai ficar cada vez mais completa. Os cinco pilares trabalham juntos para criar um estado de bem-estar, e é esse estado que lhe permite perceber sinais mais sutis da fonte, que é Deus.

Kabir, um poeta místico medieval da Índia, que é adorado por povos de todas as crenças, trabalhava como tecelão. Sua visão da espiritualidade é regida pelo bom senso, algo que aprecio desde a infância. Aqui estão dois de seus aforismos:

Por que andar aspergindo água benta?
Há um oceano dentro de você,
e quando estiver pronto, você beberá.

Uma gota se dissolvendo no oceano – isso você consegue ver.
O oceano se dissolvendo numa gota – quem vê isso?

Relacionar o cotidiano com o sagrado é vital. Kabir faz exatamente isso em sua poesia. Em outro verso, ele diz que viajou aos templos sagrados, banhou-se em águas bentas e leu as Escrituras, mas não achou Deus em nada disso. Apenas depois de ter olhado para dentro o divino se revelou.

Nenhum grande mestre espiritual jamais discordou dele. Ao que foi acrescentado em nosso tempo é que entendemos que "olhar para dentro" exige o uso de um cérebro que esteja sintonizado com os níveis sutis da experiência em que Deus está entrelaçado no cotidiano. É desnecessário reservar locais sagrados que promovam mágica no fiel ou se banhar em águas bentas ou mesmo ler as Escrituras, embora escritas sagradas tenham seu valor – elas oferecem inspiração, o que, em si, é uma experiência sutil, do tipo que indica o caminho para o divino. Essas forças ficam amplificadas, por assim dizer, quando seu cérebro é treinado para percebê-las.

A LUZ

Palavra alguma é mais importante no Novo Testamento do que "luz". Até mesmo "amor", a palavra que instantaneamente vem à cabeça quando pensamos em Jesus, aparece em segundo lugar. Quando você percebe que luz é um sinônimo para consciência, você entende que nada é real, a menos que estejamos conscientes. Tenho certeza de que você já ouviu alguém dizer "Meu pai nunca disse que me amava", o que parece um grande trauma. O amor silencioso é amor que cria dúvida. Você não sabe se pode confiar nele. Teme que possa nem mesmo estar ali. Somos apenas humanos, e é preciso ouvir as palavras "eu amo você" para saber com certeza que realmente somos amados.

De forma semelhante, Deus tem que penetrar sua consciência para ser real. Assim que o cérebro é sintonizado, que é o primeiro passo dado, o segundo é se concentrar na luz. Esse é o único modo de enxergar através da ilusão. Em um cinema, o romance, os sustos, o perigo e a aventura na tela são a ilusão. A luz que os projeta é a realidade. Quando Jesus diz a seus apóstolos "Vocês são a luz do mundo" (Mateus 5,14), podemos interpretar sua fala no sentido literal. Não é uma metáfora. Cada um de nós é a luz que projeta o mundo.

Você e eu nascemos na hora errada para essa verdade ser compreendida. O materialismo governa. Quando tinha uns vinte anos, li a famosa "alegoria da caverna", de Platão, onde ele compara a vida comum a pessoas reunidas em uma caverna olhando sombras brincarem na parede. Elas tomam as sombras por realidade e só conseguem despertar ao observarem em torno e verem a luz que as está projetando. Eu sabia o que significava a imagem, mas não fazia diferença para mim. Acreditava fortemente no mundo físico e não conhecia ninguém que não o fizesse. Essa alegoria pode servir de exemplo para os dias de hoje. Em vez de uma caverna, a plateia pode estar sentada em um cinema, encantada pelo glamour de Hollywood na tela, inconsciente de um projetor colocado atrás dela, lançando a ilusão através de luz branca incandescente.

Ainda é um enorme salto acreditar que o mundo todo seja uma projeção, e um salto ainda maior perceber que você está assistindo ao filme e o projetando ao mesmo tempo. Afinal de contas, mágicos não acreditam em suas ilusões. Aparentemente, nós acreditamos. Somos mágicos ingênuos. Quando você consegue separar os dois papéis, tudo muda. Em vez de amar a ilusão, você se torna fascinado pelo criador, que é você mesmo. Só um criador tem liberdade suficiente para alterar a criação.

Pagamos um preço alto por sermos mágicos ingênuos. Nós nos sentimos prisioneiros na vida diária por ansiedade, medo, oportunidades limitadas, pressão financeira e relacionamentos insatisfatórios, e, já que não aceitamos isso como nossa criação, nossa resposta imediata é lutar com a imagem exterior. Tentamos aprimorar a ilusão, o que, obviamente, é possível fazer. Você pode procurar um médico para sua ansiedade, encontrar um emprego que pague melhor e sair de um relacionamento sem amor.

Mas não importa o quão bem-sucedido seja ao aprimorar a ilusão, nunca se verá livre dela. Os ricos acreditam em seu filme da mesma forma que os pobres. O bem-amado se sente tão despojado quando o mal-amado quando a pessoa que os ama vai embora. A ilusão é a raiz do problema. A luz é a raiz da solução; na realidade, de todas as soluções, e é por isso que Jesus disse: "Buscai primeiro o reino de Deus, pois ele está dentro de vós" (Mateus 6,33; Lucas 17,21).

Mas ir para dentro é exatamente o que a maioria das pessoas rejeita e até mesmo teme, porque é "aqui dentro" que residem a ansiedade, a insegurança, os traumas passados e o velho condicionamento. Então a mente é chamada para curar a mente. Como se consegue isso? A resposta é óbvia, embora seja muitas vezes negligenciada. Se você quer escapar da ilusão, pare de criá-la.

De que modo? Recuse a história contada pela falsa consciência. A falsa consciência diz: "Siga as regras. O mundo é um lugar difícil. O universo é vasto. As forças da natureza estão determinadas. Você é apenas um ponto nesse cenário infinitamente imenso." Quando a sociedade inteira se baseia em tal história, o que certamente acontece nos dias de hoje, desmantelá-la significa adquirir uma visão de mundo completamente nova.

A filosofia perene conta uma história diferente, que eu encapsulei no enunciado de Jesus: "Você é a luz do mundo." Identifique-se com a luz e nunca mais temerá as imagens sedutoras na tela de cinema, mesmo quando elas forem projetadas a alguns metros de altura.

A falsa consciência é uma rede tecida com muitas cordas, e mais crítica são suas crenças centrais. Entre as mais destrutivas dessas crenças estão as seguintes:

Estou sozinho e isolado, desconectado do universo.

Sou fraco e impotente diante das enormes forças dispostas contra mim.

Minha vida é delimitada por esse pacote de pele e ossos chamado corpo.

Existo no tempo linear, que espreme meu ser entre o curto espaço entre o nascimento e a morte.

Não estou no controle de minha vida.

Minhas escolhas são limitadas por minhas circunstâncias.

Eu irei experimentar o amor de maneiras muito temporárias e imperfeitas que não são confiáveis.

A vida é injusta e os eventos são aleatórios – essas são as duras realidades.

A melhor maneira de lidar com minha insegurança e ansiedade é empurrá-las para debaixo do tapete.

Se as pessoas conhecessem o meu eu verdadeiro, seriam repelidas.

Tenho o direito de culpar os outros da mesma forma ou mais do que culpo a mim mesmo.

Deus pode ser real, mas não está prestando nenhuma atenção em mim.

Essa é uma lista bem longa porque a ilusão afeta cada aspecto da existência. Se você tivesse que superar cada crença equivocada, uma vida inteira não bastaria, e no fim não haveria garantia de sucesso. Meu objetivo aqui é destacar que o problema não habita a mesma esfera da solução.

A esfera da solução é a consciência, a "luz". Muitos dos ensinamentos de Jesus podem ser interpretados como um caminho para essa solução. É o que as personagens aprendem neste livro. O santuário dourado emite, literalmente, a luz celestial. Jesus vê a *Shekiná*, a luz da alma, quando a 13ª apóstola se aproxima em um beco escuro. Quando Galen faz um pedido e Malcolm não perde seu emprego, ele está manipulando um filme que o resto do mundo aceita como realidade. Os óculos de sol mágicos são símbolos da nova visão que altera a visão deles da realidade. Exagerei o efeito usando realismo mágico. Um show brilhante é bom, mas o caminho espiritual tem apenas um objetivo: perceber quem você é de fato.

Se você pudesse ver seu verdadeiro eu, as partes mais obscuras do Novo Testamento se tornariam claras, até mesmo óbvias. Isso se aplica principalmente a partes do Sermão na Montanha, onde Jesus diz à sua plateia para fazer o seguinte (Mateus 6,25-33; 5,5):

Confie na Providência para tudo.

Não planeje o futuro.

Não se preocupe com o amanhã. Deixe que os problemas de cada dia se resolvam.

Não guarde dinheiro, nem mesmo comida.

Tenha certeza de que os mansos um dia terão todo o poder.

Nenhum desses conselhos, porém, pode ser usado para conduzir a vida diária, e, portanto, o Cristianismo tem se juntado a outras crenças idealistas que detêm o impossível como uma promessa de Deus. Há uma cisão entre o ideal e o real, resumidamente capturada no provérbio árabe (que poderia ser a invenção mais engenhosa de alguém) "Confie em Deus, mas amarre seu camelo".

Muitos outros ensinamentos de Jesus são impossíveis, desde amar o próximo como a si mesmo até o de oferecer a outra face. O que os torna impossíveis não é uma falha na sabedoria de Jesus – é nosso próprio nível de consciência. Quando não vemos a nós mesmos como luz pura, como criadores e autores de nossa própria existência, não podemos ter acesso a nenhum dos ideais das tradições de sabedoria do mundo. O desapego puro de Buda, a cura para a dor e o sofrimento, por exemplo, é exatamente tão distante da vida real como o ensinamento de Jesus sobre o amor universal. O ideal do Islã de paz divina descendo sobre a terra, que está embutido em seu próprio nome, é inatingível em um mundo violento.

Nada menos que a completa transformação fará do ideal uma realidade viva. Por isso, confrontar a ilusão da falsa consciência é a chave para todos os problemas, se o que queremos é uma solução permanente e duradoura. O verdadeiro eu não é algo que você cria, se esforça para alcançar ou no qual tem fé. É uma realidade que se oculta em plena vista.

Em uma sala de cinema o projetor também está escondido em plena vista; as imagens que ele cria são uma distração sedutora que nos impede de nos virar. Eu deliberadamente descrevo a visão que Meg tem da Crucificação como a sensação de estar vendo um filme, para assim preparar o cenário de sua jornada de dez anos em direção à luz. Ela está tão confusa quanto o resto de nós, mas consegue completá-la.

Vamos supor que você esteja levando o tipo de vida que dá ao seu cérebro uma chance de absorver nova informação em um nível mais sutil, que chamei de "o caminho". O que seu cérebro deve perceber? No começo ele vai perceber vislumbres ocasionais do verdadeiro eu, e quando isso ocorrer haverá momentos em que a ilusão se esfacelará. Esses momentos são imprevisíveis porque cada vida é única, mas podemos dizer que em tais momentos um pedaço de falsa crença é exposto. Voltando à longa lista acima podemos – e iremos – experimentar o reverso de cada crença falsa. A verdadeira crença se baseia na experiência pessoal. Então, como é estar nessa luz? A experiência é profundamente diferente da existência diária:

Você se sente conectado a tudo ao seu redor.

As forças da natureza o apoiam.

Seu corpo se estende para além dos limites visíveis, como se estivesse perfeitamente conectado a tudo.

Você experimenta o atemporal, que elimina o medo da morte.

Você se sente no controle, sem esforço nem luta.

Você se sente livre. Suas escolhas se expandem apesar das limitações das circunstâncias presentes.

Você experimenta o amor como uma parte inata da vida, não como algo que pode ser obtido ou perdido.

Eventos que já pareceram aleatórios ou injustos agora começam a se enquadrar em um padrão que faz sentido e contém significado.

Você se sente seguro consigo mesmo, e isso permite que confronte emoções negativas, mágoas passadas e o condicionamento desgastado.

Há uma harmonia crescente com as outras pessoas.

Você sente uma aceitação que torna sem sentido a culpa e a censura.

Deus parece real e próximo.

As personagens na história experimentam essas mudanças, e eu gostaria de enfatizar que essa parte não é fantasia – pelo contrário. Despojado de imagens, o que aconteceu com as personagens aconteceu comigo também. Os dois lados, o escuro e a luz. Meu primeiro momento de desespero ocorreu quando passei um dia feliz no cinema com meu avô, só para vê-lo morrer naquela mesma noite. Meu maior cinismo ocorreu na faculdade de medicina, onde nada parecia mais real do que o sofrimento e a morte – Deus era uma ilusão a ser ridicularizada. Minhas experiências na luz foram momentos de consciência despertada na meditação, e começaram a iluminar as experiências mais comuns: olhando por uma janela de trem no Corredor Nordeste e sentindo que a monótona paisagem industrial se espalhava até o infinito, captando o olhar de um estranho que passava e vendo nele a saudação de outra alma.

Toda vida contém momentos em que uma pessoa enxerga além da ilusão. O segredo é prestar atenção, porque, uma vez que o momento passa, o mesmo acontece com o seu poder de mudar a si próprio. É preciso estar aberto e alerta aos sinais de seu verdadeiro eu.

Tudo o que é preciso é um tipo de segunda atenção. A primeira atenção, com a qual todos estamos familiarizados, lida com os eventos cotidianos. Você toma o café da manhã, vai para o trabalho, passa no supermercado, assiste à TV. Nada disso tem significado intrínseco. Pode ser bom, ruim ou neutro. Quando a segunda atenção entra em ação você continua fazendo as mesmas coisas que sempre fez, mas tem uma nova consciência delas. Ao tomar o café da manhã você pode estar ciente da sua satisfação interna, ou do gosto sutil da comida, ou da sensação de gratidão pela abundância da natureza. Ao ir para o trabalho você pode sentir uma satisfação interna, animação com as novas possibilidades ou sensação de autoridade. Muitas vezes não existe nenhuma correspondência clara entre o que a primeira atenção está notando e o que a segunda atenção está realizando.

Mas há um traço comum a tudo na segunda atenção. Você está vislumbrando a verdade de quem é. Você é um campo ilimitado de possibilidades infinitas. Você é consciência infinita se manifestando no espaço-tempo. Você é o jogo de luz enquanto ela se molda em formas. Não há uma arena para realizar essas coisas à exceção da vida diária normal. Como um espectador que está metade voltado para a tela e metade para o projetor, você consegue apreciar o filme (primeira atenção) enquanto sabe o tempo todo que se trata de uma projeção de luz (segunda atenção).

Se procurar na internet vai encontrar inúmeros relatos de experiências que derivam da segunda atenção. Essas histórias narram o que acontece quando a ilusão, a máscara do materialismo, cai. Algumas parecem exóticas, como quando as pessoas saem do corpo, viajam por eventos remotos, têm presciência do futuro ou são iluminadas. Mas o foco não deveria estar no sobrenatural, porque a segunda atenção é completamente natural e "ir para a luz" acontece às vezes, e não apenas em experiências de quase morte.

Quanto mais vezes você perceber o que está lhe acontecendo através da segunda atenção, mais treinado o seu cérebro estará para seguir essa direção. "Luz" é uma metáfora; consciência é como existimos – nada é mais real. A pesquisa sobre estados mais elevados de consciência continua crescendo, embora a maior parte dos estudos esteja focada em refutar os céticos, mostrando com dados sólidos que o sobrenatural é real. Será bem mais útil ter pesquisas sobre como a consciência se expande porque, conforme o faz, há uma progressão natural:

Física: Seu corpo se sente menos restrito e limitado. Há uma sensação de leveza, junto com a agradável sensação de simples presença física. Quase sem perceber você experimenta seu corpo como se estivesse ligado a tudo ao seu redor.

Mental: Seus pensamentos diminuem à medida que sua mente se aquieta por conta própria. A mente não está mais inquieta ou dispersa. Torna-se fácil concentrar sua atenção; as distrações não o afetam tanto. O passado não se intromete no presente. O condicionamento antigo, que o deixa preso em hábitos indesejáveis, perde a força.

Psicológica: Você se sente menos contraído. Emoções negativas como ansiedade e hostilidade começam a diminuir. O cenário emocional como um todo é menos dramático – mudanças de humor e depressão, por exemplo, são menos prováveis. Sua identidade não é mais uma fonte de dúvida e insegurança. Você descobre ser possível viver no momento presente.

Espiritual: Quaisquer que sejam suas crenças espirituais, elas começam a ser validadas. Você experimenta o conceito que faz, ou não, de Deus. Não precisa haver um Deus pessoal, cuja presença é sentida. Você pode experimentar em vez disso uma liberdade interna ilimitada, ou amor incondicional, ou compaixão por todos os seres vivos. O elemento comum, no entanto, é a consciência expandida, que permite experiências de transcendência. Esse "ir além" abre níveis de realidade que a primeira atenção não consegue alcançar.

A VIDA

Já que estamos abordando esse processo em estágios, digamos que você deu os primeiros dois passos. Encontrou uma maneira de viver que torna seu cérebro capaz de realizar a experiência sutil, e aprendeu a aplicar a segunda atenção, que revela a luz como essência de tudo. Se essas duas etapas estão em ordem, começa uma transformação interna. Você está sendo conduzido para "a vida". Para muitas pessoas, vida é o contrário de morte, mas aqui a vida significa uma existência eterna ilimitada. Jesus promete a vida eterna, e é continuamente aceito literalmente pela fé cristã. Os fundamentalistas, por exemplo, acreditam que o céu é um destino físico; no Dia do Juízo Final seus corpos irão se levantar do túmulo e se unir a Cristo em algum lugar acima das nuvens.

Quando consultei a *Enciclopédia Católica* virtual, o verbete "céu" declara explicitamente que não se trata de um lugar físico, mas de um estado do ser obtido através da graça. Uma pintura de verdes campos sob o céu azul, onde brincam filhotes e crianças, é a imagem mais comum de céu que as pessoas trazem de experiências de quase morte, e então devemos enfrentar o fato de que o céu como um não lugar não é fácil de aceitar. Como abordamos isso?

Uma brecha vem de Erwin Schrödinger, um dos mais brilhantes pioneiros na física quântica, que no fim da vida voltou sua atenção para a consciência e suas possibilidades. Schrödinger disse algo muito revelador sobre o tempo: "Porque sempre e incessantemente existe apenas o agora, o mesmo agora; o presente é a única coisa que não tem fim."

Essa é uma nova definição de vida eterna, que existe no momento presente. O que torna o novo eterno é que está interminavelmente se renovando. Podemos ir além e dizer que Deus (ou a alma ou a graça) só pode ser encontrado no momento presente. Encontrar a vida eterna no momento presente é o maior desafio. Observando sua própria vida, o que acontece de momento a momento? Muitas coisas, que podemos ordenar verticalmente, uma em cima da outra, como camadas em uma escavação arqueológica ou massa em uma fôrma de lasanha. Cada momento presente contém sete camadas. As primeiras três são visíveis; as abaixo da linha divisória estão fora da vista:

> Um evento "lá fora" no mundo físico
> As visões e os sons do evento
> Uma reação mental

> A abertura de uma nova possibilidade
> Um nível de quietude intocado pelo evento externo
> Consciência pura
> Ser puro

É bastante surpreendente que você possa atender o telefone, decidir tirar férias ou ler uma observação casual em um elevador e bem abaixo da superfície dessa experiência um mundo oculto esteja esperando para ser revelado. Em nossa história, Galen e Frank não querem levantar o tapete, por assim dizer, para ver o que há debaixo dele. Lilith e Meg são o contrário. Elas nasceram para mergulhar fundo em sua própria consciência. Mas todas as personagens terminam puxadas cada vez mais para o fundo.

Você pode pegar uma faca e cortar todas as camadas de um bolo de chocolate de uma só vez, mas a maioria das pessoas experimenta o momento presente apenas nas duas primeiras ou nas três primeiras camadas de suas consciências. As camadas mais profundas são o inconsciente.

Elas são o domínio da segunda atenção. É para esse lugar que Jesus apontava quando disse que o reino do céu está no interior de nós. A razão de irmos para dentro e não encontrarmos o céu é que nossa consciência está confinada às camadas superiores da experiência. Isso pode – e consegue – mudar conforme a consciência se expande.

Alguns exemplos vão ajudar. Imagine que você veja uma criança começando a atravessar a rua quando está dirigindo. Você para o carro para deixar a criança atravessar, e depois segue em frente. O evento é superficial. Se for o seu próprio filho que você vê, há uma resposta mais profunda. Você se preocupa mais com a segurança da criança. Há momentos em que a visão de seu filho provoca uma onda de amor – agora sua experiência está começando a cavar abaixo da linha. Algo mais profundo, o amor, entrou em cena. Você pode ir mais fundo? Pode haver um momento em que você experimenta o amor por todas as crianças e compaixão por todos os necessitados. Isso pode levar a uma sensação de que você está conectado a toda a humanidade. Ao ir cada vez mais fundo, a mesma experiência simples – a visão de uma criança – adquire novo significado.

Agora vem o desafio crucial. Você consegue captar um vislumbre de si mesmo no espelho e ver seu verdadeiro eu? Esse é o desafio que Jesus nos propôs. Ele queria que seus seguidores vissem a si mesmos, e então a toda a humanidade, à luz do amor e da compaixão. Tal experiência imerge bem abaixo da linha que divide a experiência cotidiana do que chamamos de experiência espiritual. Se você consegue enxergar a si mesmo como pediu Jesus, você está enxergando com os olhos da alma.

Pode-se também chamar isso de uma jornada em direção ao puro Ser. Para mim, o maior mistério espiritual é que a existência é Deus. Todos os outros segredos brotam desse. Se você permitir que sua mente encontre sua fonte em silêncio, simplesmente descansando em existência, o simples estado de estar aqui é suficiente. A voz da alma é silenciosa. Mas, à medida que você se sintoniza, descobre que existe enorme poder na fonte, porque a consciência silenciosa é o útero do amor, da criatividade, da inteligência e do poder da organização. Forças invisíveis sustentam a sua vida. Toda a criação, incluindo tudo no universo, é projetada da divindade, que se encontra dentro de você.

Por mais místico que isso possa soar, está baseado na sabedoria antiga e na ciência moderna. Em seus ensinamentos sobre uma consciência mais elevada, as tradições de sabedoria do mundo esboçam um fluxograma da criação que é muito diferente daquele do Livro do Gênesis e, ainda assim, compatível com ele. No Gênesis, Deus não foi criado. Ele existe fora do tempo e do espaço, sem necessidade de alguém criá-lo, porque Ele é eterno.

Nesse estado pré-criação não há nada além do vazio, um vácuo sem forma. O que surge nos sete dias metafóricos são tempo, espaço, objetos físicos, mundos e a vida. As coisas vivas adquirem as qualidades de seu Criador, que é vivo, consciente e – por definição – criativo. Esse fluxograma, que vai do nada para alguma coisa, de um estado de possibilidades para um estado de manifestação, se enquadra perfeitamente no esquema da física quântica. Segundo físicos, antes do Big Bang o estado de pré-criação estava fora do tempo-espaço, mas continha o potencial para tudo o que emergiu desde o Big Bang. É como destacar que a mente de Einstein continha o potencial para grandes pensamentos antes de eles serem expressos.

O que surpreende é que todo o fluxograma da criação existe no momento presente. No mundo "lá fora", todo objeto físico consiste em átomos que são formados de partículas subatômicas. Estas, por sua vez, são formadas de estados de energia, e estados de energia estão constantemente borbulhando na espuma quântica, como é chamada. De modo similar, o fluxograma "aqui dentro" produz pensamentos, sensações, imagens e sentimentos: do potencial da mente silenciosa fracas agitações de consciência se movem para cima, adquirindo forma à medida que emergem na mente ativa. Observe que o fluxo segue de baixo para cima. O ser aparece em primeiro lugar (o estado fundamental, sem atividade aparente). Então, a mente se torna consciente de si mesma como silêncio. A autoconsciência está alerta; quer engajar com a vida. Então cria uma nova possibilidade, e de lá vem a atividade constante a que chamamos fluxo de consciência.

Pode uma pessoa viver no eterno agora? Sim, mas somente quando a consciência está suficientemente expandida para abarcar todas as camadas da mente, até sua fonte. Todas as belas verdades expressas pelos grandes mestres espirituais foram obscurecidas pela esperança e o desejo de serem reais, quando o necessário é na verdade simples e natural: a expansão da consciência. Para mim, esse é o segredo do Novo Testamento. É um manual para a consciência mais elevada, e Jesus, em sua clareza mental, sabia precisamente o que significava viver no mais alto estado de consciência, onde "Eu e o Pai somos um" (João 10,30). Abri o Novo Testamento ao acaso, vi uma famosa passagem, e imediatamente senti uma onda do Ser emanando da página.

O que está acontecendo é uma experiência do eterno agora, porque um momento comum em meu dia é subitamente preenchido com a luz. Se apenas as pessoas não colocassem a espiritualidade em um compartimento marcado com a palavra "místico". O único portal para Deus é a porta aberta pelo momento presente. É por isso que Mare aprende uma verdade profunda quando percebe que ou nada é um milagre ou tudo é um milagre. Na verdade, ambos são verdades. Nada é um milagre quando você vê o mundo através da primeira atenção; tudo é um milagre quando você o vê através da segunda atenção. Você está na posição de tornar sua vida milagrosa, portanto, simplesmente pelo tipo de atenção que presta a ela.

No fim, este livro se resume a algo simples. É um convite para fazer a escolha certa, como as personagens na história foram convidadas a fazer. Em um momento de escolha o processo de transformação pode começar, e assim que começa você deu o primeiro e mais importante passo em direção à realidade de Deus.

Seria adequado deixar a última palavra a um poeta. Kabir nos leva ao lugar onde Deus sempre esteve:

Ele é a árvore, a fruta e a sombra
A palavra e seu significado
Um ponto no Tudo
A forma no informe
A imensidão no vazio.

Sobre o autor

DEEPAK CHOPRA é autor de mais de 55 livros traduzidos em mais de 35 idiomas, entre eles inúmeros títulos que ocuparam a lista de mais vendidos do *New York Times*, tanto na categoria de ficção quanto na de não ficção. Ele é colunista dos jornais *San Francisco Chronicle* e *The Washington Post*, e contribui regularmente escrevendo para os sites *Oprah.com*, *Intent.com* e para o *Huffington Post*. Dr. Chopra é membro da American College of Physicians, da American Association of Clinical Endocrinologists, professor adjunto da Kellogg School of Management e cientista sênior.

Este livro foi composto em Minion Pro, corpo 12pt, para a editora LeYa Brasil.